Aug. De Winne

DOOR ARM VLAANDEREN

MET

EEN BRIEF VAN ED. ANSEELE

EN

platen naar lichtteekeningen van M. LEFÉBURE

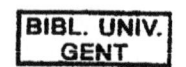

GENT
Samenwerkende Volksdrukkerij, Hoogpoort 29

1903

Aan de overledene en levende, bekende en onbekende Vlaamsche Socialistische Kampioenen;

Aan allen die geleden en gestreden hebben voor de vrijmaking van Arm Vlaanderen;

Draag ik dit boek op als blijk mijner diepe bewondering voor hunnen moed.

AUG. DE WINNE.

Voorwoord der Fransche uitgave

De volgende bladzijden waren niet bestemd, in boekdeel te verschijnen. Zij werden haastig geschreven, om dagelijks in het blad *Le Peuple* van Brussel afgekondigd te worden.

De schrijver, getroffen door de verschrikkelijke economische en zedelijke onderdrukking, waarmede het klerikalisme arm Vlaanderen belast, had besloten een weinig licht te werpen op de ellenden, door dergelijk stelsel verwekt, en op de werken tot herleving en ontvoogding, geschapen door een handvol vrije, en aan de zaak tot opoffering toe verkleefde mannen.

Het scheen ons dat dergelijk werk van doorleefde ontroering en op bewijzen gestaafde waarneming, niet verdwijnen mocht in de vergetelheid, die onvermijdelijk de voortbrengselen der dagelijksche pers bedreigt.

Wanneer in geheel het beschaafde Europa, de strijd tegen het klerikalisme, bewaarder van misbruiken, van voorrechten en van onwetendheid, zich als eene noodwendigheid opdringt, hebben wij geacht dat het afkondigen van August De Winne's boek terzelfder tijd eene bijdrage was tot de geschiedenis van het Vlaamsche volk, en eene vordering tegen de rampzalige macht der Kerk en der behoudende partijen.

Voor zijn klare, levendige en aantrekkelijke stijl, die dikwerf de anecdoctische vorm aanneemt, zal *Door Arm Vlaanderen* graag gelezen worden, en met zooveel te meer belangstelling, dat de prachtige fotografische platen van M. Lefébure, de geloofwaardige getuigenis van beeldelijke bewijsstukken bij het dramatische van het verhaal voegen.

M. Lefébure, diep bewogen door de voorstelling der bittere ellende die daar hoerscht, heeft zich vrijwillig aangeboden de clichés te vervaardigen die dit beroep op het openbaar geweten versieren.

Door Arm Vlaanderen is een kloek, schoon en opvoedend boek, dat de aandacht van den lezer boeit van den eersten tot den laatsten regel, omdat het de aantrekkelijkheid bezit van een doorleefd roman, en de diepzinnigheid van een geschiedkundigen en documentairen arbeid.

DE UITGEVERS.

Brief van Eduard Anseele [1]

Mijn beste De Winne,

Met een waar genoegen, en niet zonder ontroering, heb ik uw schoon boek gelezen.

In een honderdtal bladzijden ontbloot gij al de ongelukken, al de ellenden van dit moedig en nijverig volk, dat uitgezogen wordt door begeerige meesters, en verpletterd door eene almachtige geestelijkheid.

Wanneer het arbeidend en socialistisch Walenland deze toestanden kennen zal : familiën van 25 kinderen, waarvan slechts 5 in leven bleven ; hulp-touwslagers van 5 jaren oud, die op hun tijd in werkstaking gaan ; gemeenten met 80 % ongeletterden ; loonen van 7 franken voor 72 uren arbeid ; verleide dochters ; vrouwen door meesters en kasteelheeren genomen ; werkers die slechts 4 uren daags slapen en visschers die in 1901 niet eens weten ten gevolge welker gebeurtenissen zij sedert 1893 kiezers zijn ; wanneer het uw zoo eenvoudig maar zoo aangrijpend boek zal lezen, zal eene rilling het doorloopen, en zijne liefde voor arm Vlaanderen zal grooter zijn dan ooit !

En na lezing en herlezing van het werk, zullen ook de leden der Werklieden-Partij begrijpen, waarom de Vlaamsche socialisten zich verzetten tegen de algemeene werkstaking, in de Socialistische Congressen van 1888 tot 1890. Alle lezers zullen weten wat de propaganda in dergelijk midden kost, hoeveel geduld, volharding, liefde en geloof noodig is om er te strijden en iets te scheppen.

Maar, is de vijand taai, de socialisten zijn het niet min, en langzaam rijpt de roode oogst, die aan het Vlaamsche volk brood en vrijheid geven zal.

Vijf en twintig jaren geleden, was Gent alleen, in geheel Vlaanderen, een socialistisch midden ; Gent was de oasis in de

---

(1) Voor de Fransche uitgave geschreven.

woestijn! Buiten de oude stad vond men niets. En nu is er in bijna al de steden, en in menige gemeente, een Volkshuis, eene samenwerking of een welkdanig lokaal; wij bezitten talrijke socialistische groepen, een dagblad, zes weekbladen, vakbladen, tienduizenden socialistische stemmen, twee afgevaardigden, verscheidene socialistische gemeenteraadsleden, en nog lacht de toekomst ons aan.

Nooit scheen grond onvruchtbaarder voor het socialistisch zaad als Vlaanderens bodem, en ziet hoe welig onze roode bloemen tieren. Arm en verdrukt, stichtte Vlaanderen het eerste Belgisch syndikaat, in 1884 het eerste socialistisch dagblad; het was de wieg der socialistische samenwerking, en vele andere nuttige en schoone werken werden er in het leven geroepen!

Vlaanderen heeft zich wel verdienstelijk gemaakt jegens de Werklieden-Partij, en indien twee verschrikkelijke machten: Kapitaal en Kerk, het niet bezwaarden, zijne vlucht ware overheerlijk. Maar zijn uur zal slaan!

Waalsche vrienden, leest en herleest dit boek, verspreidt het, dat de eene uitgave na de andere volge, opdat men wete, tot in de verst verwijderde hoeken van het Walenland, wat de kwaden van de beste der bevolkingen gemaakt hebben.

Leest het boek aan uwe vrouw, aan uwe kinderen, en zegt hun: « Ziedaar wat onze meesters en de priesters van ons zullen maken, zoo zij geen tegenstand ontmoeten, als wij niet strijden ».

Leest, herleest het boek in uwe vereenigingen, en zegt dan: « Indien de Vlaamsche socialisten, midden van zooveel moeilijkheden, zulke wonderbare werken hebben kunnen stichten, wat kunnen wij, Waalsche socialisten, die tienmaal sterker, tienmaal rijker zijn? »

Laat ons hopen, Vriend De Winne, dat het bij uw eerste, zoo wel gelukt boek niet zal blijven; dat andere vrienden uw voorbeeld zullen volgen, opdat wij weldra in het bezit komen eener schoone en rijke socialistische letterkunde, die onmisbaar is voor de ontwikkeling onzer partij, onzer gedachten, onmisbaar voor de vrijmaking onzer klas.

ED. ANSEELE.

DOOR ARM VLAANDEREN

In den Landelijken Raad der Werklieden-Partij

In den Landelijken Raad der Werklieden-Partij, op 7^{en} Januari 1901 in het *Volkshuis* te Brussel vergaderd, bespraken wij een strijdplan voor den laatsten veldslag voor Algemeen Stemrecht.

Berragan, de afgevaardigde der organisaties van St-Nikolaas, stond recht. Met zijne kalme en gemetene stem, bevestigde hij ons dat eene trage maar diepe vervorming de Vlaamsche arbeidersklas beroerde, en dat deze vervorming vooral in de kleine nijverheidssteden zichtbaar was. Eene verborgene misnoegdheid mort; de godsdienstige invloed kan ze niet meer bedaren, en soms breekt zij uit met geweld, zooals bij de laatste werkstakingen te Hamme, te Lokeren en te Zele. De arme lieden zijn eindelijk hun leven van ellende moede geworden, en een geest van opstand bewerkt ze. In vele gemeenten, vroeger als oninneembare klerikale forteressen aanzien, wordt de socialistische propaganda met vreugde, bijna overal elders zonder vijandschap ontvangen. De toestand in de nijverheidsstreken is ongeveer dezelfde als dien van het Walenland in 1886. Den dag waarop de Werklieden-Partij de beslissende slag voor Algemeen Stemrecht levert, zal Vlaanderen rechtstaan!

En Berragan staafde zijne rede met feiten en bewijzen. Om te eindigen, vroeg hij dat een opsteller van *Le Peuple* ter plaats zou gaan, om de juistheid zijner beweringen te onderzoeken.

Het is onnoodig aan te stippen dat deze woorden, gesproken door een man die om zijne gematigdheid bekend is, ons levendig troffen. De Landelijke Raad besloot onmiddellijk dat een onzer opstellers met het voorgestelde onderzoek in Vlaanderen zou belast worden.

Ik dacht eerst mij aan eene grondige studie van den toestand der Vlaamsche arbeiders te leveren. Maar hoe verder ik reisde, hoe meer ik het veld mijner nasporingen zag verwijden. Het zou mij onmogelijk zijn veel te zien gedurende de weinige dagen die mij gegeven werden. Het opgevatte werk zou ik tot betere tijden moeten verschuiven of aan een ander overlaten.

« Om ons Vlaanderen op voldoende wijze te kennen, zegde mij een Gentsch gemeenteraadslid, zou men er minstens gedurende zes maanden moeten verblijven. »

En Anseele voegde er bij :

« De partij zou een onzer schrijvers moeten kunnen gelasten, zich hier gedurende een jaar, langer zelfs indien noodig, te komen vestigen, met opdracht de noodige gegevens te verzamelen voor een groot, sociaal roman. Welk heerlijk onderwerp voor een romanschrijver, die een waarlijk doorleefd werk zou willen leveren!

» Hij zou door steden en velden trekken, zich onderhouden met den boer en den werkman zoowel als met den kasteelheer, den nijveraar en den

EEN WERKERSWIJK TE GENT (blz. 16)

pastoor. Hij zou de werkhuizen, de groote weverijen, de reusachtige spinnerijen bezoeken. Hij zou de over hun werk gebogen kantwerksters zien, die door de tering bespied worden, en wien het hospitaal wacht. Hij zou de roerende strijd bijwonen, sedert meer dan eene halve eeuw door de mekanieke weverij aan de handweverij geleverd. Hij zou door Hamme trekken, en de akeligheden van het kinderwerk bestatigen.

» Hij zou op brooze vaartuigen in zee steken met de visschers der kust. Hij zou huizen van werklieden bewonen, en aan hunne tafel eten. Hij zou zich beijveren hun vertrouwen te winnen, in hunne geslotene ziel te dringen, klaar in hunne hersenen te zien. En als besluit zou hij zeggen hoeveel ellende, onwetendheid en zedeloosheid de anarchie in de voortbrengst, de onbetoomde mededinging, de geldzucht, de afwezigheid van werkersorganisatie kunnen te weeg brengen, wat het kapitalisme en het klerikalisme gemaakt hebben van een rijk en vruchtbaar land, van een moedig en kloek ras. Hij zou de zware economische en godsdienstige verdrukking toonen die op eene geheele streek weegt, en het reuzenwerk verheerlijken der socialistische strijders, die het Vlaamsche volk tot het licht helpen komen. Het ware voldoende te vertellen wat gezien is, wat gevoeld is, om een hoogst revolutionnair boek te schrijven ! »

Dan eerst begreep ik de moeilijkheden der taak, die ik in een oogenblik van begeestering aanvaard had, en de noodwendigheid mijne rol tot zeer nederige verhoudingen in te krimpen.

De volgende bladzijden zijn dus enkel notas, dag

aan dag door een reporter geschreven. Ik heb mij beijverd de ontvangen indrukken terug te geven; en alhoewel deze indrukken sterk, diep, onuitwischbaar waren, toch heb ik alle overdrijving gebannen, denkende dat de waarheid der beleefde feiten, eenvoudig verhaald, door haar zelf aangrijpend genoeg was.

Te Gent — Vooruit — Een werkerswijk

Op een zaterdag morgen verliet ik Brussel. Beerblock wachtte mij aan de statie te Gent. « Zoo aanstonds, zegde hij mij, zullen wij samen de reisorde regelen. Er moet veel werk afgelegd worden in korten tijd. »

Daar wij enkele uren ter onzer beschikking hadden, stelde Beerblock mij voor een bezoek te brengen aan de bakkerij van *Vooruit*, de moedercel van het georganiseerd socialisme in Vlaanderen. Onderweg legde hij mij uit hoe, na de pers, de brochuren, de meetings beproefd te hebben, de Gentsche socialisten de overtuiging hadden gekregen, dat de samenwerking het doeltreffendste propagandamiddel is om op den buiten en in de kleine Vlaamsche steden te dringen.

Gedurende den laatsten kiesstrijd in het arrondissement Gent-Eekloo, gelukten de socialisten er niet in, buiten Gent, lokalen voor openbare vergaderingen te vinden, en de klerikale burgemeesters vaardigden besluiten uit, waarbij de meetings in opene lucht verboden werden. Wat te doen? Onze vrienden deden houten barakken oprichten, en het was van daar dat zij, overigens niet zonder bijval,

TOUWSLAGERSBAAN (blz. 17)

TOUWSLAGERS AAN DEN ARBEID (blz. 18)

tot het publiek spraken. Ja, de propaganda gaat daar niet van zelfs! Maar basta! aanbaden de eerste Christenen hun God niet in armoedige, houten kerken? Weldra bemerkte men echter dat het onderhoud dezer eenvoudige lokalen veel geld kostte. Waarom niet onmiddelijk getracht kleine samenwerkingen te stichten? Het gedacht werd aanstonds in praktijk gesteld, en weinige maanden later waren samenwerkingen gesticht te Zele, te Wetteren en te Thielt.

— En waar hebt gij het eerste kapitaal gevonden, vroeg ik aan Beerblock, in *Vooruit*?

— Neen, luidde het antwoord; *Vooruit* heeft genoeg lasten. En daarbij, in algemeenen zin zijn wij van gedachten dat de nieuwe inrichtingen, die gesticht worden, aan hunne eigene noodwendigheden moeten voldoen. Wij hebben inschrijvingen ingezameld bij de strijders der partij. Van zoodra wij in het bezit waren van een duizendtal franken, gingen wij vooruit. *Vooruit* is meer als eene handelsfirma : het is eene leus! Wij zijn overtuigd dat eene samenwerking kan gesticht worden in al de gemeenten van meer dan zes duizend inwoners. Zoo wij maar wat geld hadden!

Ik heb met voldoening bestatigd dat de Vlaamsche socialistische strijders over het algemeen diep doordrongen zijn van het uitstekend princiep van self-help (help u zelven), den werklieden door de Gentsche liberalen — waarom het niet bekennen — ingeprent op de scholen en in de Laurentsgenootschappen, toen de liberale partij nog eene groote partij was.

Ik zal de algemeen gekende instellingen van

Vooruit, die ik aanmerkelijk vergroot terug vond, niet beschrijven. Een feit, waarschijnlijk aan velen onbekend, is dat Van Biesbroeck, de kunstenaar wiens schoon talent zelfs door de burgerij gewaardeerd wordt, een atelier heeft naast de bakkerij. Het lichaamsvoedsel, en het geestes- en hartesvoedsel, ziedaar wel het symbool van het reuzenwerk van de bewonderenswaardige *Vooruit*, gesticht om de ziel der werkersklas te verheffen door eerst de stoffelijke voorwaarden van haar bestaan te verbeteren.

Twee jongelingen, leerlingen van Van Biesbroeck, werken er aan allegorische paneelen, voor de versiering van het *Volkshuis* van Wetteren bestemd. De zinnebeelden, die de rechtvaardigheid, de solidariteit en de eendracht der werkers voorstellen, hebben eene waarlijk hoogere strekking.

Om naar de statie terug te keeren, doortrokken wij een werkerswijk. De nacht is ingevallen. De straten zijn verlaten. Door de vensters van lage, armoedige huizen, waarvan de meesten toch netjes met gordijnen versierd zijn, ziet men geen licht. Men zou zeggen dat het verlaten woningen zijn.

— Is er niemand thuis? vroeg ik, verwonderd, aan Beerblock.

— Neen, de bewoners, mannen en vrouwen, zijn ginder, antwoordde Beerblock, mij met den vinger twee fabrieken aanduidende, wier verschrikkelijke massa het geheele kwartier beheerscht, gelijk weleer het kasteel van den leenheer de ellendige woningen der laten verpletterde. De vensters der fabrieken schitterden van duizend lichten. Al het leven van dezen stadshoek scheen daar samengetrokken. De tegenstelling was geweldig.

TOUWSLAGER EN ZIJNE HELPERS (blz. 19)

KINDEREN DIE NAAR SCHOOL NIET GAAN

— Waar zijn de kinderen?

— Zij zijn bij de ouders, bij buren. 's Morgens, om vijf uren, alvorens zich naar de fabriek te begeven, draagt de moeder de nog slapende kinderen weg, en 's avonds, om zeven uren, worden zij teruggehaald. Om twaalf uren noenmalen de huisgezinnen — een noenmaal van aardappelen met brood — voor eenige stuivers in de spijskroegen van den wijk.

En Beerblock toont mij twee of drie smerige, kleine herbergen, flauw verlicht door een geel licht; aan de vensters prijkt een plakschrift : « Hier geeft men eten. »

En dat alles gaf een indruk van onuitsprekelijke armoede en droefheid.

Ik was met de ellende van Vlaanderen in aanraking gekomen.

De touwslagers van Hamme

Dien morgen ontmoetten wij elkander in de statie van Dendermonde. Beerblock en Vande Weghe kwamen uit Gent, ik uit Brussel. Ons drietal vertrok per trein naar Hamme, waar wij een kwartuurs later aankwamen. « Wapen u met moed, had Beerblock mij gezegd, wij zullen verschrikkelijke dingen hooren en zien! »

De koude was nijpend, en de Vlaamsche buiten geheel wit van de sneeuw. Weldra zagen wij touwslagers aan het werk. Het was voor hen dat wij kwamen.

Stelt u, midden in het veld, in opene lucht, eene strook grond voor van slechts een meter breedte op honderd vijftig tot twee honderd meters lengte. Zulks wordt in de streek met den naam van *baan* aangeduid. Op het uiteinde, eene grof genagelde hut, van oude, niet gevierkante planken. In deze donkere hut eene witte vlek : het is een kind, jongen of meisje, dat het wiel draait waarmede de koord getwijnd wordt. Op de smalle strook gaat een man langzaam achterwaarts. Met eene natte vod die hij in de rechterhand houdt, spint hij de koord van het hennep bevat in een grooten zak die hem op den buik hangt. Van afstand tot afstand zijn toestellen, wel gelijkend aan raken, in de aarde geduwen met hunne punten in de lucht. Zij steunen de gesponnen koord tusschen den afstand hunner tanden.

Alzoo werkt de handtouwslager, in de streek *buitenspinner* genaamd.

De touwslagers zijn over eene groote uitgestrektheid verspreid. Soms ontmoet men ze, afzonderlijk werkende, soms met drie of vier. Niet zelden bevinden zij zich met tien of twaalf op hunne *banen*, de eene naast de andere.

Wij wandelden op een dezer velden, waar een twaalftal arbeiders werkten. Ik richtte mij tot een hunner, die zijne koord voor een oogenklik had neergelegd, en zich met beide armen de zijden sloeg, om zich te verwarmen.

De man, zeer armoedig gekleed evenals de andere touwslagers, droeg eene verstelde vest en broek, geheel met kempstof bedekt, en had eene oude pet zonder vorm op het hoofd. De klep zijner pet was op zijde geschoven; met zijne groote klompen stampte hij op den grond :

— Het is niet warm, vriend?

— Neen, Mijnheer, de vod vervriest in mijne handen.
— En sedert welk uur zijt gij aan 't werk?
— Sedert 6 1/2 uren 's morgens.
— Maar dan is het nog niet klaar.
— Oh! wij kunnen werken in het halfduister. Dezen avond, bijvoorbeeld, werken wij tot 7 uren. In den maneschijn spinnen wij voort, zoolang wij kunnen!
— En de kinderen ook?
— Natuurlijk, Mijnheer, wij kunnen ze niet missen.

Ik onderdrukte eene instinktmatige beweging van verontwaardiging en woede. Hoe! deze meisjes, deze jongens — ik had er gezien die nog zoo klein waren! — draaien het wiel of loopen langs de *baan* gedurende twaalf uren daags, en in zulke verschrikkelijke temperatuur? Het is ontzettend!

— In den zomer, vervolgde de touwslager, beginnen wij om 5 uren 's morgens, om 's avonds rond 8 uren te eindigen.
— Zijn er vele kinderen op de *banen*?
— Honderden!
— Welk is uw loon?
— Zulks verschilt. Wij werken op onderneming. De zeer behendige werklieden kunnen tot twaalf franken per week verdienen. De anderen, de ouderlingen, trekken gewoonlijk negen of tien franken.

Al deze inlichtingen werden mij door andere touwslagers bevestigd. 's Middags nemen de werklieden met moeite den noodigen tijd om te eten. Ziehier hunne spijskaart voor den Zondag, zooals ze mij door eene huismoeder werd gegeven : 's morgens koffie en zwart brood; 's middags haring of Amerikaansch spek met aardappelen en ajuinen; 's avonds karnemelk of nogmaals koffie en zwart brood. Alhoewel de wet van 1887 het kwaad een weinig verminderd heeft, blijft het truckstelsel hier voortwoeden. Er zijn huismoeders die, na de schuld der week betaald te hebben, reeds den Zondag geen cent meer overhouden. De winkels der bazen, of der familieleden der bazen, geven krediet tot den volgenden Zaterdag.

— Hoe oud zijt gij, vriendje? vraagt Beerblock aan een klein meisje dat, in de diepte eener hut, nu eens met de rechter- dan weer met de linkerhand het wiel draait.

— Zeven jaren, Mijnheer.

— En gij, vriendje? sprak hij een weinig verder tot een kleine knaap die, met de koord in de hand, op de *baan* liep.

— Vijf jaar, riep hij ons in 't voorbijgaan toe.

Vijf jaar! Wij aanzagen elkander, diep bewogen, met smart in de blikken. En als in een droom zag ik mijn kleine lieveling, van denzelfden ouderdom, blauw van de koude, gedurende twaalf uren daags langs deze *banen* loopen! Vermaledijding!

Wij zijn een steenen gebouw, op het uiteinde eener *baan*, binnengetreden. Een oude touwslager is er bezig het ruwe kemp te zuiveren op een grooten kam met lange stalen punten. Het is het voorbereidend werk van het spinnen der koord. De kleine plaats was vol dik hennepstof, dat ons met moeite toeliet de voorwerpen te onderscheiden.

— Deze arbeid is ongezond, sprak Beerblock.

— Ja, het stof neemt u bij de keel, en dringt overal binnen.

— Zijt gij bezig sedert 6 1/2 uren?

— Sedert vroeger. 's Morgens en 's avonds werk ik

bij het licht, zegde de oude touwslager, ons eene slechte lamp wijzende die in een hoek hangt. Ik bereid het kemp der spinners voor.

— Is het waar dat kinderen van vijf jaren op de *banen* werken?

— Ja, en zelfs van vier jaren. De meesten echter zijn zes tot elf jaren oud.

Op dit oogenblik naderde nog een oude, geheel gebogen touwslager. Het was de broeder van den eerste.

— Mijne heeren, ik werk hier sedert zes en vijftig jaren, zegde hij, nu ben ik zestig jaren oud. Ik begon dus op vierjarigen ouderdom.

— Hebt gij nooit naar school geweest?

— Nooit! Onze familie bestaat uit zeven personen. Geen enkel kan lezen! Ja, de lieden zijn hier zeer ongelukkig. Ik heb een zoon bij het leger. De kerel is beter dan wij! Ik heb nog een anderen zoon die moet loten. *Hij gaat zich verlappen!*

Iedereen zal de kracht vatten der uitdrukking: « Hij gaat zich verlappen! » door den ouden touwslager gebezigd.

— Spreekt men hier nooit over socialisme?

Een ander werkman gaat dicht bij ons voorbij.

— Spreek stil, zegt de eerste touwslager. Gedurende de week houden de werklieden zich met geene politiek bezig. Hebben zij tijd daartoe? Maar 's zondags in de herberg, verheffen zij soms de stem, protesteeren zij tegen de vier stemmen der rijken en ook tegen hunne ellende. Hun hart loopt dan over, en zij laten zich uit in heftige bewoordingen. Maar daarvoor moeten zij met vertrouwde vrienden zijn, zooals gij wel begrijpt. De patroons vormen, om zoo te zeggen, eene enkele familie. En de werklieden zijn zoo bevreesd! *Ze zijn zoo benauwd, Mijnheer!*

Hij voegde er bij :

— Gedurende de maand Mei van het verledene jaar, zijn wij in werkstaking gegaan. Men heeft ons gendarmen gezonden. Wij waren razend. Wij wachtten in de kleine straten van Hamme, en als de gendarmen afkwamen, wierpen vrouwen en kinderen met steenen en de werklieden gooiden hunne kammen onder de hoeven der paarden. Wij zijn niet kwaadaardig, maar het was toch te veel op het einde!

Tranen rolden over de gerimpelde wangen van den ouden werker.

En voortgaande, dacht ik aan de vijfjarige werkstakers, tegen dewelken de gendarmen hunne paarden opjagen.

De oude touwslager had gelijk. Ja, ja, het was te veel, veel te veel!

's Anderendaags, een Zaterdag, keerden wij naar Hamme terug, ditmaal met Anseele. Eerst een klein bezoek aan ons samenwerkend magazijn, want in dit midden dat zoo weerbarstig schijnt aan alle socialistische propaganda, bezitten wij eene samenwerkende maatschappij. Het magazijn, acht dagen geleden geopend, is niet zeer groot : het heeft twaalf vierkante meters oppervlakte. Het is de kleine kapel die men in onbekende streken opricht, in afwachting een tempel te kunnen opbouwen.

Op onzen weg verrijzen gebouwen van ongeveer twee honderd meters lang, en drie à vier meters hoogte. Zij zijn van afstand tot afstand voorzien van halfronde openingen, die als vensters dienst doen.

Aldus gelijken zij aan uitgestrekte stallingen. Het

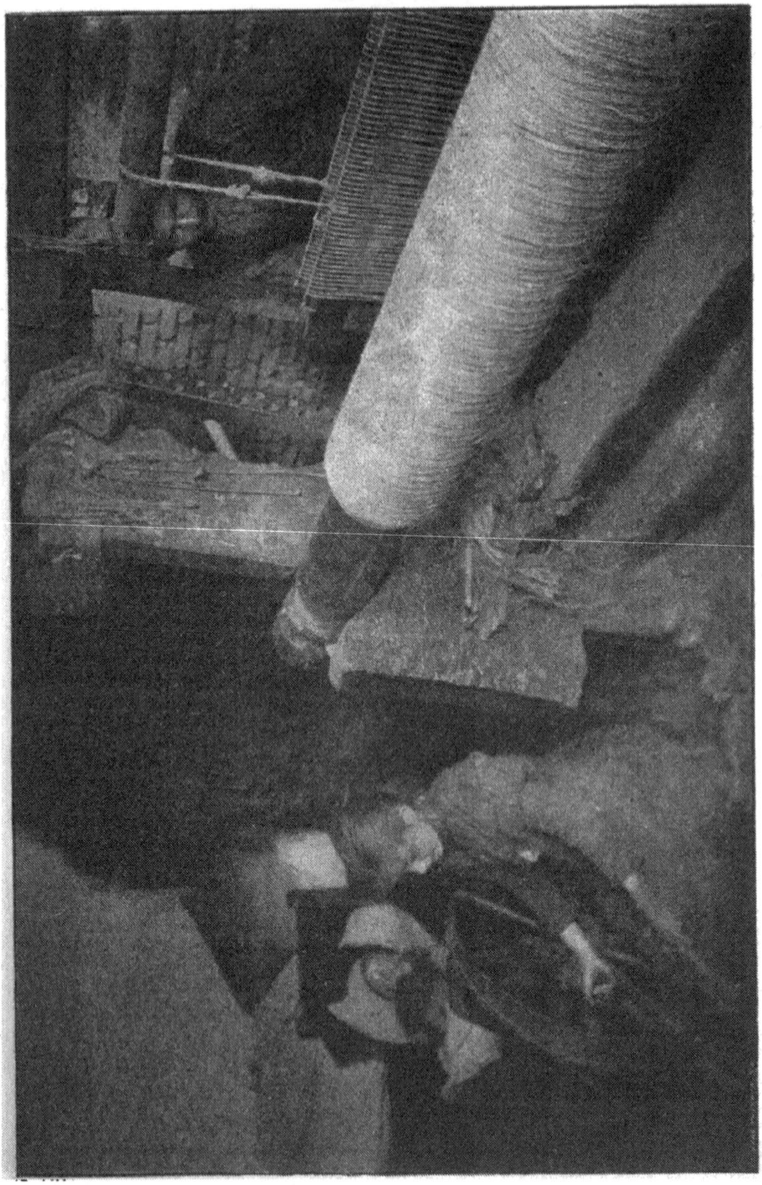

zijn de mekanieke touwslagerijen. De werklieden winnen er wat meer dan de handtouwslagers. De laatste werkstaking is hun gunstig geweest. Het loon der werklieden van 25 tot 40 jaren is van fr. 1,89 op fr. 2 en fr. 2,25 geklommen. De handtouwslagers hadden ook een kleinen opslag per kilogram gesponnen koord bekomen, maar men heeft ze daarna verplicht meer koord per kilogram grondstof voort te brengen, hetgeen in werkelijkheid eene vermindering van loon daarstelt. De handtouwslagerijen kunnen slechts de mededinging der mekanieke touwslagerijen onderstaan, door de geringe loonen, aan de *buitenspinners* betaald. Deze strijd tusschen de machien en het handwerk, zullen wij ook in de weefnijverheid ontmoeten, met zijne zelfde dramas, en zijne zelfde sociale rampen.

Voor de werkstaking waren de touwslagers in een syndicaat van 400 leden vereenigd. Nu telt het syndicaat ongelukkiglijk maar 70 leden meer.

Op onzen weg ontmoeten wij de twee oude touwslagers, met dewelke wij het onderhoud hadden dat wij mededeelden Op een kruikar brengen zij de, gedurende de week gesponnen koord, naar den baas over. Een hunner herkent ons, en doet ons een teeken van verstandhouding, De arme oude schijnt nog altijd gelukkig, zijn hart voor ons te hebben kunnen uitstorten. Wat later vernemen wij dat hij die week tien franken heeft verdiend.

Wij bevinden ons nogmaals op de *banen*. De werklieden zijn er weer, de koord in de hand, den zak met kemp op den buik, achterwaarts gaande met denzelfden, tragen, afgemeten stap. Van tijd tot tijd roept eene stem : « Draait! » tot het kind dat, vermoeid of afgetrokken, voor een oogenblik opgehouden heeft het wiel in beweging te brengen. Wij gaan rond eene hut, waaruit de slepende stem van een meisje weerklinkt; het zingt een welkdanig café-concert lied, waarin van bloemen en van liefde gesproken wordt. Deze arme kinderen lachen en zingen niettegenstaande alles, en ontrukken aan het leven de weinige vreugde die de maatschappij hun ten deel laat.

Gaat propaganda maken in zulk een midden! zegt Beerblock tot ons. De werklieden kunnen zelfs niet lezen. Als men spreekt van verplichtend onderwijs, wijzen zij op hunne kinderen aan het wiel. Wie zal ze vervangen? Doet hun de onwaardigheid der plaatsvervanging opmerken, als hunne zonen beter gevoed, beter geherbergd, beter behandeld worden in de kazerne, dan zij het te huis kunnen zijn! En bij de laatste kiezing zijn de klerikalen niet teruggeschrikt voor de schande, den toestand dezer ongelukkigen tegen de liberalen en tegen ons aan te wenden. O! de keus der middelen is van weinig belang voor dat gespuis!

Anseele trok juist onze aandacht op een touwslager die, in eene oude kaporaalvest gehuld, op zijne *baan* liep. Was het uit armoede, of als herinnering aan een verleden luister, dat hij zich aldus kleedde?

Ik was zinnens een bezoek te brengen aan den onderwijzer van Hamme. Wij richtten ons naar de gemeenteschool.

— Ziehier, zegde Vande Weghe, mij een zeer net huisje aanduidende, de woning waar, volgens de werklieden van Hamme, Cesar De Paepe geboren werd.

— Maar Cesar De Paepe werd geboren te Oostende, merkte ik op.

— Zijne levensbeschrijvers zeggen het, maar men heeft ons verzekerd dat het wel hier zijne geboorteplaats is.

Uit inlichtingen genomen bij de dochter van Cesar De Paepe, echtgenoote van Jacques Gueux, opsteller van *Le Peuple,* blijkt dat de groote socialistische theoreticus wel degelijk te Oostende geboren werd, maar dat hij op vijfjarigen ouderdom naar Hamme is gekomen en er werd opgevoed, in de door Vande Weghe aangeduide woning.

De gemeenteschool is een uitgestrekt gebouw dat, naar zijne afmetingen te oordeelen, onder het regiem der schoolwet van 1879 moet gebouwd zijn.

Van een kind verneem ik dat de onderwijzer afwezig is, dat hij eene kantonale vergadering bijwoont Ik betreur het. Ik had hem willen ondervragen over het bijwonen der school, over het getal ongeletterden te Hamme, en over nog veel andere zaken. Ik herinner mij dat, op de Onderzoekscommissie die in 1886 te Dendermonde zetelde, een nijveraar kwam bevestigen dat 95 % der werklieden van Hamme konden lezen noch schrijven. Zulks was misschien wel wat overdreven.

Berragan heeft mij verzekerd, dat het getal ongeletterden nog 80 % bedraagt. De tienjarige optelling spreekt maar van 56,6 %. Wie heeft gelijk? In alle geval zal niemand protesteeren, denk ik, wanneer ik zeg dat Hamme, ten gevolge van het kinderwerk, de Belgische gemeente is die het meest onwetenden telt.

Hier hebben we wat anders. Op een muur zien

wij een witten plakbrief aangeplakt. Het is een gemeentereglement op... de slechte huizen. Hoe, zijn er huizen van ontucht te Hamme? Ongetwijfeld, aangezien er veel armoede is te Hamme, en overal waar ellende heerscht, vertoont de ontucht zich openlijk, of woedt ze onder bedekten vorm. Mijne gezellen vertelden mij, dat de schoone meisjes van rechtswege aan de fabrikanten toebehooren.

Het is eene aanvaarde, natuurlijke zaak, waartegen niemand protest aanteekent. Sommige moeders zelfs beroemen er zich op, dat een patroon hunne dochters heeft willen onderscheiden. Gedurende eene werkstaking zegde een harer tot een onzer vrienden : « Is het niet onwaardig, Mijnheer, mijne dochter heeft eene vermindering van loon moeten ondergaan, evenals de andere werkmeisjes, en nochtans was zij vriendelijk met den patroon, en altijd gereed ! »

En de huizen der fabrikanten die, zooals de werklieden zeggen, op klompen naar Hamme kwamen, verheffen zich hoog, gemakkelijk, schoon, in den burgerswijk der kleine stad. Langs den kant der touwslagerijen, beheerschen de kerk en het hospitaal de ellendige woningen. Het kerkhof, dat daar dicht bij gelegen is, herinnert mij het roerend lied van Eugène Pottier, den dichter der arme lieden :

Jean Lebras, pauvre Jean Lebras
Un jour, tu te reposeras !
(Jan Lebras, arme Jan Lebras
Eens zult gij rusten!)

Wij verlieten eindelijk de kleine stad van ellende, klerikalisme, onwetendheid en onzedelijkheid. Wij namen den buurtspoorweg naar Zele. De Vlaamsche vlakte strekte zich wijd en zijd uit, steeds wit van de sneeuw. Op eenmaal reed ons rijtuig een kleinen dagbladverkooper voorbij; rond zijne pet droeg hij een rooden band, waarop men *Vooruit* las. Het kind, blauw van de koude, liep op den weg roepende : *Vooruit*, ééne cent! » En het scheen ons den geest van Charles De Coster's Thiel Uylenspiegel te hooren, die aan het ingetogen Vlaanderen de nakende ontwaking aankondigde !

De wevers van Zele

Zele is eene oude gemeente van het Land van Waas, op de baan van Gent naar Dendermonde gelegen. Zij telt meer dan 12,000 inwoners. Zij leeft half van den landbouw, half van de nijverheid, en bezit namelijk fabrieken van zeildoek en inpakgoed, van genaaide zakken, en eenige touwslagerijen. Eene haarsnijderij is er onlangs opgericht.

Men ontmoet er een handvol wevers die, met den moed en de standvastigheid aan de Vlamingen eigen, hardnekkig voortgaan met de hand te weven en tegen de machien te strijden.

Dan treft men er nog de *drolwevers* aan, die den afval van vlas, hennep en jute verwerken. Het is eene nijverheid die maar alleen te Zele bloeit. Deze zeer grove weefsels worden naar Engeland verzonden, waar zij dienen om machienen in te pakken. De lage prijs van de bewerking heeft tot hiertoe verhinderd, dat men er aan dacht dit inpakgoed met werktuigen te vervaardigen.

De wevers zijn ingeperkt in een gehucht van het dorp, bekend onder den naam van *'t Eindeke*, aldus gedoopt omdat het aan het uiteinde der gemeente gelegen is. De huizen schijnen hier en daar ordeloos geworpen, en vormen modderachtige, onregelmatige steegjes. Zij bestaan gewoonlijk uit twee plaatsen. De voorplaats dient te zelfder tijd voor keuken en voor slaapkamer; in de achterplaats staan het getouw van den wever en het spinrad der spinster in den grond geplant. Wanneer er kinderen zijn, hetgeen bijna altijd het geval is, vindt men een tweede bed dat de inwoners plaatsen waar zij kunnen, soms naast het weefgetouw! Het huis heeft geen verdiep, zelfs geen zolder. Het is in baksteen of in strooklei opgetrokken, en een dak van roode pannen staat bovenop.

Wij stapten in de bijzonderste straat van het gehucht. Ik zegde tot mijne gezellen :

— Ik ruik de zelfde geur van armoede als te Hamme.

— De armoede is hier misschien nog grooter, antwoordde Beerblock. De kleine en groote burgers der gemeente spreken alleen met walg en misprijzen van *'t Eindeke,* en wagen er zich slechts met eene zekere vrees. Zij houden niet van de wevers. Deze zijn zoo slecht opgevoed!

Maar de wevers betalen het hun terug, en het gebeurt wel dat de mevrouw die door het gehucht ging, in het dorp terugkeert met spuwsel op haren schoonen rok!

— En zijn de socialisten hier welkom?

— Wij zijn in overwonnen land. Berragan, Vande Weghe en ik zelf, wij zijn door al de inwoners gekend.

En inderdaad, op onzen doortocht zegden de werklieden ons vriendelijk goeden dag of ontblootten

HET EINDEKEN, WERKERSWIJK

EEN GROEP SPINSTERS (blz. 42)

het hoofd. Anderen kwamen ons de hand drukken.

Wij bevinden ons voor het huis van een wever. De deur is enkel van een houten klink voorzien. Waarom sloten aangebracht? Zulks is goed voor rijke menschen! Wij treden binnen en ik zie rond.

Welke grievende ellende! In ieder der twee plaatsen, een strooien bed met versleten, vuile dekens, die bedekt zijn met het stof van het spinrad.

In het bed der achterplaats, naast het getouw, slapen twee kinderen; het jongste is slechts weinige weken oud. Ruiten ontbreken aan het eenige venster. Men heeft de openingen met baaldoek gestopt. In de voorplaats eene waggelende tafel, kreupele stoelen met gebroken pikkels of zonder rugleuning, eene oude kist, een houten kapstok waaraan eenige kleedingstukken hangen, emmers en pannen op den grond, en in de schouw een lange, Leuvensche kachel. Er is geen vuur, en buiten blaast een ijzige wind.

— Wij zouden u graag een oogenblik zien werken, zegde Beerblock.

— Komt binnen, mijne heeren, antwoordde de man zich het hoofd ontblootend.

Hij zette zich onmiddelijk voor zijn getouw, duwde met den voet op eene der treden en bracht de schietspoel in beweging. Naast hem zat een jong meisje van een twintigtal jaren te spinnen. Ziedaar Margareta aan het spinnewiel, schoon gelijk de beminde van Faust, met een lang, regelmatig aangezicht als dat der maagden van Memling. Maar hier was Margareta niet omgeven door de pracht van het tooneel; een armoedige omslagdoek bedekte hare magere borst, een bijtend stof ontsnapte aan haar spinrad en viel terug op hare blonde haren en op hare schouders. Faust zou ze in dit ellendig midden niet gezocht hebben.

— Hoeveel bedraagt uw gemiddeld weekloon? vraagde Beerblock aan den wever.

Het jonge meisje hield op met spinnen, de man legde zijn getouw stil en antwoordde, terwijl hij rechtstond :

— Dat hangt af, Mijnheer Beerblock. Wij werken op onderneming. Gemiddeld 9, 10, soms 12 franken.

— Hebt gij vele kinderen gehad?

— Mijne vrouw is zes weken geleden van het een-en-twintigste bevallen! Maar slechts vijf zijn in leven gebleven.

— Hoe oud zijt gij?

— 52 jaren. Mijne vrouw is 42 jaren oud.

— Waar is uwe vrouw?

— Op de wegen. Zij is leurster. Hoe wilt gij dat wij zouden leven zonder dat?

Wij traden buiten, wijl ik dacht : Een en twintig kinderen! Hoeveel ontbering en lijden wordt hierdoor vertegenwoordigd? Maar is het niet door hunne vruchtbare voortteling dat de zwakke wezens aan de vernieling hunner soort ontsnappen. De proletariërs worden niet moede aan de maatschappij nieuwe voortbrengers te geven, die eens hunne klas, en het, door de barbaarschheid van ons sociale stelsel miskende en gehoonde menschdom, zullen wreken.

Wij bezochten andere huizen, allen even ellendig. In een dezer, draaiden twee grijze vrouwen het spinnewiel midden in een stofwolk. Het nijverheidswerk verschoont noch de kindschheid, noch den ouderdom. In de meesten dezer woningen leveren de beddens een onbepaalbaren aanblik, zijn zij van eene terugstootende armoede. Ik geloof dat men waarlijk beter op den grond zou slapen. De gemakken zonder deur, buiten, in opene lucht, geven braaklust. Zijn het waarlijk menschelijke wezens die hier verblijven?

— Soms, zegde Beerblock, doen er zich in de huisgezinnen toestanden voor waarvan de ijselijkheid alle gedachten overtreft. Over eenige weken beviel eene weversvrouw. De werkman was dus beroofd van zijne spinster, en bijgevolg in de onmogelijkheid voort te werken. Het was nochtans het gepaste oogenblik niet om te verletten. Men moet toch eten! Wat te doen? Vier dagen na hare bevalling staat de spinster op en zet zich aan het rad! Maar, uitgeput van krachten na een uur werken, moet zij zich weder te bed leggen. Welaan, moed geschept! Zij zet zich opnieuw aan den arbeid; na nog een uur bovenmenschelijke pogingen, verliest zij het bewustzijn en moet men ze te bed brengen. Zij herbegon twee uren later! Deze foltering duurde verscheidene dagen!

Berragan had het mij wel gezegd : « Als gij de wevers van Zele zult zien, zult gij weenen! »

Wij traden eene andere woning binnen. Hier bestaat het huisgezin uit vader, moeder, en zes kinderen. Beerblock roept mijne aandacht op de beddens, waarvan hij de dekens oplicht. Ik trek mij terug met eene instinktmatige beweging van afkeer.

— Geene manieren, zegt Beerblock, men moet de zaken van dichtbij zien, ze aanraken. Heeft de geneesheer het recht te aarzelen eene wond te onderzoeken?

Ik ga zien. Er zijn twee beddens, of liever twee afgrijselijke bakken. Op den bodem van ieder, op den grond, heeft men gesneden stroo uitgespreid, daarop twee beddelakens, een deken en nog stroo met een paklinnen zak bedekt.

Het is verschrikkelijk! In een dezer beddens slapen een jong meisje en drie kinderen; in het ander vader, moeder en twee kinderen. Het laatstgeborene heeft eene bijzondere slaapstede. Gedurende de waschweek, slaapt het huisgezin zonder beddelakens. Er zijn geene beddelakens in voorraad! De vader heeft nooit Zele verlaten!

— Ha! mijnheer Beerblock, zegde deze van zoodra wij binnentraden, het is dank aan u dat wij in geld betaald worden. Wij kunnen u niet genoeg bedanken.

En Beerblock verklaarde mij hoe, niettegenstaande de wet op het betalen der loonen, het truckstelsel heeft voortgewoed en nog altijd woedt in Vlaanderen, en vooral te Zele. De werklieden waren verplicht zich van brood, kruidenierswaren, stoffen, kramerswaren te voorzien in de winkels der patroons. Men heeft mij twee wevers aangeduid, de eene van 53, de andere van 62 jaren oud, die nooit hun loon in geld hadden getrokken. De anderen ontvingen drie, vier franken per week boven hunne koopwaren.

— Maar, merkte ik op, als de werkman geld noodig had, voor koopwaren die door den patroon niet verkocht werden, hoe werd zulks geregeld?

— Hij verkocht zijne koopwaar opnieuw aan den patroon. Hij had bijvoorbeeld brood gekocht aan 34 centiemen den anderhalven kilogram. Welnu, de patroon kocht het brood weder in voor 28 centiemen, dus met eene winst van zes centiemen. Let wel op dat het brood der Samenwerking slechts 3o centiemen kost. De zuivere winst van den patroon bedroeg dus in werkelijkheid 10 centiemen per brood!

— Wij hebben dit schandaal in *Vooruit* aangeklaagd, zegde Beerblock, en Anseele heeft er in de Kamer over gesproken. Het parket heeft zich eindelijk met de zaak bemoeid. De misbruiken zijn zoo schreeuwend niet meer als vroeger, maar zij blijven toch voortduren.

Een der kliënten der Samenwerking had twee maanden gewacht zich bij ons te voorzien. Als wij hem naar de oorzaak vroegen, antwoordde hij ons dat hij verplicht was geweest in den winkel van den patroon te gaan, op straf zijn werk te verliezen.

Een fabrikant had een zeer schrander middel gevonden om aan de wet van 1887 te ontsnappen. In zijn winkel had hij zijne meid als handelaarster, en zijne vrouw als winkeljuffer gevestigd. Die brave man beschouwde natuurlijk de socialisten als verfoeilijke dieven, die de eerlijke lieden, gelijk hij, van de voortbrengst van hunnen arbeid wilden ontrooven.

Toen de deur geopend werd, ontstond er een hevige tocht. Ik sloeg de oogen op.

— Er is een gat in uw dak, zegde ik tot den wever, gij zoudt het moeten toemaken.

— Inderdaad, antwoordde hij. Den vorigen nacht is een stuk ijs op het bed der kinderen gevallen, en dezen morgen was het stevig aan de dekens gevroren.

— Ah! zegde Beerblock toen wij buiten waren, deze lieden zijn zeer arm. Noch vader, noch dochter hebben schoenen. De man draagt den zelfden overjas sedert vijftien jaren, en zijne broek is achttien jaren oud!

En mijn gezel vervolgde zijne grievende inlichtingen. Hij toonde mij eene woning, waar de moeder 13 kinderen had gehad, waarvan acht in leven waren gebleven; in eene andere leefden 10 op 16 kinderen; in eene derde 9 op 14; in een vierde huis had de moeder, die slechts 36 jaren oud was, 12 kinderen; zes waren gestorven.

Om recht op hulp te hebben van het Weldadigheidsbureel, moet men minstens vier kinderen hebben.

Raadt eens hoeveel de wever dan ontvangt? Een frank per maand! Voor zeven kinderen bedraagt de maandelijksche onderstand 1,50 fr. Ziedaar al wat onze schoone maatschappij gevonden heeft om de armen te helpen, en hunne ellende te lenigen!

In het huisje waar wij ons nu bevinden, zijn vier vrouwen gezeten. Beerblock zegt tot de jongste :

— Gij naait zakken, niet waar? Laat eens zien.

De vrouw zet zich op een klein bankje, neemt paklinnen, naald en draad, en begint met eene verwonderende vlugheid te naaien.

— Hoeveel wordt dergelijk werk u betaald?

— Twee centiemen per zak.

— En hoeveel zakken kunt gij dagelijks naaien?

— Eene zeer behendige werkvrouw, die van 's morgens tot 's avonds werkt, kan er een vijftigtal maken!

Een weinig verder staat ons een aangrijpend schouwspel te wachten in een huis dat, gelijk al de anderen, uit twee plaatsen bestaat. In de voorplaats ligt een ouderling in een dezer ellendige beddens, gelijk ik er reeds zooveel zag. Hij hoest, en wanneer hij ons hoort binnentreden, richt hij zich pijnlijk op,

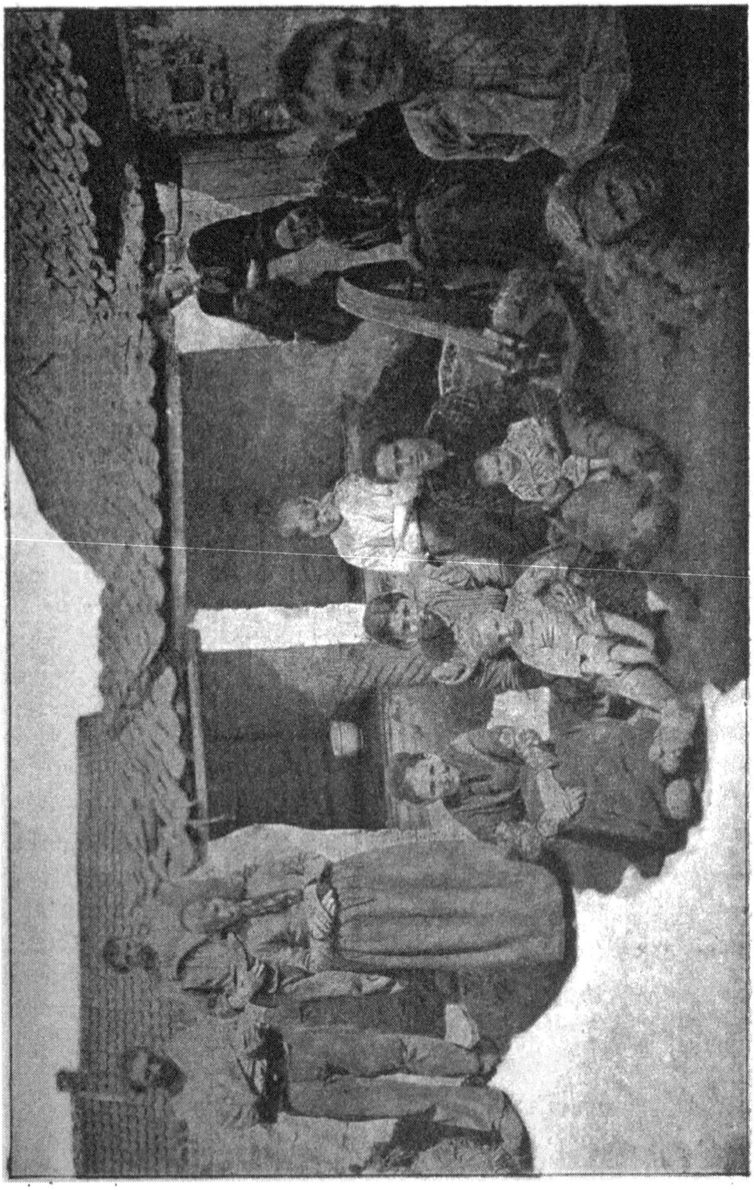

op een zijner armen steunend. Hij bekijkt ons met bloed doortrokken oogen, die niet meer zien. Men spreekt hem aan, hij antwoordt niet en valt terug op zijne legerstede. De arme oude schijnt in doodstrijd te liggen.

In de achterplaats spint eene oude grijze vrouw, met stof bedekt. Zij verontschuldigt zich over de wanorde van haar huis, en zegt beschaamd te wezen ons aldus te moeten ontvangen.

— Hoe oud zijt gij, moedertje? vraagt Anseele.

— 75 jaren. Mijn echtgenoot is 78 jaren oud.

Zij begint zich te beklagen over haar man die te lang te bed blijft, de luiaard ! Zou hij niet een weinig kunnen medewerken?

Onder het weggaan, zegt Anseele : « Ziedaar dus het ideaal der katholieken, het huiswerk. Mannen, vrouwen, kinderen, allen bezwijken onder den last, maar het familieleven is gered ! » En hij wijst mij een Christusbeeld op eene oude kast, dat daar ellendig hangt met gebroken arm, en in dit armoedige wevershuis onafgebroken bloedt en weent te zien, dat niettegenstaande zijn lijden en zijne dood, de dag der opstanding der menschheid nog niet gekomen is !

Wij treden eene herberg binnen. Drie of vier personen, waaronder een licht bedronken wever, spreken met levendigheid. Zoo ! de heeren hebben *'t Eindeke* bezocht? Het is schoon, niet waar? Weten zij dat de werklieden er niet alleen slecht betaald, maar nog op alle manieren bestolen worden? Bestolen in den winkel van den patroon, bestolen op de hoeveelheid voortgebracht werk ! Wanneer zij 12 fr. gewonnen hebben, en er hen 6 fr. overblijven, is het veel! Ik heb een drollige vent voor patroon gehad. Eens dat men voor hem mijn werk woog, riep hij tot zijne vrouw : « Mie, 28 kilos! » — « Maar Mijnheer, wedervoer ik verontwaardigd, er zijn 33 kilos! » — Hij begon te lachen. « Zijn er waarlijk 33 kilos ? Zoo, zoo! » En hij betaalde mij 28 kilos. Dan zegde ik : « Mijnheer, ik heb bij een patroon gewerkt die, wanneer hij mij bestal, mij nog uitschold op den hoop. Gij, ten minste, gij besteelt de menschen al lachende! Ik verkies bepaald voor u te werken! »

Wij gingen weg op dit woord van bittere scherts. Wij hernamen, door *'t Eindeke*, den weg naar de statie. In een omdraai hoorden wij een kind van vier jaren, blauw van de koude en met een omslagdoek aangetakeld, roepen : — « Moeder, ik heb honger! »

De moeder was achter ons. Zij antwoordde brutaal aan het kind, zonder zich zelfs om te wenden : « Ik heb geen brood. Gij moet wachten! »

Welke moeder kon aldus spreken? Wij zagen om : het was de behendige werkster die voor ons zakken had genaaid! Zij was beschaamd door ons verrast te zijn geworden. Een onzer gaf haar wat geld, en onmiddelijk liep zij vol vreugde naar eene bakkerij.

Deze vrouw was dus geene slechte moeder? Geenszins, maar zij was vertoornd, zij was verbitterd op het kind dat haar aan hare armoede herinnerde. De ellende smelt niet altijd in tranen weg, zooals sommige dichters en romanschrijvers ze ons voorstellen, want onder haar invloed beschuldigt de vrouw haar ouden levensgezel van luiheid, en behandelt de moeder haar kind op onbeschofte manier!

Maar waarom hebben de Christenen hunne hel in een ander leven geplaatst? Kennen zij dan Hamme of Zele niet? Kennen zij Vlaanderen niet, dezen hoek der verdoemden, waar een god — bijna zoo wreedaardig als de hunne — door arme landbouwers, door arme wevers, door arme spinners, door heel kleine kinderen onbekende misdaden doet boeten?

Een hartroerende brief

De verslagen der Onderzoekskommissie van 1886 op het nijverheidswerk doorloopende, vond ik een belangrijken, ongekunstelden en hartroerenden brief, door werklieden van Zele geschreven. Op eene zitting der onderkommissie, te Dendermonde zetelende, werd door den voorzitter, M. Lammens, de ultramontaansche senator van Gent, van dit schrijven lezing gegeven. Gelijk men zal kunnen bestatigen, bevestigt de brief het grootste deel der inlichtingen die mij geleverd werden over het truckstelsel — alsdan algemeen in gebruik in Vlaanderen — en over de loonen der wevers. De brief luidt als volgt :

Zele, 16 Oogst 1886.

Wij verlangen u eenige woorden te schrijven over ons werk, en over de manier waarop men ons behandelt.

Wanneer wij eene geheele week werken, winnen wij een twaalftal franken; maar wij moeten ze aanvaarden in winkelwaren, en aldus zijn onze twaalf franken er nog geen tien waard, want in dezen winkel betalen wij 50 centiemen meer per zak kolen, en tien centiemen meer per brood dan in de andere winkels.

Wij lijden honger, ja, Mijnheer, en het zou ons zulk een goed doen indien gij kondet bekomen dat men onzen arbeid in geld betaalt, want nu ontvangen wij geen geld, maar brood, boter, enz. De loonen in geld zijn bij ons in gebruik niet. Hebt de goedheid, Mijnheer, er over te spreken. Voor ons werk vragen wij geen brood, geene boter, maar geld. Als gij ons kunt helpen, Mijne heeren, zullen wij u eeren en roepen : « Lang leve de heeren van Dendermonde! Zij hebben medelijden met ons gehad. » Wij hebben te veel om te sterven, en niet genoeg om te leven.

Het is onmogelijk dat wij persoonlijk naar Dendermonde komen, wij moeten aan ons ellendig werk blijven. Hebt medelijden met ons! Men zuigt het bloed uit van den werkman van Zele. Wij sterven van honger en van ellende.

Gaat de fabrieken zien.

Wij durven niet onderteekenen.

Zestien jaren zijn verloopen, en de toestand, door dezen brief aangeklaagd, is weinig veranderd, behalve voor wat het truckstelsel betreft, waarvan de misbruiken min talrijk en min schreeuwend zijn geworden. Wat veranderde, wat zich vervormde, is de geestestoestand. In het midden der gemeente hebben de Gentsche socialisten een schoon en uitgestrekt Volkshuis gesticht, met bakkerij, kruidenierswinkel en vergaderzaal.

Te Lokeren. — Eene doodende nijverheid

Lokeren is eene zeer nijvere stad. Op eene bevolking van 20.000 inwoners worden 3.000 werklieden gebruikt in de spinnerijen van vlas, van werk, van hennep, van jute, in de weverijen, in de bleekerijen en in andere nijverheden. Vele wevers werken nog te huis. De klompenmakers zijn er ook zeer talrijk.

De wevers winnen loonen van 10 tot 13 franken, maar van deze som moet 1,25 fr. of 1,50 fr. genomen worden, door den werkman aan zijnen helper betaald om te haspelen. Te Lokeren vindt men ook ongeveer 300 haarsnijders.

Ik heb het werkhuis van een haarsnijder bezocht. Het was op het einde eener binnenplaats ingericht in eene soort wagenhuis zonder zoldering, met kleine vensters en vuile ruiten. Een twintigtal werklieden zaten er op banken, en trokken bij middel van een mes, het haar van de konijnenvellen. Een weinig boven het hoofd van iederen werkman, verspreidde eene blikken lamp een geel licht in de duisternis van het werkhuis; in dat licht danste het stof. O! dat stof! het drong in de ooren, in den neus, in den mond, het belemmerde de ademhaling. Een uur na de plaats verlaten te hebben, hoestte ik nog van het stof, gedurende enkele minuten ingeademd.

— Uw bedrijf is ongezond, zegde ik tot een werkman.

— O ja, gezel, antwoordde hij mij. Wij zullen zoolang niet leven als de pastoors.

— Zijt gij hier allen vereenigd?

— Ja, allen. Een niet vereenigde zoo hier niet binnenkomen, voegde hij er met luider stem, en met nadruk bij.

De andere werklieden keurden zijn gezegde met eene hoofdbeweging goed.

Wij moeten weldra buitengaan, weggejaagd door den afschuwelijken geur en door het afgrijselijke stof.

Ik zal niet langer uitweiden over de gevaren, verbonden aan de behandeling der konijnen- en hazenvellen, die als grondstof voor de hoedenmakerij dienen. De verschrikkelijke ongezondheid dezer nijverheid is genoeg bekend.

Wat van belang is bestatigd te worden, is de neiging der nijveraars de groote steden te ontvluchten, en eene wijkplaats te zoeken in kleine provinciesteden of op den buiten, waar de werkersbevolking gedweeër, gehoorzamer, gelatener is, waar zij gemakkelijker kan uitgebuit worden dan de bewuste, strijdende volksklas der steden. Het is daardoor dat de velbereiding eene steeds grootere uitbreiding neemt, niet alleen te Lokeren, maar te Boxelaere, te Zele, in al de dorpen van het omliggende, en zelfs te Eekloo.

De handenarbeid is zoo goedkoop op den buiten! Vele nijveraars achten het zelfs niet noodig, mits groote onkosten fabrieken op te richten, en zich kostelijke machienen aan te schaffen. Zij verkiezen het handwerk te huis te benuttigen. Voor het aanbod van een frank dagloon, verlaten de boeren den gezonden en verlevendigenden veldarbeid, en verdringen zich, om hunne diensten den kapitalisten aan te bieden. Het is dank aan de hongerloonen dat het handwerk en het huiswerk nog altijd in Vlaanderen uitgeoefend worden, en aan de mededinging weerstaan der machienen en der grootnijverheid.

De Brusselsche werklieden zijn slachtoffers der lage loonen betaald te Lokeren, en de werklieden van Lokeren, van hunnen kant, moeten strijden tegen de boeren van het omliggende, die hun, voor eene korst brood, het werk komen ontnemen. De spaarbenden van den buiten, die onuitputtelijk schijnen, worden door het klerikalisme aan zijn bondgenoot, het kapitalisme, aangeboden.

Het socialistisch syndikaat van Lokeren had juist hierover een onderzoek gedaan. Op het gehucht Boxelaere, in eene plaats die vroeger als bakkersoven diende, had men eene vrouw en twee kinderen gevonden, die bezig waren de haren van de konijnenvellen te snijden.

OUDE SPINSTER

In een ander huis van het gehucht Staekte, had men van de slaapkamer, bij middel van paklinnen, eene kleine ruimte van twee kubieke meters afgescheiden. Het was daar dat twee jongens en een meisje zich met het zelfde werk bezig hielden. Niet de minste opening, om de luchtverversching toe te laten. Men moest het afschuwelijke stof verhinderen in de slaapkamer te dringen. In de meeste hoeven der omstreken van Lokeren, bewerken mannen, vrouwen, kinderen, voor onwaarschijnlijke loonen, de vellen in kamers zonder lucht. Als alles wel gaat, kunnen zij een frank daags verdienen!

De landbouwende werklieden leven zoo ellendig, dat zij verplicht zijn zelfs de ongezondste en de minst bezoldigde werken te aanvaarden. En de schoone gouwen van het Land van Waas — België's lusthof — worden verlaten, blijven braak liggen, en zelfs in vruchtbaren grond plant men denneboomen!

Uit het enkwest door de werklieden van Lokeren gedaan, halen wij het volgende aan :

« Wij treden in een huis. Wij vinden er een echte mierennest kinderen. Wij vernemen dat de man, weduwnaar eener eerste vrouw, hertrouwd is, en dat het kleine wichtje dat op dit oogenblik zuigt, zijn acht en twintigste kind is! Wij dringen in eene achterplaats, waar drie kinderen werken ; wij ondervragen een dezer ; het antwoord ons, geheel ontsteld :

» — Wij zijn arme lieden. Wij werken tot elf uren 's avonds om een weinig geld te verdienen voor moeder, die het zoo dringend noodig heeft! »

Ons hart klopt geweldig, en onze keel is beklemd bij het hooren van het zoo diep gevoeld gezegde van den kleinen jongen. Wij sturen hem eenige woorden van aanmoediging toe, terwijl wij ons omwenden om de vermaledijdingen te verbergen, die ons onweerstaanbaar op de lippen komen.

« Overal in Lokeren snijden de kinderen de uiteinden der vellen, die met kwikzilver en sterkwater voorbereid zijn. De kleinen in de wieg spelen met den afval dezer vellen, waarvan het stof overal binnendringt. Men kent de zenuwachtige bevingen van dezen, die zich gewoonlijk van kwikzilver bedienen. Wat moet er geworden van kinderen, die van af hunne geboorte van dit verschrikkelijk gif verzadigd worden? »

De haarsnijders van Lokeren richtten een brief aan den Gouverneur der provincie Oost-Vlaanderen, waarin zijne aandacht getrokken werd op de ongezondheid hunner nijverheid; zij vroegen ook de bijeenroeping van eene der beide gezondheidskommissiën der provincie, om ter plaats een onderzoek te doen. Na bestatigd te hebben dat, in tegenstrijd met de koninklijke besluiten die de ongezonde nijverheden regelen, kinderen van min dan zestien jaren in de werkhuizen der grondstoffen voor de hoedenmakerij arbeiden, voegden de onderteekenaars van den brief er bij :

« De haarsnijders die het kwikzilver gebruiken, noodig tot het bereiden der vellen, zijn aan groote gevaren blootgesteld. Zij worden onvermijdelijk aangetast door zenuwachtige sidderingen, en wel zoo erg, dat zij waggelend langs de straten gaan, en dat zij al de voorwerpen doen vallen die zij in handen willen nemen. Hunne tanden vallen uit, of worden zwart als pek. Zij lijden veel pijn in den mond. Voeg daarbij dat de bazen een zeer gevaarlijk poeder op de vellen strooien, — om ze beter te bewaren, — want, als de werkmeisjes zich kwetsen met de messen, genezen de wonden maar na verscheidene etteringen.

« De vrouwen die kwikzilver gebruiken, brengen meestendeels doodgeboren of gebrekkelijke kinderen ter wereld.

« Eh wel! Mijnheer de Gouverneur, de kinderen met het snijden der met kwikzilver bereide vellen belast, worden door al deze kwalen en door al deze gevaren bedreigd, omdat die arbeid in de woning der werklieden toegelaten wordt. »

Men weet dat de wet van 13 December 1889, betreffende het vrouwen- en kinderwerk, niet toepasselijk is op het huiswerk. Onze goede klerikalen hebben het niet noodig geacht dit werk te regelen, alhoewel het meer uitputtend en meer doodend is dan alle ander werk. Maar in de provincie Oost-Vlaanderen zijn twee gezondheidskommissiën benoemd. In hunnen brief verzochten de socialisten van Lokeren eene dezer twee kommissiën bijeen te roepen, ten einde een onderzoek te doen over de aangeklaagde feiten. Tot hiertoe hebben die heeren geen teeken van leven gegeven. Men vraagt zich af waarmede zij den tijd dooden, en welk het nut dezer gezondheidskommissiën is, als zij ongevoelig blijven voor de vergiftiging eener gansche werkersbevolking, vrouwen, kinderen en nieuwgeborenen inbegrepen?

Maar waarom zich verontrusten voor deze brave, katholieke werklieden van den buiten, die zich nooit beklagen, die nooit in werkstaking gaan, wier vleesch nooit gekweld wordt door andere rillingen dan die van de vergiftiging en van de pijn? De mijnwerkers, de fabriekwerkers, de arbeiders der groote steden, die bij den minsten oproep dreigend op straat komen voor hun recht, ziedaar degene welke door de behouders gevreesd worden, en voor dewelke zij wetten uitvaardigen. Maar de kapitalistische zedeleer onderricht, dat men de arme proletariërs, wier hersenen ingedrukt zijn door onafgebroken ellende, en gekneed door de hand der priesters, kan verwaarloozen.

Uit de inlichtingen die mij over den geestestoestand te Lokeren gegeven werden, blijkt dat een groot deel der werklieden dezer stad — misschien wel de meerderheid — diep doordrongen zijn van het socialistisch gedacht, dat vooral in deze laatste tijden sterk verspreid is geworden. Behalve het syndikaat der haarsnijders, bestaat er een weverssyndikaat, een propagandaclub, een gemengd syndikaat en een Bond Moyson. Deze laatste vereeniging telt 135 leden.

Een werkman vertelde ons volgende anekdote, die den geestestoestand der stad voldoende kenschetst: Acht dagen voor onze aankomst had een troep van ongeveer 300 kinderen, van 8 tot 12 jaren oud, de straten doorloopen, voorafgegaan van de roode vlag, en vergezeld van trommelaars en van een accordeonspeler. De kinderen zongen de *Marseillaise*, en Vlaamsche, socialistische liederen. De politie achtte het noodig dezen gevaarlijken stoet uiteen te drijven!

De Mierenjagers

Op een avond sprak ik met Berragan en nog twee andere personen over al deze zaken in een Gentsch koffiehuis, toen de patroon mij eensklaps zegde :

— Ja, al wat gij tot nu toe gezien hebt, bevreemdt u, niet waar? Gij dacht niet dat al deze ijselijkheden mogelijk waren in eene rijke streek gelijk de onze, dicht bij de poorten eener groote stad. Maar gij weet nog niet alles. Ik zal u een ongewoon en ongehoord feit aanhalen, waarvan ik u de juistheid waarborg. Ten andere, gij kunt het ter plaats onderzoeken en ik bied mij aan u te vergezellen, maar het moet eerst weder zomer zijn.

Ziehier : te Knesselaere, mijn geboortedorp, niet ver van Maldeghem gelegen, is er geene nijverheid, met moeite een weinig landbouw. Een groot deel der gemeente is beboscht. De inwoners voeden zich, jaar in, jaar uit, met brood en aardappelen met zout. Gedurende den winter werken zij niet. In den zomer houden zij zich met twee verschillende werken bezig. De eenen graven diepe grachten in de bosschen, om de afvloeiing der wateren te vergemakkelijken. Deze arbeid begint met zonsopgang, en eindigt slechts bij het vallen van den nacht. Daarvoor wordt één frank daags betaald !

De anderen beoefenen eene geheel bijzondere nijverheid. In de bosschen zijn er zeer groote mierennesten. Gewapend met eene spade en met een zak, gaan de boeren deze mierennesten vernietigen. Zij nemen de aarde op waarin de mieren nestelen, en werpen ze in hunne zakken, die zij dan midden van den weg gaan ledigen. De fezanten, die zeer talrijk zijn in de streek, komen daar de insekten eten. Maar gedurende het werk ontsnappen duizenden dezer diertjes, loopen langs de beenen, de armen, het lichaam, het aangezicht der ongelukkigen; zij knagen hun het vel af en doen ze geweldig lijden door hunne beten. Het lichaam van sommige mierenjagers is bijwijlen slechts eene wonde. Het is afgrijselijk! afschuwelijk! Dit ellendig werk brengt ook één frank daags op! Wat zegt gij daarover, Mijnheer?

De werklieden van St-Nikolaas

Beerblock en ik, wij bevinden ons te Sint-Nikolaas, zeer belangrijk vlasdistrikt en groote markt der voortbrengselen van het Land van Waas. De werkersbevolking is er talrijk, en de meest verschillende nijverheden worden er uitgeoefend. In de vlas- en katoenspinnerijen worden talrijke werklieden, bereiders van stoffen, gebruikt. Daarenboven vindt men er kousen- en lintenfabrieken, sigarenmakerijen, laken- en kantweverijen, potten- en steenbakkerijen, ververijen, houtzagerijen en werkhuizen van klompenmakers.

De twee socialisten der stad, die ons vergezellen, leiden ons eerst de breisters te huis bezoeken. Deze werksters arbeiden op onderneming. Zij zegden ons gemiddeld tien tot elf franken per week te winnen, voor ongeveer 72 uren arbeid. In de fabriek bedraagt het loon slechts acht of negen franken.

Terwijl wij aldus van huis tot huis gingen, zegde ik tot de twee werklieden die ons begeleidden :

— De meesten der patroons, hier ter plaats, moeten katholieken zijn?

— Bijna allen, en dan nog dweepzuchtige katholieken. Bij M. Janssens, gewezen afgevaardigde der christen-democraten, zijn de werklieden verplicht te

EENE DOODENDE NIJVERHEID (blz. 46)

bidden alvorens het werk te beginnen. In vele fabrieken komen de pastoors binnen, evenals in hun huis. Gedurende de kiesstrijden geven zij er voordrachten, terwijl wij er menigmaal zelfs niet in gelukken, eene zaal te vinden om onze vergaderingen te houden. Zij verplichten de werklieden de klerikale kringen en patroonschappen te bezoeken, op straf van wegzending. De socialistische, of van socialisme verdachte werklieden zouden er geen werk kunnen vinden.

De zedeleer dezer lieden is waarlijk stichtend! Zij denken Christenen te zijn, en stellen de werklieden in de wreede wisselkeus, hun geweten te verraden of brood te ontberen! En deze zedeleer wordt over het algemeen door al de katholieken beoefend! Wanneer zullen de tijden komen, dat de vrijheid van geweten iets meer zal zijn dan alleen eene ijdele formuul, die in onze wetten geschreven staat? Wanneer zal de menschheid eindelijk uit haren barbaarschen toestand verlost worden?

Wij zijn aan de grenzen der stad gekomen. Wij houden stil voor een werkhuis van klompenmakers. Het is eene armoedige hut, gemaakt van slechte, grof genagelde planken. Zij ontvangt het licht door twee kleine vensters met gebroken ruiten, alsook door de reten der planken. De hut kan zeven tot acht vierkante meters oppervlakte hebben, en is met moeite twee meters hoog.

Wij treden binnen. In de hut bevinden zich vijf werklieden en een jonge gast van een tiental jaren. Er brandt geen vuur, alhoewel de thermometer buiten tien graden onder het vriespunt aanwijst. De kolen zijn duur, en daarbij, de lastige arbeid verwarmt het lichaam op voldoende wijze.

— Uw bedrijf schijnt mij gezond, zegde ik tot den patroon.

— Ja, antwoordde hij mij, het zou aangenaam zijn zoo wij min uren werkten, en indien ons werk behoorlijk betaald werd.

En de man geeft ons gereedelijk al de inlichtingen die wij hem vragen. Gedurende den zomer begint het werk om 4 uren 's morgens, en eindigt 's avonds om 9 uren. Gedurende den winter begint men 's morgens gewoonlijk twee uren later. Het loon wordt bepaald, naar gelang de bewerking, per dertien paar klompen. De gladmaker heeft 81 centiemen voor dertien paar. De werkman die den klomp uithaalt, ontvangt één frank. Dit werk is zeer lastig; de werklieden zijn op veertigjarigen leeftijd versleten. Hij die het werk afmaakt ontvangt 54 centiemen, en het kind dat de klompen schrabt met een stuk glas om ze een regelmatigen vorm te geven, wint tien centiemen. De werkman der stad verdient gewoonlijk een twaalftal franken per week.

De patroon arbeidt samen met zijne werklieden, en is niet veel gelukkiger dan zij. Hij moet met gereed geld betalen; men geeft hem voor geen centiem krediet.

De kleine patroon, die vier werklieden gebruikt, heeft een kapitaal noodig van 1500 tot 2000 franken. Dikwerf heeft hij het bij woekeraars geleend. Hoe armer hij is, hoe meer hij uitgebuit wordt. De kansen die hij loopt zijn zeer groot. De boomen moeten gekocht worden alvorens zij geveld zijn. Zooveel te ongelukkiger voor den kooper, als hij na het vellen bestatigt dat verscheidene stammen rot zijn. Gedurende de laatste jaren zijn de klompen aanmerkelijk in prijs geklommen : maar het zijn de houthandelaars alleen, die uit de prijsvermeerdering voordeel trokken. De kleine bazen gaan ten gronde, en verdwijnen.

— Eet gij soms vleesch? vroeg Beerblock aan de werklieden.

De vijf mannen barstten in een grooten schaterlach uit. Mijnheer had wellicht lust met hen den draak te steken? Waarmede zouden zij vleesch koopen? Maakt eens de rekening : 2 franken tot fr. 2,25 huur per week, zooveel voor het brood, zooveel voor het smout, zooveel voor de aardappelen, de koffie, de suikerij. Wat blijft er over van het weekloon? Neen, nooit vleesch, nooit boter. De werklieden drinken geene tien glazen bier per jaar!

— En de baas?

— Ik evenmin als mijne werklieden. Degenen die hier vleesch eten, *dat zijn al felle burgers!*

Is dit gezegde niet episch? *Dat zijn al felle burgers!* Ik vroeg nog :

— Zijn de klompenmakers talrijk te St-Nikolaas?

— Drie à vier honderd te Sint-Nikolaas en in het omliggende. Men vindt er te Vracene, te Nieuwkerken, te Sint-Gillis (Waas), te Haesdonck, te Beveren, te Temsche.

Volgens de optelling der nijverheden en bedrijven in 1896, worden, in Oost-Vlaanderen alleen, 4745 werklieden en patroons aan het klompenmaken gebruikt.

— Mogen wij u vragen welk het politiek gedacht uwer werklieden is? zegde Beerblock.

— In de stad zijn de klompenmakers over het het algemeen socialistisch gezind, antwoordde de patroon. Door te huis te werken, genieten zij eene zekere vrijheid. Maar op den buiten zijn zij verplicht klerikaal te zijn, anders zouden zij geene hulp meer ontmoeten. Maar al de werklieden, zonder onderscheid, zijn voorstaanders van het Algemeen Stemrecht. Het meervoudig stemrecht verontwaardigt ze. Gedurende den laatsten kiesstrijd, hebben de socialisten hier dicht bij eene meeting gegeven. De boeren waren nog al talrijk opgekomen, maar dierven in de zaal niet gaan, en luisterden van op de straat naar hetgeen de sprekers zegden. Zij keurden alles goed dat door de socialistische redenaars werd verdedigd. Maar ziedaar, van dat alles blijft zeer weinig over. Van zoodra zij weder te huis zijn, worden zij opnieuw door den pastoor ingenomen, en de volzin die alle redetwisten besluit is de volgende : « De wereld is altijd alzoo geweest! Zij zal wel altijd alzoo blijven! »

De Wevers van Kortrijk

Rond dit tijdstip, was het werkgebrek algemeen in de weverijen van Kortrijk. Den avond mijner aankomst in de stad, woonde ik eene vergadering bij der wevers, door gezel De Backer, van Gent, voorgezeten. De afgevaardigden der tien fabrieken van Kortrijk waren tegenwoordig. Een voor een kwamen zij hunne ellende blootleggen en hunne grieven ontwikkelen.

Gedurende de goede tijdperken, bedraagt het loon der wevers die op de fabriek werken, 10 tot 15 franken voor 11 of 12 uren dagelijkschen arbeid. Bij M. Destueb, die aanzien wordt als de beste patroon, klimt het loon soms tot 20 franken. Maar nu winnen zelfs de werklieden van M. Destueb niet meer dan 10 fr., en sommigen keeren huiswaarts met 5 en 3 franken weekloon!...

Man en vrouw werken bijna altijd op de fabriek, zoolang zij slechts een of twee kinderen hebben. De kinderen worden bij geburen uitbesteed; de ouders betalen 3 franken per week voor ieder kind. Maar zulks duurt niet lang. Gelijk overal elders, zijn de arme lieden hier zeer vruchtbaar, en de huisgezinnen van zes, zeven en acht kinderen, behooren volstrekt niet tot de zeldzaamheden. Dan is de moeder natuurlijk verplicht te huis te blijven; het kostgeld der kinderen zou het loon van haren arbeid verre overtreffen.

De wevers eten nooit vleesch, behalve op de kermisdagen; dan veroorloven zij zich de weelde van een weinig varkensvleesch. Hun vasten duurt onafgebroken. De huismoeders koopen den zaterdag het vet waarmede zij de soep en de saus eener geheele week bereiden. Deze bijzonderheid is door al de Kortrijksche vleeschhouwers gekend.

— Hoe kunt gij, vraagt De Backer aan een wever met verstandig opzicht, hoe kunt gij leven met vijf kinderen van een loon van 7 tot 10 franken?

— Ik heb twee huurders...

Ik heb het niet begrepen. Ten andere, de manier waarop de vrouwen der Vlaamsche werklieden haar budjet in evenwicht brengen, blijft voor mij een onoplosbaar vraagstuk.

Alles wel ingezien, is de mensch toch een taai dier, dat door de ontberingen niet gemakkelijk nedergeworpen wordt. Ik herinner mij, in de afdeeling van sociale huishoudkunde der laatste Wereldtentoonstelling van Brussel, een twintigtal werkliedenbudjetten onderzocht te hebben. De budgetten waren door werkopzichters opgemaakt; het waren vooral budjetten van huisgezinnen van mijnwerkers, van metaalbewerkers, van steenbikkers, allen werklieden met een betrekkelijk hoog loon. Welnu, al de budjetten sloten met een tekort, behalve drie : de budjetten van twee mijnwerkersfamiliën, en dat van een huisgezin van een kleine patroon eener Luxemburgsche leigroef, waar de vader met twee of drie zijner zonen werkte. Al de andere budjetten sloten met een tekort, alhoewel men onder de benaming van « weeldeuitgaven » 10 centiemen tabak en 20 centiemen bier had opgeschreven!

Ik wenschte wel dat de Heer Minister van Nijverheid een zijner werkopzichters belastte, de budjetten der Vlaamsche werklieden-wevers op te maken!... Het ware een verschrikkelijke en verpletterende beschuldigingsakt voor het klerikalisme.

Men heeft mij verzekerd dat, niettegenstaande de klerikale gilden waarbij de patroons de werklieden met geweld inlijven, een geest van verzet bij de arbeidersklas van Kortrijk begint te ontstaan.

Maar, om te verhinderen dat eene gevaarlijke begoocheling geboren worde, zullen wij er bijvoegen dat, op de 700 of 800 wevers van Kortrijk, meer dan dan de helft door de openbare en door de bijzondere liefdadigheid geholpen worden, en niets ketent nauwer den werker, niets verflauwt meer zijne wilskracht en doodt zijn geest van verzet, als de aalmoezen, die de rijken hem van tijd tot tijd

WERKHUIS VAN KLOMPENMAKERS (blz. 59)

toewerpen uit voorzichtigheid en berekening.

De Kortrijksche fabrikanten doen nog veel weven in het omliggende. Ik heb een betrekkelijk groot aantal dezer wevers bezocht, in gezelschap van Kortrijksche socialisten. Te Bisseghem, in een afgelegen hoek van het dorp, rookte een oude wever rustig zijne pijp op den drempel der deur. Wij vragen de toelating binnen te treden.

— Hier is een Brusselaar, die u zou willen zien werken.

De man treedt achteruit, en laat ons in zijne kleine woning. Hier vindt men geen spoor dier overdrevene armoede, die ik elders zoo dikwerf ontmoette. Alles getuigt integendeel van een betrekkelijken welstand. In het werkhuis bevindt zich een groote bak, met aardappelen gevuld. De wever zet zich aan het getouw. Hij maakt zeer fijn Kortrijksch lijnwaad.

— Het moet vermoeiend zijn, zeg ik, den geheelen dag armen en beenen te bewegen. Hoeveel uren werkt gij?

— Elf en twaalf uren.

— En het loon?

— Gemiddeld tien franken per week.

— Ja, onderbreekt de vrouw die ook komt zien, tien franken als ik uwe spoelen gereedmaak.

— Het is dus tien franken voor u beiden?

— Ja, Mijnheer, en ik werk minstens vier uren daags.

— Zijn er wevers wier loon meer bedraagt dan het uwe? vraag ik aan den ouden werkman.

— Neen, niet in deze streek, antwoordt de wever niet zonder hoogmoed. Ik wordt aanzien als de beste werkman; ik win het hoogste loon en heb altijd werk.

— En vindt ge tien franken per week voldoende voor een behendig werkman zooals gij zijt?

— Neen, voorzeker niet, maar wat is er aan te doen?

— Maar gij maakt mij den indruk niet zeer arm te zijn, niettegenstaande uw gering loon?

— Inderdaad, maar ik werk niet alleen.

En hij leidde ons in eene andere plaats, waar drie jonge meisjes op eene naaimachien werkten. Zij waren bezig aan het vervaardigen van hemdens.

— Het werk mijner dochters brengt mij een tiental franken per week op. Ik heb daarbij een veld waar ik aardappelen kweek. Sommige wevers zijn ongelukkiger dan ik!

Onder het weggaan, nam ik den ouden wever ter zijde, en vroeg hem :

— Hoort gij in het dorp soms spreken over Algemeen Stemrecht en over Socialisme?

Hij bezag mij, knipoogde en zegde :

— Zijt gij een socialist?

— Ja. En gij niet?

— O! ik ben te oud. Ik ben 65 jaren oud en houd mij niet bezig met politiek. Maar mijn zoon, die kleermaker is, werd bijna uit het werkhuis weggezonden, omdat hij had durven zeggen dat de eene mensch de andere waard is, en dat het schandalig is drie en vier stemmen te geven aan de rijken, als de armen maar eene stem krijgen. Hij kan lezen. Ik geloof dat hij naar het socialisme overhelt.

— Alle werklieden zouden socialisten moeten zijn. Wanneer zij het zullen zijn, zal men geene behendige wevers meer zien die samen met hunne vrouw tien franken per week verdienen.

De oude wever stak zijne pijp weder aan, glimlachte en schudde het hoofd, alsof hij zeggen wilde :

— Het is best mogelijk, maar dien dag zal ik er niet meer zijn!

Wij hernamen den weg naar de stad. Terwijl wij in de modder ploeterden, dacht ik : « De ouden zijn ons niet vijandig, en de jongen komen tot ons ». En aan de toekomst denkende, voelde ik mij door eene groote hoop overrompelen, terwijl daar ginder, aan den horizon, de winterzon den hemel verfde met eene rozige tint, als om de lente aan te kondigen die zoo traag komt.

Langs de Lei. — De Vlasnijverheid

Met werklieden van Kortrijk heb ik gedurende verscheidene dagen, boven en beneden de stad, langs de Lei gewandeld. Het is bij uitstek de streek der vlasnijverheid, de oudste en nu nog de belangrijkste nijverheid van Vlaanderen. Men kan er gemakkelijk de reeks bewerkingen volgen die voor doel hebben het vlas in weefsels van allen aard te veranderen. Het vlas wordt in de streek zelf bebouwd, geroot, geschild, gesponnen en geweven.

M. Ernest Dubois heeft aan de weefnijverheid in Vlaanderen eene zeer belangrijke studie gewijd, die verschenen is onder de uitgaven van het *Arbeidsambt*. Aan deze studie heb ik de volgende inlichtingen ontleend :

« Volgens de landbouwoptelling van 1897, werden op dit tijdstip 30,615 hectaren in België met vlas bezaaid ; daarvan waren 23,289 hectaren in Vlaanderen, en 7,326 in de andere provinciën gelegen.

» Alle gronden en alle klimaten zijn niet geschikt voor den vlasbouw, schrijft M. Dubois. In Vlaanderen treft men vele akkers aan die uitstekend zijn voor dezen bouw. Het gematigde klimaat, het dikwerf mistige weder — niet te veel zon, niet te veel regen — zijn beiden voordeelig aan den groei van het vlas. Daarbij is de bevolking talrijk en *zeer goedkoop*. Weinig akkerbouwen vergen zulke onafgebrokene, aandachtige en waakzame zorgen. En nochtans blijft de uitslag dezer pogingen van het toeval afhankelijk: het vlas legt zich zeer gemakkelijk om, en een onweder volstaat om het werk van een geheel jaar te vernietigen.

» Alvorens tot het weven van stoffen te kunnen dienen, moet het geoogste vlas verscheidene bewerkingen ondergaan: de roting, het breken en het kammen. Deze laatste bewerking gebeurt in de fabriek; de beide anderen geven het leven aan twee verschillende nijverheden.

» De roting geschiedt in den zomer, op de beide oevers der Lei, van den 15e April tot einde Oktober, van af de Fransche grens (Pont-Rouge) tot bij Deynze, dus op eene uitgestrektheid van 75 kilometers. De roting heeft voor doel de afscheiding der vezels van den stengel te vergemakkelijken, en aan het vlas buigzaamheid en weerstandsvermogen te geven.

» Ziehier hoe deze bewerking geschiedt: de bundels vlas worden loodrecht geplaatst in groote bakken, *hekkens* genaamd. Deze hekkens worden in de Lei gezakt, met kettingen aan den oever vastgemaakt, en bij middel van groote straatsteenen onder water gehouden. Het water loopt door de hekkens, en de roting gebeurt.

„ In het Land van Waas en elders wordt de rooting in staande wateren, op de weide of in putten, gedaan. Het vlas verkrijgt dan eene blauwe tint, en is in den handel bekend onder den naam van *Vlaamsch vlas*. Het loopende water, integendeel, geeft het de klare en gele tint van het *vlas van Kortrijk*. Men schrijft deze tint toe aan het onafgebroken ververschen van het water. Nochtans gaven andere loopende wateren aan het vlas de hoedanigheden niet van het vlas dat in de Lei geroot wordt; daarom ook wordt deze rivier door de Engelschen, onze bijzonderste koopers, « the golden River », de gouden rivier genaamd. Men heeft namelijk proeven gedaan in het Kanaal van Damme, in de Deurne en in de Mandel. Deze proeven gaven alleen de gele tint aan het vlas, maar niet de zelfde hoedanigheden die het in de Lei gerote vlas onderscheiden.

De beste blauwe geschelde vlassen, zegt M. Dubois, worden zelden 110 tot 115 franken per 100 kilogrammen betaald; de gewone prijs is 90 tot 100 fr. De gele vlassen der Lei, integendeel, worden, gedurende de goede jaren, gemiddeld 250 tot 400 fr. betaald. De opperbeste kwaliteit werd zelfs in 1896 aan den buitengewonen prijs van 650 franken verkocht.

Het beste vlas dat in de Lei geroot wordt, komt vooral uit Vlaanderen, maar ook uit de Hollandsche provinciën Groningen en Zeeland, uit de omstreken van Rijsel en uit het departement van het Nauw van Calais, uit Normandië en uit Bretagne.

Alvorens in de Lei bewerkt te worden, droogt men het vlas gewoonlijk een jaar lang in de schuur;

de blauwe vlassen, integendeel, worden onmiddellijk na den oogst geroot.

Gedurende het jaar 1897 telde men 227 rootplaatsen, waar 7850 hekkens gebruikt worden. In de Lei bewerkt men omtrent 110 millioen kilogrammen vlas gedurende een gewoon seizoen; zulks vertegenwoordigt eene waarde van 22 millioen franken. Het rooten houdt ongeveer 12,000 werklieden bezig. Er is inderdaad een talrijk personeel noodig om de hekkens te vullen, ze te ontladen en het vlas te drogen alvorens het te braken.

Het vlas dat gedurende den zomer geroot werd, wordt gewoonlijk gedurende de wintermaanden ontbast, door de zelfde werklieden die aan de rooting bezig waren.

Het braken is het breken van het vlasstroo; zoodoende worden de vezels van het vlas gescheiden. Het werktuig, hiertoe gebruikt, draagt den naam van handbraak. Het is een houten wiel, dat door voettreden in beweging wordt gebracht.

Bij uitzondering vindt men heden nog kleine kleine vlasbrakers, die hun eigen oogst bereiden. Maar het bewerken te huis is geheel en al verdrongen door het mekanieke vlasbraken. Dit laatste wordt uitgeoefend in alleenstaande fabrieken of wel in werkhuizen die aan de spinnerijen gehecht zijn.

Kortrijk is het belangrijkste Belgische centrum voor den handel van gebraakt vlas. Het gele vlas, in de Lei geroot, wordt vooral door de Engelsche spinnerijen gekocht, die ongeveer de vier vijfden der geheele opbrengst opslorpen. De Engelsche spinnerijen gelukken er aldus in, de zeer fijne nummers van draden te leveren, die door de Belgische spinners

BREISTER UIT HET LAND VAN WAAS

EENE BOBIJNSTER UIT HET LAND VAN WAAS

niet kunnen gefabriceerd worden. Deze gebruiken vooral de vlassen en het werk van Rusland, van Siberië, en in de tweede plaats het blauwe vlas van Vlaanderen, dat naar Engeland, Bohemen en Rusland uitgevoerd wordt.

Men vindt in Kortrijk een vijftiental agentschappen van Engelsche spinnerijen, en twintig tot vijf en twintig commissiehuizen die ook grootendeels Engelsch zijn. De handelaars verkoopen daarenboven nog aan een tusschenpersoon, *bootenkooper* genaamd, die op zijne beurt met den agent van een spinner, of met een commissiehuis handel drijft.

Alvorens in draden, en vervolgens in geweefsels veranderd te worden, moet het vlas ten slotte eene laatste bewerking ondergaan, het hekelen, die voor doel heeft het gebraakte vlas volledig te reinigen, en alle nog voorhanden zijnde houtdeeltjes te verwijderen. Het hekelen gebeurt in de spinnerijen, geheel en al bij middel van werktuigen.

In de weilanden, die zich langs de beide oevers der Lei uitstrekken, verheffen zich op dit oogenblik talrijke stapels gebraakt vlas, met kegelvormige daken.

Mijne reisgezellen verklaren mij ter plaats de verschillende bewerkingen van het rooten.

Ziehier de opeengestapelde hekkens.

Zij hebben een rechthoekigen vorm, en ik vraag mij vruchteloos de reden af hunner zonderlinge fransche benaming (*ballons*-ballen).

De rooters brengen de hekkens van de weide tot in de rivier, en zij nemen de vlasbossen weg wanneer de rooting volledig is. Van zonsopgang tot zonsondergang, dus gedurende vijftien of zestien uren per dag, arbeiden zij met de beenen in het water, en zulks te midden der verpestende geuren door de rooting langs de rivier verspreid. Hun gemiddeld loon bedraagt 2 frank of fr. 2.25 daags.

— Ziet gij daar ginds dit lage, met geel stof bedekte lange dak? vraagt een mijner gezellen. Het is een werkhuis voor het vlasbraken.

Wij hebben het bezocht. Ik heb reeds gezegd dat het braken bestaat in het breken van het stroo, om het vlas in draden om te werken, en dat deze bewerking vroeger te huis en met de hand gebeurde, bij middel van werktuigen die door voetplanken in beweging werden gebracht. Dit werk was zeer vermoeiend. Hier worden de voettreden door stoom bewogen; aldus is het werk min lastig gemaakt. Rond wielen die zoo snel draaien dat men ze vol zou denken alhoewel zij uitgesneden zijn, bewegen zich achttien werklieden. Een overvloedig stof ontsnapt aan de bussels vlas die door de tanden der wielen geslagen worden, maar het werk gebeurt in opene lucht en is wellicht niet te ongezond. De meestergast verklaart ons dat het loon zijner brakers tusschen fr. 2.50 en 3 franken verschilt, hetgene veel is voor de streek. Dan leidt hij ons in eene herberg, waar zijne vrouw kanten werkt, en 70 centiemen voor voor 14 uren arbeid betaald wordt!...

Tegenwoordig is het mekanieke braken overwegend, en slechts zelden ontmoet men handbrakers op den buiten. Bij toeval vond ik er een op eene kleine, afgelegene hoeve te Sweveghem. Het was koud weder. Het vroor. De braker werkte blootshoofds in eene opene schuur, de voeten op de treden, handvollen vlas tusschen de tanden van het wiel glijdende. Om dit laatste zestig omwentelingen per minuut te doen beschrijven, moet men zich nogal beweging geven. Ook had de werkman het zeer warm, niettegenstaande het gure weder, en onder het spreken wischte hij zich met de mouw het zweet van het voorhoofd. Sedert 's morgens om vijf ure bevond hij zich in de schuur, en hij moest er blijven tot zeven ure 's avonds. Voor acht of negen franken weekgeld moet men hard zwoegen in dit bedrijf!

Wij trekken door het veld. Wat verder, aan den *Kruipelhoek*, moeten wij huiswevers bezoeken. Op de baan vervoegen wij een jongeling van een twintigtal jaren, die op een heuvelachtigen weg moeizaam een zwaargeladen kruikar voortsteekt. In den wagen bevindt zich een zak met eene gescheerde ketting en den inslagdraad met pak. Onder het voortgaan kouten wij een weinig.

— Komt gij van de fabriek?

— Ja, ik ben er in gelukt werk te bemachtigen, niettegenstaande de crisis. Vele anderen waren min gelukkig. En ons een man aanwijzende die tweehonderd meters verder met een ongeladen kruiwagen terugkeert, voegt hij er bij: Die komt met ledige handen van Kortrijk.

— Om welk uur verliet gij dezen morgen het dorp?

— Om vijf uur. Ik heb tot halftien moeten wachten.

— Wanneer zult gij te huis zijn?

— Rond twaalf ure en half. Ik moet nog eene mijl verder.

— En wanneer zult gij met weven kunnen beginnen?

— Niet voor morgen namiddag.

En de werkman legde ons de voorbereidende werkingen van het weven uit Hij moet eerst de ketting om den kettingboom winden, een lang en ingewikkeld werk, voor hetwelk hij zich door andere wevers moet doen helpen. Bij gelegenheid zal hij hun den zelfden dienst bewijzen. Dan moeten de draden tusschen de randen en den rietkam getrokken worden. Het is het vastmaken; daarvoor doet de wever zich helpen door zijne vrouw of door een zijner kinderen. Vervolgens worden de draden der ketting gepapt, het is te zeggen bestreken met eene kleverige, slijmerige vloeistof, welke meer vastheid aan den draad zal geven. Eindelijk wordt de inslag voorbereid en de weefspoel gereed gemaakt. Deze laatste bewerking wordt door vrouwen, door kinderen of door ouderlingen gedaan. Al deze voorbereidingen, die aan de wevers zulk een groot tijdverlies veroorzaken, worden niet betaald. Zij zijn in den weefprijs begrepen. De wever die geene drie of vier malen naar de fabriek moet terugkeeren alvorens werk te verkrijgen, mag zich gelukkig achten.

Wij laten den werkman zijn weg vervolgen, en houden stil aan het gehucht *Kruipelhoek*. Wij treden het huis van een wever binnen. Het is hier geen man, maar eene vrouw die aan 't getouw zit. Eene andere maakt de spoelen. Een kind speelt op den grond.

— Hoe gaat het werk? vragen wij aan de weefster.

— Zeer slecht, mijnheer, wij zijn soms lang zonder werk. Het gelukt ons toch nog al gemakkelijk ons brood te verdienen. Wij zijn slechts met vier personen. Maar in het aanpalende huis zijn er negen. Allen zitten zonder werk, behalve een jong meisje dat borduurt en vier of vijf franken per week verdient.

— En moet het huisgezin van dit loon leven? Hoe leggen die arme lieden het aan boord?

— Zij lijden natuurlijk honger. Wij helpen ze een weinig, maar wij zijn zelf arm! Gaat ze eens zien.

Wij deden het. Het dak van het huis is in stroo. Wanneer wij de voorplaats binnentraden, dacht ik mij in een wevershuis van Zele te bevinden. Welk gebrek, welke armoede! Ik zie slechts een bed en durf niet vragen waar de negen personen slapen. Ik geef wat geld aan een klein meisje, dat vreugdig het ontvangene aan hare moeder draagt.

— De heeren zijn wellicht fabrikanten die werk komen aanbieden? vraagt de vrouw. Zoo gij ons werk kunt bezorgen, zullen wij het aan elken prijs aanvaarden, voegt zij er bij, op smeekenden toon.

— Neen, moedertje, wij zijn geene fabrikanten. Wij zijn socialisten en wij komen onderzoeken of in Vlaanderen de ellende zoo groot is als ons gezegd werd.

— Zoo! zegt zij, zonder meer.

Lang zag zij ons na, toen wij weggingen.

Onder het terugkeeren vertelden mij mijne gezellen, dat de loonen der vlasbewerkers stijgen, hoe verder men de Lei opgaat naar de Fransche grens, en dalen van Kortrijk naar Deinze.

Is zulks niet belangrijk om bestatigd te worden? Het zijn de hoogere loonen in het Noorden van Frankrijk, die verhinderen dat de loonen der Vlaamsche werkers onder een zeker peil dalen. Daarbij geeft het nabuurschap van Frankrijk aan de werklieden van Zuid-Vlaanderen een onafhankelijken geest en een zucht naar vrijheid, dien men op verscheidene plaatsen niet vermocht te smachten. Wanneer men hun loon wil verminderen, wanneer zij door de priesters of door patroons vervolgd worden, wanneer zij slachtoffers zijn eener werkstaking, nemen zij den weg naar het republikeinsche Frankrijk, liever dan zich te onderwerpen. Duizenden hebben aldus hun stierfmoederlijk vaderland verlaten. Velen vestigden zich met hun huisgezin in Frankrijk. Zij werden ijverige socialisten, en het is grootendeels aan hen dat het socialisme de verovering verschuldigd is der gemeentebesturen van Roubaix, Rijsel en van verschillende andere steden uit de departementen van het Noorden en van het Nauw van Calais. Andere werklieden zijn voorzien van weekabonnementen. Den maandag morgen verlaten zij hun dorp en keeren er den zaterdag terug. Nog anderen vertrekken dagelijks met den trein van 4 ure 's morgens en keeren 's avonds om 9 ure weder. Wij zullen er op terugkomen.

Maar hoe verder men dringt in hetgeen de Vlaamsche socialistische strijders *Arm Vlaanderen* noemen, hoe meer de Fransche invloed vermindert en zelfs geheel en al verdwijnt; de uitbuiting door de patroons kent geene grenzen meer, de klerikale overheersching oefent zich uit zonder toom, en de werker gaat door het leven zonder vreugde en zonder geluk, het hoofd naar de aarde gebogen, dom als een lastdier, met de ijdele hoop van een droombeeldige hemel waar er geene patroons meer zullen zijn om zijn lichaam te martelen, en geene priesters om zijn geest te folteren!

ZAKKENNAAISTERS

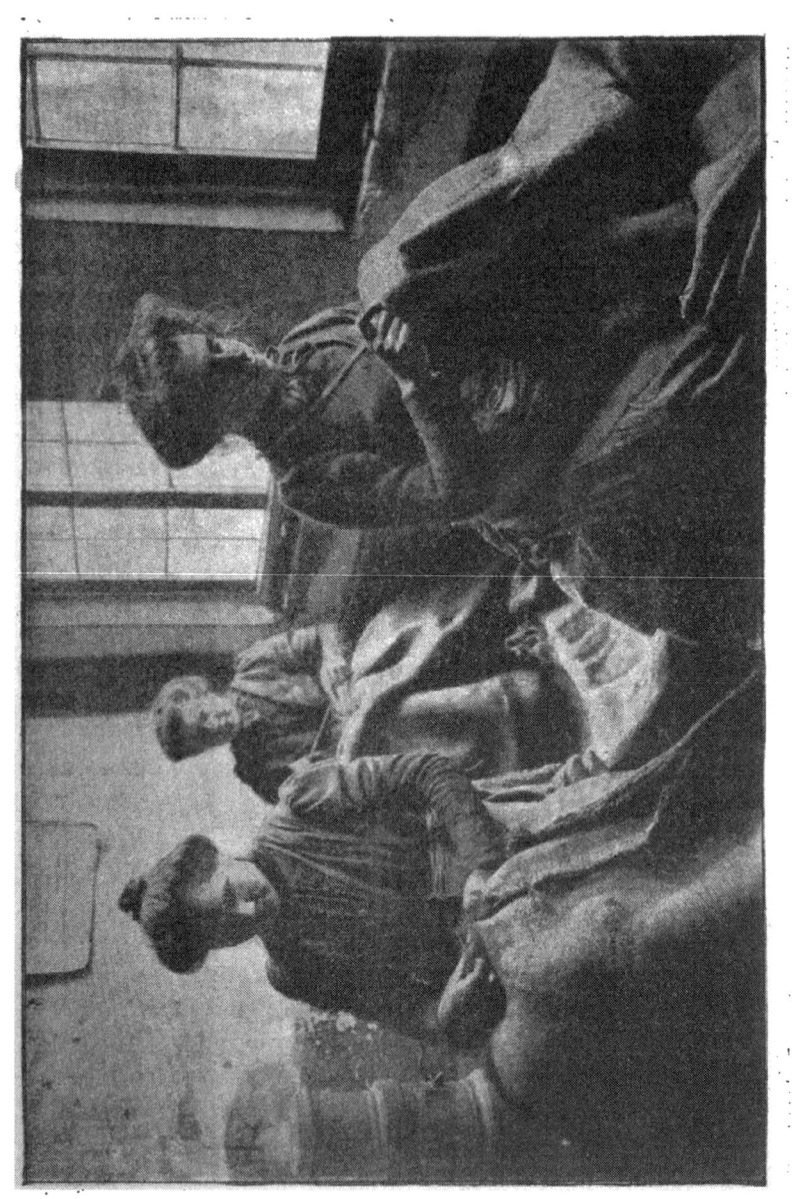

De Katoennijverheid te Gent

Over de loonen in de katoennijverheid te Gent, heeft het Arbeidsambt eene zeer uitgebreide studie van M. Lodewijk Varlez uitgegeven. Deze studie is de volledigste, de leerzaamste en de meest gewetensvolle van al de onderzoeken, onder de leiding van het Ministerie van Arbeid gedaan. Zij vormt een lijvig boekdeel van meer dan 800 bladzijden, dat in twee afdeelingen is gesplitst : de eerste bevat eene geschiedenis der loonen, een hoofdstuk over de werkuren, anderen over de werkloosheid, over de loontarieven in de verschillende afdeelingen der spinnerijen en der weverijen, over de loonen in de vreemde landen, over den uitslag van het bijzonder onderzoek betreffende het nijverheids- en het familieloon der katoenbewerkers; de tweede afdeeling behelst bijna 600 bladzijden bewijsstukken en statistieken, die de uitslagen van het enkwest en de gevolgtrekkingen van den schrijver komen staven en versterken.

Wij zijn niet zinnens, dit belangrijk werk samen te vatten. Het ware, ten andere, eene onmogelijke zaak. Wij willen alleen eenige belangwekkende bijzonderheden over de voornaamste nijverheid van Vlaanderen's hoofdstad uit het boek putten.

De katoenbewerking is inderdaad de belangrijkste nijverheid van Gent, wanneer men er de vlaswevers en de bleekers bij rekent, die, naar het algemeen gedacht der bevolking, vakgenooten zijn der katoenbewerkers, en zich met dezen in de zelfde syndikaten vereenigen.

Ziehier, volgens M. Varlez, de verschillende bewerkingen die tot de werkzaamheden der katoenbewerkers behooren, alsook eenige inlichtingen over de betaalde loonen voor iedere soort werk.

Het katoen ondergaat meerdere voorbereidingen, alvorens naar de spinnerij gezonden te worden.

Te Gent wordt slechts Amerikaansch of Indisch katoen gesponnen. Het eerste heeft langere weefbare vezels, is beter gezuiverd en kost ongeveer 25 p. h. duurder dan het laatste. De vorm der balen katoen verschilt een weinig volgens hunne herkomst. Het vervoer en de behandeling dezer balen wordt gedaan door handwerkers, die algemeen per uur werken. Hun loon verschilt volgens den ouderdom en de bekwaamheid : het bedraagt gewoonlijk 19, 20 of 21 centiemen per uur, zelden 25 of 26 centiemen.

De eerste bewerking van het katoen in de Gentsche fabrieken, is het mengen der verschillende hoedanigheden. De menger opent daartoe de balen, neemt de pakken katoen die er onder den vorm van ineengedrongen bladen ingeperst worden, en spreidt ze uit op een stuk lijnwaad zonder eind, dat ze onder een trommel voert, waar de pakken door een klopstelsel geopend worden. Zij komen uit dezen trommel onder den vorm van veel min ineengedrongene watte en gewoonlijk voert men ze in bakken in de nabijheid der klopmachien, bij middel eener reeks doeken zonder eind. Zulks is de eerste bewerking der kaarderij.

De werklieden die er aan gebruikt worden, dragen den naam van katoenmengers. Zij worden 20 tot 25 centiemen per uur betaald.

Dan volgen de bewerkingen der zuivering. Het

katoen, door de kloppers op een stuk lijnwaad zonder eind uitgespreid, wordt door de klopmachien in een soort trommel opgezogen, waar het nog geheel beladen met onzuiverheden, aan eene hevige schudding en aan eene krachtige klopping wordt onderworpen. Een deel der vreemde zelfstandigheden in het katoen bevat (bladeren, zaden, stof) wordt op den bodem der klopmachien afgescheiden, en de overblijvende vezels worden weldra opgeslorpt door eene tweede klopmachien, waar de zelfde bewerking herbegint. Het katoen verlaat de klopmachien onder den vorm van zeer losse banden, die rond eene rol worden gewonden. De klopping herbegint verscheidene malen voor de zelfde banden, maar het werk is zóó geregeld, dat de banden der verschillende rollen iedere maal samengemengd en geklopt worden.

Wanneer het kloppen gedaan is, doet het katoen zich voor als groote rollen watte.

De volwassene kloppers ontvangen ongeveer het loon der katoenmengers : 20 tot 25 centiemen per uur.

De rollen worden door de dragers naar de kaarderij gebracht. Bij deze werklieden vindt men slechts minderjarige jongelingen, of door ouderdom en zwaren arbeid versleten werkers. Zij worden 12, 15, 16, zelden 20 of 21 centiemen per uur betaald.

De tweede groote bewerking der zuivering of kaarding, gebeurt in de kaarderij. De banden katoen, door de klopping verkregen, worden over een groot getal tanden gehaald die wel op spelden gelijken en regelmatig op een cilinder geplaatst staan. De banden worden aldus onophoudelijk gekamd, en verlost van alle onzuiverheden en van al wat niet als weefbare vezels kan gebruikt worden. Nadat de katoenband over talrijke, met tanden voorziene cilinders gegaan is, verkrijgt hij eene groote reinheid, en de weefbare vezels, goed ontwart en in eene rechte, volkomen evenwijdige richting geplaatst, komen uit de kaarden onder den vorm van zeer losse wieken zonder eind, die potten vullen.

De geheele zuivering gebeurt werktuiglijk. Ook zou de rol der kaarders onbeduidend zijn, als zij niet onophoudelijk de kaarden moesten reinigen en poetsen. De tanden, in de cilinders geplaatst, houden katoendeeltjes (afval) op, en na eenigen tijd wordt het noodig deze onzuiverheden te verwijderen. Zulks gebeurt in den regel door het uitkammen met eene handkaarde, die al de katoenvezeltjes en afval van den cilinder wegneemt. Dit werk is nog al ongezond. Door de bewerking vliegt veel stof in de lucht en meermalen is de werkman verplicht zich het aangezicht gedeeltelijk te bedekken om het van het katoenstof te vrijwaren.

De afval der kaarden waar Amerikaansch katoen verwerkt wordt, draagt men naar de kaarden van het Indisch katoen. De afval dezer laatsten wordt aan de fabrikanten van katoenen dekens verkocht.

Het loon der kaarders, bijna allen volwassen personen, bedraagt 20 tot 26 centiemen per uur, naar gelang de behendigheid, den ouderdom en de inrichting.

Men vindt ook een of meer slijpers en hulpslijpers in de fabrieken; zij zijn met het onderhoud der kaarden belast. De slijpers winnen 22 tot 34 centiemen per uur, de hulpslijpers 22 tot 28 centiemen.

De eenen zoowel als de anderen hebben menigmaal overwerk, en ontvangen nog al wat drinkgeld.

Wanneer de potten gevuld zijn met katoenen wieken, worden zij door kinderen, wier loon 6 tot 16 centiemen per uur bedraagt, naar de rek- of strekmachine gedragen.

Tot nu toe ontmoetten wij slechts mannen in de kaarderij; allen werden per uur betaald. Nu zullen we er slechts vrouwen vinden die voor het grootste deel per stuk betaald worden.

De rekmachines worden te Gent door vrouwen bediend. De bewerking bestaat in het samenbrengen van zes der wieken die van de kaarden komen in eene enkele, sterkere wiek, aan dewelke reeds eene lichte wringing wordt gegeven. De zes wieken worden door de strekmachien langzaam uit de potten getrokken, en langs den anderen kant levert het werktuig eene enkele wiek die op hare beurt een pot vult.

De loonen verschillen tusschen 10 en 16 of 17 franken per week. De minderjarige werkmeisjes winnen 16 of 17 centiemen per uur.

Van de rekmachien, waar de wiek reeds een weinig versterkt werd, gaat zij naar de spilbank of vlieger waar zij, door bewerkingen die nog al veel gelijkenis hebben met het rekken, vermenigvuldigd, gewrongen, verdund en gerond wordt. Na opvolgenlijk door de grove banken, de tusschenbanken en de fijne banken getrokken te zijn, heeft de wiek den vorm verkregen van een katoenen koordje, dat op het einde der fijne bank op groote bobijnen wordt gewonden.

.-- De werkmeisjes die aan deze machienen gebruikt worden, zijn bijna allen per stuk betaald. De taks der vergoeding verschilt van fabriek tot fabriek, en naar gelang de min of meer groote fijnheid der werktuigen en de behendigheid der werksters. Het loon der volwassenen verschilt van 10 tot 19 franken per week, en bedraagt gewoonlijk 14, 15 en 16 franken. De werkster wordt betaald volgens hare opbrengst, dikwerf door teekens op de verdeelingsschijf aangewezen. De leermeisjes hebben 8 tot 12 centiemen per uur. Daarbij ontvangen zij een drinkgeld van 10, 20, 30 centiemen, soms 1 frank, van de werkster onder wier leiding zij arbeiden, en die ze aldus belang doet stellen in de goede voortbrengst der banken.

De groote bobijnen der spilbanken worden in bakken vereenigd, en naar de spinzaal overgebracht door dragers die 19 tot 23 centiemen per uur winnen.

De Katoenspinnerij

Wij gaan voort onze inlichtingen bij M. Varlez te nemen.

Het katoen dat in de fabriek kwam onder den vorm van balen, is nu volledig gekaard en wordt als op bobijnen gewonden koordjes aan de werklieden der spinnerij geleverd. De koordjes moeten nu gesponnen worden.

Het spinnen geschiedt op twee verschillende manieren : nu eens door mannen op getouwen die men « zelfwerkende spinmolens » (*self acting mules*) noemt, dan weer door vrouwen op de getouwen « trostle », meer bekend onder den naam van « continus ».

De continuspinnerij maakt te Gent een zeer grooten

EEN TAPIJTENWEVER

vooruitgang. Er gaat geene week voorbij of eene nieuwe continuspinnerij wordt geopend en oude of kleine self-acting getouwen worden door continus vervangen. De vrouwenarbeid neemt meer en meer de plaats in van het mannenwerk. De oorzaken hiervan zijn de lagere loonen gevoegd bij eene grootere voortbrengst; het continuspinnen brengt 20 p. h. meer op.

Het katoen dat, op groote bobijnen gewonden, van de kaarderij komt, moet omgewerkt worden in een min of meer fijnen draad, fijnheid die afhangt van de wringing waaraan men hem onderwerpt. Wij kunnen in de technische bijzonderheden dezer bewerking niet treden. Wij zullen ons er bij bepalen te zeggen, dat het weefgetouw uit twee deelen bestaat : een vaststaand gedeelte dat de bobijnen der kaarderij draagt, en een beweegbare wagen die in zijn loop, door opvolgenlijke verwijdering en toenadering, den draad wringt en hem windt op de spoelen of klossen, die door de spillen van den wagen gedragen worden.

Deze getouwen hebben een veranderlijk getal spillen; de oude getouwen hadden er slechts 200 of 300; nu zijn er nog in werking met 400 spillen, terwijl de meerderheid 800 of 900 spillen telt en sommige getouwen zelfs 1244 spillen dragen. Men begrijpt gemakkelijk dat voor zoo weinig op elkander gelijkende werktuigen, de loontarieven ook erg verschillen.

Het bewaken en het besturen van den gang van zijn getouw, is het bijzonderste werk van den spinner; hij moet ook de kleine stoornissen van zijne mekanieken herstellen en de gebroken draden weder vast binden; in dit werk wordt hij geholpen door een of twee draadjesmakers die hem toegevoegd zijn : de monteerder helpt ook, maar heeft voor bijzondere rol de versche bobijnen en klossen op de spoelen te plaatsen, wanneer zij door het wegnemen van ontrolde bobijnen of van met draad voorziene klossen ledig komen.

Deze twee, drie of vier werklieden, die gelast zijn een of twee getouwen te besturen, werken samen, en in al de Gentsche fabrieken worden zij betaald volgens het gewicht der gesponnen stof en de fijnheid van den draad.

De werklieden en de werksters werden vroeger bestolen op de hoeveelheid hunner voortbrengst, want het was hun verboden het wegen der gesponnen stof bij te wonen. Men herinnert zich de geruchtmakende ondervraging van Anseele over dit onderwerp, in 1894 gedaan, en de wet die ze bekrachtigde en slechts in 1901 afgekondigd werd.

De monteerder en de twee draadjesmakers winnen een vast loon, dat per uur en per week berekend wordt, welke ook de voortbrengst van het getouw weze; het overblijvende der voortbrengst wordt aan de spinners gegeven.

Volgens M. Varlez zijn de loonen, vooral die der spinners, zeer verschillend. De spinners winnen gemiddeld van 18 tot 40 franken; het loon hangt af van de bekwaamheid der werklieden en van de fabrieken. Uit eene statistiek, vroeger door de vakvereeniging opgemaakt, blijkt dat het gemiddeld loon de 25 franken niet bereikt in drie fabrieken, dat het de 25 franken nabij komt in vier, de 28 franken in twee, en 33 tot 35 franken bedraagt in de drie laatste inrichtingen.

Hier is alleen spraak van wevers op twee getouwen. Maar voor deze gemiddelde loonen mag men niet vergeten dat in verscheidene fabrieken een dertigtal wevers gevonden worden die slechts op een getouw werken, en 18 tot 22 franken per week betaald worden.

Er zijn drie reeksen draadjesmakers : vooreerst de groote draadjesmakers die allen, of bijna allen meerderjarig zijn. Zij winnen 15 tot 20 franken per week, het drinkgeld door den spinner betaald inbegrepen. De halve draadjesmakers die dikwerf ook volwassen werklieden zijn, winnen 8 tot 15 franken per week met het drinkgeld.

Eindelijk is aan iederen spinmolen een monteerder verbonden; het is een kleine leerjongen die 4 tot 8 franken weekloon en drinkgeld verdient.

Zooals wij reeds zegden, wordt de tot nu toe bevoordeeligde toestand der katoenspinners bedreigd door de continuspinsters.

Het werk der continumolens gelijkt nog al wel aan dat der self-acting machienen, behalve dat de beweeglijke wagen verdwijnt, en dat de draad onophoudelijk gewrongen en opgewonden wordt, zonder onderbreking; daarbij gebeuren deze twee laatste bewerkingen gelijktijdig. De draad wordt gewonden op spoelen, lange houten bobijnen, die rechtstreeks naar de weverij gezonden worden.

De continuspinsters worden per stuk betaald, en mogen bijna overal — waarschijnlijk sedert Anseele's ondervraging — persoonlijk het wegen van hun werk bijwonen.

De helpsters worden gewoonlijk per uur betaald. Het onderscheid tusschen spinners en draadjesmakers, dat bij de mannelijke werklieden zoo gemakkelijk kan gemaakt worden, is bijna onmogelijk bij de vrouwen.

In sommige fabrieken werkt geheel de zaal, of daaromtrent, onder de leiding eener meesteres, en al de werkmeisjes zijn helpsters, of zij een getouw besturen of niet. Elders worden al de spinsters per uur betaald, net gelijk de draadjesmakers.

De loontarieven der katoenspinsters worden ongeveer op dezelfde manier vastgesteld, als deze der spinners. Het loon is min of meer groot naar gelang het nummer van den draad, maar verschilt van fabriek tot fabriek. Overal echter zijn de loonen der vrouwen gevoelig lager dan die der mannen. Het spinnen van 100 kilogrammen draad n^r 20 kost aan de fabriek 5 fr. 15 op de self-acting, en 3 fr. 75 op de continus. Volgens eene lijst, opgemaakt door de werklieden voor een weverscongres dat te Manchester plaats had, is het gemiddeld loon van eene spinster en van hare monteerster, tusschen 13 fr. 44 en 18 fr. 20 per week begrepen. Men mag niet uit het oog verliezen, dat het hier het loon van twee werkmeisjes geldt. M. Varlez duidt ieders deel niet aan.

Sommige draden, die men sterker wil maken, of die voor bijzondere doeleinden bestemd zijn, worden niet alleen gewrongen, maar ook nog getwijnd.

Evenals voor het spinnen wordt dit werk door mannen of door vrouwen uitgeoefend, het meest echter door de laatsten; de mannelijke twijnders worden meer en meer door werkeloosheid bedreigd.

Wat de vrouwen betreft, zij zijn soms uren en dagen werkeloos, daar de hoeveelheid te twijnen draad zeer veranderlijk is.

Het loon wordt ongeveer op dezelfde schaal berekend als dat der spinners en der spinsters.

Gelijk wij reeds vroeger hebben aangestipt, wordt de voortgebrachte draad gewonden op groote bobijnen, op spoelen of op klossen in licht bordpapier. In het laatste geval worden de klossen bijna altijd rechtstreeks naar de haspelzaal gedragen.

In het tweede geval zijn de spoelen bestemd, in het weefgetouw gebruikt te worden zooals zij zijn. Zij worden op geregelde wijze in groote bakken gerangschikt door de spoelinleggers, eenvoudige handwerkers wier loon gewoonlijk 19, 20, 21 en zelden 22 centiemen per uur bedraagt.

In deze hoedanigheid ontmoet men soms vroegere spinners of wevers, die door hoogen ouderdom verhinderd zijn een werk uit te oefenen dat behendigheid en lenigheid vergt.

Even als alle handwerkers, worden deze arbeiders per uur betaald.

De haspelaarsters winden den draad der klossen op haspels van een bestendigen diameter; aldus vormen zij groote strengen, die bestemd zijn ingepakt, of naar de ververij of bleekerij gedragen te worden.

De haspelaarsters zijn allen of bijna allen volwassen werkvrouwen, en meestendeels gehuwd; zij worden per stuk betaald naar het gewicht of het getal gehaspelde strengen, en ook volgens het nummer van den draad.

Van den draad, door de haspelaarsters in strengen vereenigd, worden pakken gevormd door de inpakkers. Het loon dezer laatsten verschilt tusschen 20 en 30 centiemen.

Hier eindigen de bewerkingen van het spinnen.

Het Weven

Te Gent zou men geen verschil kunnen maken tusschen het weven van katoen en het weven van vlas. Inderdaad, de stoffen van elke soort worden geweven in het zelfde gesticht, door de zelfde werklieden en op de zelfde getouwen. Niet zelden ziet men een werkman twee stukken stof weven, het eene van katoen, het andere van lijnwaad. Daarbij worden te Gent nog vele gemengde stoffen gemaakt, in wier samenstelling het katoen en het vlas bij min of meer gelijke deelen gevonden worden; het katoen vormt de ketting en het vlas den inslag, of omgekeerd. Wij moeten er echter bijvoegen dat te Gent het katoenweven eene veel grootere belangrijkheid heeft dan het weven van vlas.

Alvorens naar de weverij gebracht te worden, moet het voortbrengsel der spinnerij nog verschillende bewerkingen ondergaan, die voor doel hebben het in kettingdraad of in inslagdraad te vervormen.

Tegenwoordig wordt de draad zeer dikwijls door de spinmolens zelf rechtstreeks op de spoelen of klossen der weverij gewonden, bijgevolg moet hij niet meer voorbereid worden alvorens in de schietspoel van den wever gebracht te worden. Maar voor verschillende redenen — de noodwendigheid, bijvoorbeeld, soms geverfden draad voor inslag te gebruiken — gebeurt het dat men den draad der klossen of strengen op spoelen moet overbrengen. Zulks is het werk der spoelsters, werkmeisjes die per stuk betaald worden, en wier gemiddeld loon 1 fr. 80 per dag bedraagt. De spoelsters zijn zeer dikwijls werkeloos.

MANDENMAKERS VAN TEMSCHE

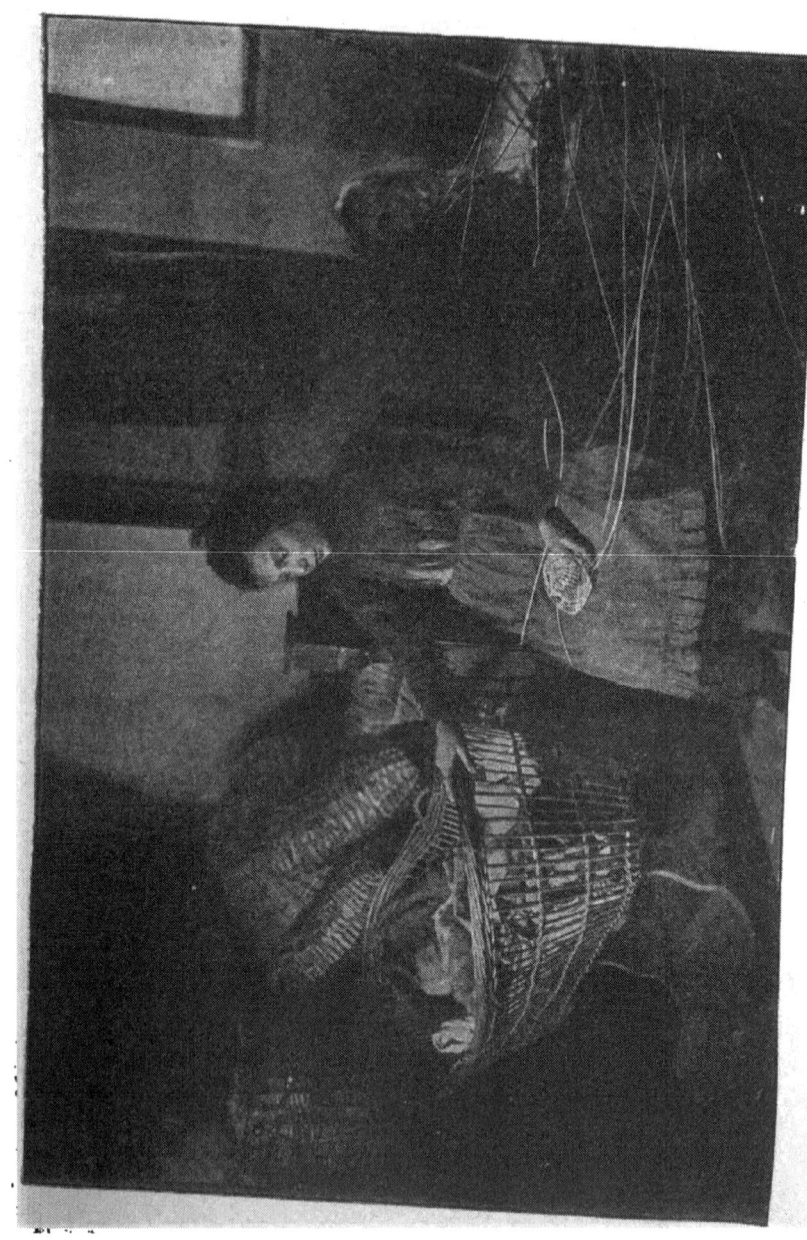

De draad, eens op de spoelen gebracht, gaat onmiddelijk naar de weverij over.

Voor den kettingdraad zijn de bewerkingen langduriger en ingewikkelder.

De strengen worden uitgestrekt en buigzamer gemaakt, en daarna op haspels geplaatst (of de klossen op spillen gestoken), om den draad op groote bobijnen te kunnen winden. Dit werk wordt uitgeoefend door de garenwindsters, wier dagelijksch loon 2 fr. tot 2 fr. 5o bedraagt. Deze werksters zijn ook zeer dikwijls zonder werk.

Van de garenwindsters gaat de draad naar de scheersters of verbreidsters. Deze maken de ketting gereed bij middel van het scheerraam. Dit werk, dat zeer belangrijk is, wordt te Gent bijna overal door vrouwen uitgeoefend, die de vroegere mannelijke scheerders verdrongen hebben.

« De scheersters, zegt M. Varlez, vormen den adel der katoenbewerksters. Zij hebben een gemakkelijke, reine en gezonde arbeid. Daarbij winnen zij de hoogste vrouwenloonen der geheele fabriek, en kunnen 20 tot 24 en zelfs 25 of 26 franken verdienen voor een betrekkelijk licht werk. »

De kettingboomen — groote rollen waarop de kettingdraden gewonden worden door de scheersters — worden naar de papzaal gedragen, van zoodra zij bereid zijn.

Wanneer de draad uit den spinmolen komt, heeft hij een wolachtig uitzicht en is bedekt met pluis. Deze zwarigheid, die het weven moeilijk zou maken, doet men verdwijnen door de kettingdraden te pappen, het is te zeggen, door ze te drenken in een pap die al het pluis aan den draad doet plakken.

Het pappen gebeurt werktuiglijk, onder het toezicht van werklieden wier loon tusschen 20 en 40 centiemen per uur verschilt.

In de doorhaalzaal, waar de kettingboom na het pappen gedragen wordt, onderwerpt men den draad opnieuw aan verschillende bewerkingen.

De eerste bestaat in het doorhalen van het uiteinde van ieder der draden van den kettingboom door het oog der verschillende kammen (of latten), en zulks iedere maal in eene andere schikking, als den aard der te weven stof verandert. Het is door het opvolgenlijk en regelmatig opheffen van sommige dezer kammen, en bijgevolg ook van de draden die zij dragen, dat de weg der schietspoel afgebakend wordt.

Na het doorhalen der kammen moet men de draden plaatsen tusschen de tanden van het kamblad, metalen, ijzeren stuk, dat door zijne bewegingen de inslagdraden spant, die door de schietspoel naast de reeds geweven stof werden geduwen.

De loonen der doorhalers zijn zeer verschillend. De hoofddoorhalers worden nu eens per stuk betaald, per honderd doorgehaalde draden, dan weer per uur, per dag of per week; zij winnen nog al hooge loonen : wekelijks 20, 25 tot 30 franken. Maar zij worden bijgestaan door een groot getal kinderen en helpers van beide geslachten, die de meerderheid der bevolking van de doorhaalzaal uitmaken. Velen dezer helpers worden rechtstreeks betaald door de werklieden die ze gebruiken, en hunne loonen zijn zoo klein als zij het veertig jaren geleden konden zijn. Men treft nog daghuren aan van 50 en 60 cencentiemen, voor werklieden die langer dan een jaar in de fabriek arbeiden.

Soms ook is het doorhalen van al de kettingboomen eene ware onderneming, aan een enkelen meestergast of hoofddoorhaler toevertrouwd, die dan natuurlijk zijne helpers en leerlingen aan de laagst mogelijke loonen aanwerft, om zich de grootst mogelijke winst te verzekeren. In dit geval zijn bijna volwassen doorhalers, die 6, 7 of 8 franken per week verdienen, volstrekt niet zeldzaam!

De aldus voorbereide kettingen, die eene veranderlijke lengte hebben volgens het nummer en den aard van den draad — gewoonlijk tusschen 200 en 1000 meters begrepen — worden naar de weverij gedragen en op de getouwen gespannen. Nu de ketting gereed gelegd is, blijft er niets meer over dan te weven.

Het weven is de bewerking der katoennijverheid, die het grootste getal werklieden vereischt. De rol van den wever bestaat in het voorbereiden van het getouw, in het nazicht van het werk, in het herbinden der gebroken draden, in het tijdig vernieuwen der spoelen van de schietspoel of der kettingdraden van den kettingboom. Soms zijn er ook lichte herstellingen te doen aan het getouw, maar in de meeste fabrieken wordt de wever verzocht de werktuigen niet aan te raken, en het herstellen en in orde brengen aan den meestergast over te laten.

Betreffende de techniek van het weven, zullen wij in geene enkele bijzonderheid treden. Wij willen alleen herinneren dat de bewerking gebeurt als volgt: door de kettingdraden vliegt eene schietspoel langs een weg die door de kammen wordt geregeld; de schietspoel laat achter haar een inslagdraad, die door het kamblad tegen de reeds aangelegde draden geduwen wordt.

Bijna al de wevers worden betaald volgens het getal stukken en meters die zij geweven hebben. De grondslagen waarop deze tarieven berekend zijn, verschillen veel volgens de lengte en de breedte van het stuk, volgens de breedte van het getouw, volgens het getal getouwen die bestuurd worden, de hoedanigheid van den verbruikten draad, het nummer van den draad, enz. Maar in werkelijkheid hangt het loon vooral af van de behendigheid van den wever en de min of meer volmaakte werkregeling in de fabriek. Het loon der volwassenen is tusschen 10 en 25 franken per week begrepen. Volgens een onderzoek, door M. Varlez bij de werklieden der vakvereeniging gedaan, is het gemiddeld loon der mannelijke wevers 2 fr. 79 daags, dat der vrouwen 2 fr. 15.

Wat de werkuren in de spinnerijen betreft, zij zijn zeer regelmatig en de zelfde voor al de fabrieken. Men werkt 64, 65, 66, 67, zelden 69 uren per week. De gewone duur is 66 3/4 uren : den maandag 9 1/4, de andere dagen 11 1/2. Elf uren en half arbeid, is de duur van den langsten werkdag door de wet aan kinderen onder de zestien jaren toegelaten, en hier, gelijk bijna altijd in de katoennijverheid, regelt de duur van den werkdag der kinderen, den duur van het werk der volwassenen.

De wevers op twee getouwen arbeiden gedurende 66 uren, en de wevers op vier getouwen gedurende 60 uren per week. Het zijn de laatsten die de hoogste loonen winnen.

Niettegenstaande de lage loonen, aan de Gentsche werklieden en werksters betaald, vinden de nijveraars dat zij toch nog te veel verdienen. En zij hebben op den Vlaamschen buiten goedkoopere werkkrachten gezocht. Aldus ziet men in al de dorpen van Oost-Vlaanderen spinnerijen en weverijen oprichten. De landlieden, die er zich in massa aanbieden voor bespottelijke loonen, bedreigen het reeds zoo ellendig bestaan der Gentsche fabriekarbeiders. Vlaanderen wordt meer en meer eene nijverheidsprovincie. Maar naast de uitgestrekte fabrieken verrijzen reeds onze Volkshuizen, nederig als de houten kerken der eerste Christenen.

Daar waar het kapitalisme zijne vernielzucht bot viert, beijvert zich het socialisme zijne weldaden te verspreiden. En het eerste zal door het laatste gedood worden!

Het leven van een spinner

In het boek van M. Varlez vinden wij eene bladzijde die waarlijk het hart roert, niettegenstaande haren eenvoud en wetenschappelijke stijfheid. Het is daar waar de schrijver het gemiddeld loon eener Gentsche werkersfamilie tracht vast te stellen

Hij heeft een onderzoek gedaan betreffende 1919 werklieden van allen ouderdom, mannen, vrouwen en kinderen, en heeft aldus eene denkbeeldige familie samengesteld. Uit dit onderzoek blijkt, dat het gemiddeld loon van een huisgezin dat een opgenomen werkman der katoennijverheid bevat, 29,97 fr. bedraagt.

Op zich zelven biedt dit budget van ontvangsten niets bepaalds aan, want het betreft eene niet bestaande familie, en de uitkomsten zijn dus zuiver theoretisch. Maar het heeft een onrechtstreeksch belang, door de vergelijking die het met den betrekkelijken toestand van andere bedrijven laat maken.

M. Varlez denkt dat het aannemen van 30 franken als gemiddeld weekloon eener Gentsche spinnersfamilie, dicht bij de werkelijkheid komt.

De min of meer welvarende toestand eener familie verschilt op gevoelige wijze, volgens het aantal kinderen en den echtelijken toestand der familiehoofden.

In een schoon beeldelijk tafereel, toont M. Varlez ons als voorbeeld de ontwikkeling eener werkersfamilie met zes kinderen, van het oogenblik dat zij hare diensten aan de nijverheid aanbiedt, tot de dood op hoogen ouderdom.

Dit beeldelijk tafereel heeft voor titel: « Het leven van een spinner, van zijne geboorte tot aan zijne dood. » Het werd opgemaakt in 1898 met den uitslag van het onderzoek gedaan in twee en dertig Gentsche huisgezinnen, op verschillende levenstijdsperken.

Daaruit kan men de onstandvastigheid der hulpmiddelen der familie opmaken, zelfs wanneer zij in bijzondere voorwaarden geplaatst is — zes kinderen — en regelmatig werk en loon heeft.

In het begin bestaat de familie alleen uit de twee echtgenooten. Beiden werken, en het familieloon bedraagt 32 franken. De geldelijke toestand is dus goed. Een kind wordt geboren, vervolgens nog een. De behoeften van het gezin vergrooten maar de hulpmiddelen blijven de zelfde. Er komt een derde kind. De moeder bevindt zich aan het hoofd eener groote familie. Zij moet dus de fabriek verlaten. Nog drie kinderen worden geboren. De vader moet alleen in het onderhoud van acht personen voorzien.

MANDENMAKERS VAN TEMSCHE

MANDENMAKERS VAN TEMSCHE

Het loon ondergaat eene sterke vermindering. Nu bedraagt het slechts 18 franken.

Maar de eerstgeborene — de opgenomen werkman — heeft den ouderdom van dertien jaren bereikt. Hij verlaat de school, en gaat naar de fabriek; onmiddelijk vermeerderen de inkomsten van het huisgezin met 4 of 5 franken. Het volgende jaar, en daarna de andere jaren vergroot het loon telkens met een tweetal franken. Nu is het een broeder, dan weer eene zuster die werken gaan, allen hunne bijdrage aan de inkomsten van het huisgezin gevende. Na eenige jaren klimt de lijn van het familieloon van 18 op 85 franken. Het huisgezin kost veel, maar de hulpmiddelen komen van overal. Het is de overvloed.

Maar helaas! deze welvarende toestand heeft slechts een korten duur. De oudste zoon telt 24 jaren. Hij treedt in het huwelijk. Daarna verlaat nog een ander kind den schoot der familie, dan nog een ander, en allen dragen een deel van den onzekeren welstand mede. Na ieder vertrek, verminderen de inkomsten met 12 of 15 franken, terwijl de uitgaven ongeveer gelijk blijven. Wanneer de laatste zoon op zijne beurt een huisgezin sticht, is het familieloon opnieuw op 15 of op 20 franken teruggebracht.

De opgenomen werkman is dus gehuwd. Zijn huisgezin zal de zelfde veranderingen van betrekkelijken welstand en van ellende ondergaan.

De eerste jaren van het huwelijk zijn gemakkelijk. De echtgenooten bezitten wat spaargeld. De man wint 15 of 16 franken, de jonge vrouw 12 of 13 franken.

Maar het eerste kind komt ter wereld. Men plaatst het bij eene buurvrouw, om de moeder toe te laten op de fabriek te blijven werken. Het plaatsen van het kind kost 3 of 4 franken per week. Het tweede kind neemt een gelijk deel van het familieloon weg. Het derde verplicht de moeder de fabriek te verlaten. De ellende toont haar grijnzend aangezicht. Het beklimmen van den Kalvarieberg neemt een aanvang, en zal gedurende tien jaren voortduren.

Het familiehoofd heeft in de noodwendigheden te voorzien van vijf, zes, soms van tien personen. Hij zal langer werken, hetgene hem 1 of 2 franken meer per week zal opbrengen. Maar gevoed met aardappelen en brood, zal hij deze buitengewone krachtsinspanning niet lang volhouden.

« Het is het treurig tijdperk, schrijft M. Varlez. Gelukkig zij die het doorworstelen zonder dat onbekwaamheid tot werken, werkeloosheid, ziekten, ongelukken of de dood den eenigen voortbrenger komen treffen. »

Maar M. Varlez veronderstelt dat alles ten beste gaat: het werk is regelmatig, de gezondheid opperbest. Nochtans moeten zes of acht, soms meer personen met 15 of 20 franken per week onderhouden worden.

Deze toestand duurt voort en verergert, tot wanneer de oudste zoon zijn twaalfde jaar heeft bereikt. Als leerjongen werkt hij nu bij een sigarenmaker of bij een doorhaler, waar hij 2 of 3 franken per week verdient.

Op dertienjarigen leeftijd gaat hij naar de fabriek. Hij wint 5 of 6 franken. De familietoestand verbetert en blijft verbeteren, daar de andere kinderen ook beginnen mede te werken. De lijn van het familieloon klimt en bereikt 80 of soms 100 franken.

Maar dit tijdperk is altijd kort. De kinderen treden in het huwelijk, het huisgezin verspreidt zich, de ouders blijven alleen. De dagen van ziekte worden talrijker, de hulpmiddelen der familie geringer. Dan komt de onbekwaamheid tot werken : de vader wordt van de fabriek weggezonden omdat hij te oud is.

De ellende vertoont zich opnieuw. En welke ellende ! De treurigste, de nijpendste, de wraakroependste, de ellende der oude werklieden die na een leven van arbeid, van eerlijkheid en van verloochening, door God en door de menschen verlaten worden.

Soms gebeurt het echter dat de arbeider uit voorziening, en met dikwerf op het noodige te sparen, zich eene kleine ouderdomsrente heeft kunnen verzekeren. Dan worden de bejaarde ouders goed onthaald in de huisgezinnen der kinderen. Maar de meeste katoenbewerkers slijten hunne laatste levensdagen in een weldadigheidsgesticht.

Anderen worden soms wel door hunne kinderen opgenomen, maar dan is het eene hongerige maag meer in het huisgezin, en het onthaal is veeleer koel. Het is zuur brood dat door de arme ouden genoten wordt.

Eindelijk komt de dood een einde stellen aan het lijden en aan de wisselvalligheden van het bewogen leven van den spinner. Nu is het de beurt aan de kleinkinderen het kruis te torschen.

Ziedaar wat het beeldelijk tafereel van M. Varlez zegt in de treurige welsprekendheid zijner hoekige lijnen die beurtelings dalen of klimmen.

Op het dorp

Berragan had mij aangeraden de verkoopers te vergezellen der socialistische weekbladen, die iederen Zondag in de dorpen, rond Gent gelegen, verspreid worden.

Op een zondag morgen bevond ik mij dus aan de statie van het Land van Waas. Het was nog pikdonker. Ik ontmoette er acht dagbladverkoopers, die naar verschillende bestemmingen vertrokken. Behalve het blad *Vooruit*, geven de Gentsche socialisten een aantal weekbladen uit, die regelmatig door bedienden der samenwerking en door fabriekwerkers wekelijks verkocht worden op den buiten. Ik zeg *verkoopen* en niet *uitdeelen*. De verkoopers beweren dat de menschen geene waarde hechten aan de brochuren en dagbladen die zij kosteloos ontvangen. Ik begaf mij naar Loochristi, belangrijk dorp niet ver van de stad gelegen, samen met Vandeveegate en een ander gezel, belast met den verkoop der *Toekomst*, orgaan van het arrondissement Gent-Eekloo.

De dag begon te krieken toen wij uit de kleine statie van Loochristi kwamen. De twee verkoopers togen onmiddelijk aan 't werk, ieder langs een kant van den weg. Zij traden in al de huizen : « *Geen Gazetje ?* » En wanneer zij een blauwtje liepen, vergenoegden zij zich te zeggen : « Wij zullen toekomenden zondag terugkeeren. » En zij keeren inderdaad terug, zonder zich ooit te laten ontmoedigen. Eenige werklieden van hofbouwers wachtten de verkoopers op den drempel hunner deur.

Na gedurende drie kwart uurs gegaan te hebben, kwamen wij voor de kerk. Mannen en jongelingen bevonden zich op de plaats. Eene vrouw met beraden gelaatstrekken, en lustig geluimd niettegenstaande de koude, wachtte naar het einde der mis achter eene uitstalling van vet spek. Vandeveegate verkocht onmiddelijk vijf of zes nummers der *Toekomst*, onder den neus van een verkooper van klerikale nieuwsbladen, die er niet in gelukte een enkel blad aan den man te brengen, en woedend wegging zeggende : « Zijn er hier dan niets anders meer als socialisten ? »

De jongelingen en de vrouw begonnen te lachen. Langer dan een half uur moesten wij den uitgang der mis van zeven uren afwachten. Op den buiten zijn er missen van twee soorten : deze van 's morgens vroeg voor de werklieden en voor de boeren gegeven, en deze van tien uur voor de burgers. Zelfs in tegenwoordigheid van God maken de Christenen onderling verschil. Wanneer men arm is bidt men om vijf en om zeven uur ; als men rijk is wacht men tot tien uur.

Eindelijk werden de deuren der kerk geopend, en onze twee verkoopers begonnen aanstonds hunne propaganda : « *De Toekomst aan één cent !* » Enkelen verborgen zich om het blad te koopen, anderen deden het nemen door hunne kinderen. De ontvangst was goed. Men verkocht meer dan 250 nummers in dit dorp waar onze propagandisten eenigen tijd vroeger op steenen onthaald werden.

— Welk is het loon uwer verkoopers ? vroeg ik aan Vandeveegate.

— Een centiem per blad. Maar, daar sommigen slechts 40 of 50 bladen verkoopen, en hun werk toch zoo vermoeiend is als het onze, storten wij al de winsten in eene gemeene kas en verdeelen ze gelijkelijk onder al de verkoopers. Dit maakt voor ieder onzer gemiddeld 75 centiemen. Gij ziet dat het een echt propagandawerk is dat door onze verkoopers wordt uitgeoefend.

— Wordt *De Toekomst* door de samenwerking ondersteund ?

— Neen. Het blad werd gesticht en wordt geholpen door de Wijkclubs. Wanneer er een tekort is, hetgene wel eens gebeurt in sommige arrondissementen, dan wordt het door ons gedragen. Dezen avond geven wij in het lokaal der *Vrije Bakkers* een feest ten voordeele van ons blad. Gedurende den dag loopen wij door alle weer voor de propaganda, en 's avonds zingen en dansen wij, nogmaals voor de propaganda ! zegde mijn vroolijke makker.

— Bekomt gij in andere dorpen zulke schoone uitslagen als hier?

— Betrekkelijk ja. Te Maldegem verkoopen wij iederen zondag ongeveer 700 nummers van De Toekomst!

Wij traden eene herberg binnen, gelegen op den weg van Zeveneeken, op drie of vierhonderd meters afstand van de kerk van Loochristi. « Wacht mij hier, sprak mijn gezel, ik ga mijne ronde voleindigen. Binnen een kwart uurs ben ik terug. Intusschen kunt gij u met dezen gezel onderhouden. » En hij duidde mij een verbruiker aan, een kloek gebouwde jongeling van een dertigtal jaren, met blonde haren en knevel, en met wel verzorgde kleeding.

— Zijt gij partijgenoot ? vroeg ik.

— Ja, ten minste zedelijk, want er bestaat hier geen enkele ingerichte groep.

VELBEWERKERS

In de herberg bevonden zich een tiental verbruikers: zij warmden zich aan den kachel of rookten hunne pijp. Ieder hunner had een glas bier of een borrel jenever naast zich. Toen zij ons over socialisme hoorden spreken, spitsten zij de ooren.

— Wordt er eene bijzondere nijverheid uitgeoefend te Loochristi ?

— Men vindt hier een nog al groot aantal hofbouwers en boomkweekers, wier werklieden betrekkelijk onafhankelijk zijn, en dagelijks twee, drie en soms meer franken verdienen. Daarbuiten heeft men hier niets anders als kleine pachters en landbouwers.

— Welk is de toestand dezer laatsten ?

— Zij lijden gebrek. In den winter winnen zij 63 tot 72 centiemen en het voedsel. Gedurende den oogst, verdienen zij een frank. 's Morgens eten zij brood met een drank, die vooral van suikerij gemaakt wordt ; 's middags aardappelen met ajuinen en azijnsaus ; 's avonds karnemelk. Op de feestdagen eten zij soms spek! Ach! in ons arm Vlaanderen zult gij veel ellende vinden !

De andere verbruikers, voor de meerderheid in boeren gekleed met den gekenden blauwen kiel en de hooge, zijden pet, keurden hoofdknikkend goed, een echter uitgezonderd, wiens aangezicht misnoegen uitdrukte.

— Het is een tjeef (een klerikaal), fluisterde een gebuur mij aan het oor.

— Zou iemand durven zeggen dat ik overdrijf ? vroeg mijn tusschenspreker met luider stem.

— Aan vreemdelingen vertelt men dergelijke zaken niet, wedervoer de tjeef.

— Zoo, zoo ! riep mijn gezel woedend uit. Het is

niet genoeg dat de boeren ellende onderstaan, zij zouden zich nog moeten schamen daarbij, net alsof het hunne schuld is! Wat is dat voor een misplaatste hoogmoed? Ik herhaal dat het vee onzer meesters beter gevoed wordt dan wij, dat gij in de schuren slaapt met de kalveren en de varkens. Zulks kan niet blijven duren, vervolgde de spreker met vuur, zijne vuist op de tafel latende neervallen, en het zal niet blijven duren! Wij willen dat de boeren menschen worden, en als menschen leven !

De tjeef ledigde zijn borrel in eene teug, en verliet de herberg, de deur met geweld achter zich sluitende, hetgene de aanwezigen vreugdig maakte.

De twee verkoopers van De Toekomst waren intusschentijd teruggekomen. De herbergierster — het was de vrouw die ik twee uren vroeger voor de kerk in de uitstalling had zien staan — noodigde ons uit te ontbijten. Wij waren hongerig en lieten het ons goed smaken. Het oogenblik naar Zeveneeken te vertrekken was gekomen.

— Spant in, zegde de vrouw van het huis tot haren zoon, een kloeke kerel van een twintigtal jaren.

— Ik zal wel te voet gaan, zegde ik.

— Het is te ver, merkte Vandeveegate op. Gij zoudt den trein naar Zele kunnen missen.

Wij namen afscheid van onze gasten, en verlieten de herberg. Op den drempel der deur bleef ik verwonderd staan. Ik zag eene kleine kar, wel gelijkend aan de karren der melkvrouwen der omstreken van Brussel. Drie honden waren voor het voertuig gespannen : het was ons rijtuig! Ik gevoelde een dolle lust om in lachen uit te barsten, maar kon mij gelukkiglijk ernstig houden. Ik klom op de kar, en zette mij op de voorplank, naast den... koetsier. Een der twee verkoopers plaatste zich op de achterbank. Wat Vandeveegate betrof, hij moest naar Gent terugkeeren.

— Dezen avond zullen wij elkander terugvinden op het feest der Vrije Bakkers, zegde hij mij bij het weggaan met een min of meer spottenden blik.

De honden waren sterk. Zij liepen gezwind op den steenweg, stoeiden, en trachtten in elkanders ooren te bijten, zonder schroom de kar in putten voerende, waarvan de sneeuwachtige modder onder de wielen wegsprong. Van tijd tot tijd gaven de planken, waarop wij gezeten waren, zich aan een weinig geruststellenden dans over. Ik hield mij stevig vast. Achter ons blies een hevige wind.

— Mijne zuster is meid te Brussel, bij M. X....., zegde mij de geleider. Zij wint reeds dertig franken. Kent gij haar meester niet?

— Gij schijnt nochtans geene arme lieden te zijn, wedervoer ik. Welk aardig gedacht heeft uwe moeder daar gehad?

— Wij leven goed, maar wat wilt gij dat een jong meisje op het dorp verdiene?

De onzekere, soms pijnlijke, maar altijd gevaarvolle toekomst der arme buitenmeisjes, die door de pracht en het gewoel der groote steden aangetrokken worden, kwam mij onwillekeurig voor den geest; toch dierf ik niets zeggen.

Een twintigtal minuten later kwamen wij te Zeveneeken aan; de verkooper van De Toekomst in deze gemeente verwachtte ons. De Gentsche partijgenoot, die mij tot nu toe vergezeld had, moest onmiddelijk met den trein naar Gent terugkeeren.

Het dorp met zijne armoedige, zeer lage huisjes, langs beide zijden van den weg gelegen, kwam mij voor als eene kleine, door ellende, koude en vrees op zichzelf ineengekrompene gemeente. Ik heb de huizen van verscheidene handwevers bezocht. Zij hebben mij gesmeekt niets over hen te zeggen in het dagblad, ze noch rechtstreeks, noch onrechtstreeks aan te duiden, want indien men wist dat zij ten hunnent socialisten ontvangen hebben !...

En wat betaalt men aan deze werklieden voor den afstand van alle vrijheid? De goede werklieden, van 25 tot 40 jaren oud, winnen 10 tot 12,50 fr. per week voor een dagelijksch werk van 12 uren. De oude arbeiders ontvangen een dagloon van 50 centiemen. Wanneer zij slechts een of twee kinderen hebben, kunnen de wevers, door hard werken, min of meer behoorlijk leven, als de huismoeder zeer veel orde heeft. Maar daar zij bijna allen een talrijk kroost hebben, slijten zij over het algemeen een zeer ellendig bestaan.

— Zijt gij geen socialist? vroeg ik aan den wever die mij dezen toestand schetste.

— Ik zou het misschien zijn, indien ik dorst.

Dit antwoord kenschetst goed het klerikale schrikbewind dat op de geesten dezer arme lieden drukt. Dit schrikbewind zweeft over geheel Vlaanderen. In den loop der week, die onze aankomst in het dorp voorafging, waren vreemde geestelijken er eene zending komen prediken. Vernomen hebbende dat er alle zondagen 50 nummers van De Toekomst verkocht werden, hadden zij tegen de slechte bladen gedonderd, zonder een enkel woord te gewagen over de hongerloonen die aan de werklieden betaald worden. De verkoop van het weekblad was den volgenden zondag op 17 nummers gedaald. « Ik zal dat inwinnen, zegde mij de verkooper met verzekering. Het is het werk van acht of van veertien dagen. En zelfs als ik slechts tien bladen verkocht, dan nog zou ik iederen zondag terugkeeren. Een propagandist mag zich nooit laten ontmoedigen! »

De gemeente bezit eene mekanieke weverij, waar 35 werklieden gebruikt worden. De patroon is een liberaal, hetgene niet verhinderde dat hij al zijne werklieden verplichtte, op straf van wegzending, te biechten en te communie te gaan gedurende de zending.

De klerikalen, die hier de volstrekte en onbetwiste meesters zijn, hebben van Zeveneeken het droombeeldige katholieke dorp gemaakt. De inwoners zijn zeer godsdienstig. Hunne onderworpenheid, hunne gelatenheid, de vrees voor den priester vindt men terug tot in hunne neergedrukte voorhoofden. Zonder murmelen, werken zij gedurende 12 en 14 uren daags, voor een schotel aardappelen en zwart brood. Zij hebben geene verstrooiing. Den zondag blijven zij te huis. Gedurende den geheelen namiddag, tot wanneer het uur van slapen slaat, prevelen zij litanieën, en de deerniswaardige kinderen antwoorden de bedroefde woorden : « Heer, ontferm u onzer! »

Maar de Heer aanhoort de beden niet der kleine, arme kinderen!

De Zwavelstokmakers van Geerardsbergen

Op den Vlaamschen buiten, in het land van Waas, langs de boorden der Lei en der Schelde, is het ras kloek en gezond gebleven, niettegenstaande de eeuwenlange onderdrukking en ellende. De mannen zijn over het algemeen groot en sterk; hunne zwarte en diepe oogen, of hunne blauwe oogen met stalen weerglans, hun beenderig gelaat, hun hoekig lichaam, alles in hen verraadt de krachtdadigheid, het geduld, den ijzeren wil. De jonge meisjes zijn schoon, maar blijven het niet lang; weldra zullen lastigen arbeid, ontberingen en het moederschap het lichaam misvormen. De kinderen zijn aanbiddelijk.

Gaat dan zien in de nijverheidssteden wat het kapitalisme gemaakt heeft van de sterkte der mannen, van de schoonheid der vrouwen, en van de bevalligheid der kinderen.

Het is vooral bij de zwavelstokmakers der Dendervallei, dat deze ontaarding verschrikkelijk is.

Men moet de verslagen herlezen van de Onderzoekscommissie, die in 1886 te Geeraardsbergen zetelde. Op dit tijdstip maakte men bijna alleen phosphoorstekjes in genoemde stad. De bewerking van deze stof stelt de werklieden bloot aan eene verschrikkelijke ziekte, bekend onder den naam van koudvuur.

« Er is soms zooveel rook in de werkhuizen, zegde een werkman aan de onderzoekers, dat wij er niet in gelukken elkander te zien! »

De phosphoor vernietigt de tanden, ontbindt de kaakbeenderen, en doordringt de andere beenderen. Dokter Brocorens, een geneesheer der godshuizen, verklaarde het volgende aan de Kommissie : « Het vervaardigen van phosphoorstekjes is noodlottig voor de gezondheid. Wij bestatigen talrijke beenderbreuken, als gevolg eener langzame maar onafgebrokene vergiftiging. De werklieden, met het indoopen gelast, hebben ontstelde spijsverteringsorganen. Zij worden door longtering aangetast. Een deel van hun kaakbeen is vernietigd. Voor het inlijven bij het leger toont men zich zeer streng, wanneer het jongelingen van Geeraardsbergen geldt. *Zij breken zich het been bij de minste krachtsinspanning!* »

Volgens M. Brocorens, verklaart de ziekte zich gewoonlijk slechts na tien, vijftien of twintig jaren werken in de fabriek. Zij duurt zestien tot achttien maanden. De indoopers zijn meest blootgesteld aan het koudvuur van het bovenkaakbeen; het koudvuur van het onderkaakbeen vindt men vooral bij de werklieden die de ramen losmaken, en ook wel bij de inpakkers.

De dood is gewoonlijk het gevolg van hersenontsteking, of van stuipen, waarschijnlijk veroorzaakt door het verbreiden van het koudvuur aan de beenderen van het onderdeel van den schedel. Zij valt ook soms in na herhaalde, onmogelijk te stelpen bloedingen, of moet geweten worden aan de teringkoorts — slepende koorts die eene algemeene verkwijning van het lichaam voortbrengt — of aan rotte vergiftiging bij de zieken die door ouderdom, ontberigen en uitspattingen van allen aard verflauwd zijn.

In het hospitaal van Geeraardsbergen bewaart men kinnebakken, die aan werklieden ontrukt werden, om het bederf der beenderen van de basis van den schedel te verhinderen. Zij worden als zeldzaamheden aan de bezoekers vertoond.

Vroeger maakte men in België slechts lucifers waarvan de pap ten minste 30 p. h. witte phosphoor bevatte. De kleine nijveraars hielden zelfs geene rekening van de eenvoudigste gezondheidsregels bij het bouwen hunner fabriek. De zoo gevaarvolle bewerking van het indoopen der zwavelstokjes gebeurde in het midden der drogerij, en de droogzaal werd zelfs van de inpakzaal zaal niet gescheiden. De lucht kon slechts door de deuren ververscht worden. De toestand was zoo wraakroepend, dat M. Henrotte, werkopzichter, volgende verschrikkelijk beschuldigende zinsnede kon plaatsen in een verslag, in 1895 aan den Minister gericht : « Men zou gezegd hebben dat alle maatregelen genomen waren, om de zoo klein mogelijk gebouwde lokalen, zeker te verzadigen met phosphoordampen. »

Duizenden mannen, duizenden vrouwen, duizenden kinderen — het onderzoek van 1886 bracht aan het licht dat kinderen van vijf en zes jaar in de fabriek werkten! — gingen door dit pesthol. Hun geraamte ontbond zich gedurende het leven, voor de werktafel, en na hunne dood was het slechts rotheid die van het hospitaal naar het kerkhof gebracht werd.

Hier zoowel als elders was de donderslag van 1886 noodig om de bestuurders uit de rust van vijftig jaren geluk en voorspoed te rukken.

Men deed een onderzoek, en begon eindelijk te regelen. Een besluit van 25 Maart 1890, schreef gezondheidsmaatregelen voor in de werkhuizen, en beperkte op 8 tot 10 p. h. de hoeveelheid witte phosphoor die een watervrije pap mag bevatten.

Dit besluit wordt onophoudelijk overtreden door de nijveraars, die beweren dat de zwavelstokjes, volgens deze voorschriften gefabriceerd, door de kliënten geweigerd worden. Nu nog werken de fabrikanten met 16 en 17 p. h. phosphoor, en de werkopzichters sluiten de oogen.

M. Henrotte is verplicht in een verslag aan den Minister te bestatigen dat « de fabrikanten over het algemeen weinig goeden wil aan den dag leggen in het naleven der gezondheidsmaatregelen, door koninklijk besluit van 25 Maart 1890 opgelegd. » Een nieuw koninklijk besluit, van 11 Februari 1895, verplichtte de nijveraars de werktuiglijke luchtverversching in te voeren in de werkhuizen voor het indoopen, voor het droogen en voor het inpakken. Het plaatsen dezer werktuigen moest verscheidene duizend franken kosten Twee nijveraars verkozen het bereiden van lucifers met witte phosphoor volledig op te geven; een ander fabrikant verminderde zijne opbrengst.

Van een anderen kant, heeft het Gouvernement een maandelijksch geneeskundig onderzoek der werklieden opgelegd, dat op de kosten van den patroon gebeurt. Sommigen dezer laatsten hebben slechts gedwongen den nieuwen dienst ingericht, en zulks nadat proces-verbalen te hunnen laste waren opgemaakt.

Deze regeling, de wet van 1889 op het vrouwen- en kinderwerk, en meer nog de steeds grootere vervanging des phosphoorstekjes door Zweedsche lucifers, hebben voor gevolg gehad het kwaad aanmerkelijk te verminderen. Het verschikkelijk koudvuur richt min verwoestingen aan.

Tegenwoordig arbeiden ongeveer 1500 vrouwen en kinderen, en 5 tot 600 mannen in de zwavelstokfabrieken van Geeraardsbergen. De gewone werkdag duurt 12 uren. De werklieden winnen gewoonlijk 15 tot 20 franken per week, behalve de indoopers, wier gemiddeld loon 5 franken per dag bedraagt, wel te verstaan wanneer er geene crisis heerscht. De vrouwen winnen 12 tot 15 franken per week.

In gezelschap van gezel Richard Clerebaut, beheerder van het Volkshuis van Geerardsbergen, heb ik twee zwavelstokfabrieken bezocht : de werkhuizen van M. M. De Launoit, gebroeders, en deze van de Belgian Match Company. Deze laatste is prachtig bewerktuigd. Zij bezit machienen die met eene ongelooflijke zachtheid bladen hout plooien, er papier rond plakken en ze in eene mand werpen : het binnendeel der doos is klaar. Andere machienen bereiden het buitengedeelte op de zelfde wijze, en voorzien het van een opschrift. Nog andere nemen tien met lucifers gevulde doosjes tusschen hare nijpers, evenals tusschen duim en wijsvinger eener hand, leggen ze op een blad papier dat werktuiglijk geplooid wordt, de doozen omgeeft en rechthoekige pakjes vormt.

Een Brusselsch magazijn verkoopt deze pakjes van tien doosjes voor vijf centiemen !

Het zou niemand schaden indien de belachelijke prijs onzer lucifers een weinig verhoogd werd, en misschien zou het den nijveraars toelaten de werklieden wat meer te betalen, het stelsel van luchtverversching te verbeteren, de gezondheidsmaatregelen te vermenigvuldigen.

Maar helaas ! overal ontmoet men de mededinging, de mededinging die zoo opgehemeld wordt door de burgers-staathuishoudkundigen, en die wilt dat het verrijken van enkelen het gevolg zij van ellende en van verval.

In de zalen heb ik werkmeisjes gezien, die met eene bewonderenswaardige vlugheid doosjes vulden en sloten. Zulks is hun werk gedurende twaalf uren daags. Het schijnt dat eene socialistische inrichting den geest van initiatief zou dooden. Ik geloof niet dat het initiatief dezer werksters veel gelegenheid heeft zich te ontwikkelen!

In een deel van het gebouw en bij M.M. De Launoit, heb ik het bereiden van phosphoorstekjes bijgewoond.

Langen tijd beschouwde ik de vrouwen der zaal waar de doosjes gevuld worden; zij bezaten geene vrouwelijke bekoorlijkheden meer. Langen tijd beschouwde ik de indoopers, gebogen over eene plaat bedekt met phosphoorpap, waaruit doodelijke dampen opstegen; zij waren mager, hun aangezicht blonk van het zweet, hunne oogbeenderen staken uit en hunne wangen waren hol : het scheen mij dat zij door de verschrikkelijke ziekte verteerd werden. En terwijl ik de zalen doorwandelde, en onder mijne voeten de gevallen lucifers deed knetteren, sprak ik tot mij zelven : « Het kwaad is zoo groot niet meer, inderdaad, maar het is toch niet geheel verdwenen. Lang nog zal het verwoestingen aanrichten. Zal het wel ooit verdwijnen? De werkman wordt aangetast in zijne nakomelingschap. Zijne kinderen dragen de kenteekenen der ontaarding, zijn door de erfzonde besmet. Hoevele geslachten zullen moeten sterven, alvorens hier de schoone mannen en vrouwen van weleer zullen herleven, kloek van lichaam, edel van hart, helder van geest? »

Een jammerdal

De stad Ninove is ook een echt jammerdal. Hier wordt vooral naaigaren bereid. De eenvoudige, gesponnen draad wordt te Gent gekocht en hier vereenigd volgens de doeleinden waartoe hij bestemd is. Het is de bijzonderste nijverheid der gemeente. Zij houdt zeven tot achthonderd werklieden bezig; driehonderd dezer werklieden zijn vereenigd. Het loon verschilt tusschen 1 fr. 75 en 1 fr. 85 daags voor 11 uren arbeid. Hier ook heeft men veel onder werkloosheid te lijden, en de twijnders die den zaterdag met een weekloon van 7 tot 8 franken naar huis gaan, zijn volstrekt niet zeldzaam.

Sedert lange jaren doet de mededinging van Engeland, Duitschland en Italië eene erge crisis woeden in deze nijverheid. Te Puiz, in Spanje, gebruikt eene enkele fabriek 2000 werklieden. Vroeger vonden de nijveraars van Aalst en Ninove hun bijzonderste vertierweg in Duitschland, maar tegenwoordig is dit land hun voor zooveel gesloten, door de zeer hooge inkomrechten die er op de naaigarens geheven worden. De fabrikanten denken dat eene uitvoerpremie op de garens den wankelenden toestand dezer nijverheid gevoelig zou verbeteren. Het blijft nu nog te zien of de werklieden daar voordeel zouden bij hebben.

Behalve de naaigarenfabrieken, telt Ninove eenige werkhuizen waar sigarenmakers 12 tot 15 franken per week verdienen en twee zwavelstokfabrieken waar tweehonderd vrouwen werken; daarenboven, worden 400 arbeiders gebruikt aan het vervaardigen van espadrillen (soort pantoffels), en overschoenen. In deze laatste nijverheid, die onlangs te Ninove werd ingevoerd, bedraagt het weekloon 7 tot 8 franken.

In geene andere Belgische stad, heeft de werkman zulk een onwaarschijnlijk groot aantal werkuren. Vele twijnders werken 's nachts gedurende 11 uren in de fabriek en, om zich nog eenige bijgevoegde inkomsten te verzekeren, bebouwen zij het veld gedurende 6 of 7 uren daags. De dagtaak van een groot getal arbeiders is van 17 en 18 uren!

Te Ninove wordt veel jenever gedronken. De werklieden vereenigen zich om flesschen brandewijn te koopen, en 's zondags gaan zij dan naar den buiten om ze te ledigen. Daar zij onmiddelijk dronken zijn, « is het soms gevaarlijk ze in dezen toestand te ontmoeten » zegde mij eene vrouw.

Ninove is ook het centrum eener nijverheid die aan de arrondissementen Aalst en Oudenaarde eigen is : het naaien van lederen handschoenen. Deze nijverheid telt tegenwoordig 65 patroons, ondernemers van naaiwerk genaamd, en geeft werk aan meer dan 3500 vrouwen. Bijna al de handschoenen, in België gesneden, worden in dit deel van Vlaanderen genaaid. Daarbij blijkt uit eene studie van M. Georges Baetse, door het Arbeidsambt uitgegeven, dat in 1899 voor 5.308.466 fr. handschoenen in België ingevoerd werden om in ons land genaaid te worden. Wij zijn er dus in gelukt het werk der Duitsche fabrikanten te bemachtigen.

In den werkerswijk der stad heb ik eenige handschoennaaisters bezocht. De meesten dezer beklagenswaardige meisjes zijn bleek van aangezicht, en arm aan bloed door de onbeweeglijkheid waarin zij door haar werk gehouden worden. Ik bevind mij in tegenwoordigheid een harer, en ondervraag ze. Zij antwoordt mij met de holle, slepende, vermoeide stem die de werkvrouwen van Ninove onderscheidt. Zij zit voor eene kleine naaimachien. Eene voettrede brengt eene naald in beweging, waaraan de draad verbonden is eener bobijn die onder het werktuig is geplaatst.

— Hoeveel handschoenen kunt gij aldus naaien per dag?

— Hoogstens een dozijn wanneer ik alleen werk. En daarvoor moet men vroeg opstaan en eene behendige werkvrouw zijn. Gewoonlijk arbeid ik van zes uren 's morgens, tot zeven uren 's avonds.

— En hoeveel hebt gij dan gewonnen?

— Zeventig centiemen.

— Zeventig centiemen! roep ik verontwaardigd uit.

— Ja, het dozijn wordt mij zeventig centiemen betaald. Op dit oogenblik win ik geene vijf franken per week. Gij ziet dat het niet goed zou zijn, moest mij een ongeluk overkomen.

— Welk ongeluk?

— Wel, de kinderen bevlekken soms de handschoenen. Dan blijft het paar voor mijne rekening, en de ondernemer doet mij een frank boet betalen, terwijl hij de handschoenen voor zich houdt! Wanneer de vlek niet kan weggenomen worden, wordt mij het paar handschoenen teruggeven, maar dan bedraagt de boet twee franken.

— Is deze machien uw eigendom?

— Neen, zij behoort aan den ondernemer.

— En indien een machiendeel brak, wie zou het herstellen betalen?

— Ik, en het kost zeer duur. Ik ken meisjes die 7

tot 8 franken voor herstellingen betaald hebben, dus veel meer dan het loon eener geheele week!

— Maar als dit werk zoo slecht betaald wordt, waarom weeft gij geene kanten?

— Maar, Mijnheer, ik zou dan nog veel min winnen! Al de oude kantwerksters van Ninove houden zich nu met naaiwerk bezig.

— Weet gij hoeveel de Brusselsche fabrikant aan den ondernemer betaalt voor twaalf paar handschoenen?

— Ik ken den prijs, antwoordde de socialistische strijder die mij vergezelde. De fabrikant betaalt per dozijn 2 fr. tot 2 fr. 5o aan den ondernemer. De winsten dezer ondernemers zijn dus zeer groot. Als zij er in gelukken veel bestellingen te hebben, worden zij spoedig rijk.

De andere werksters die ik raadpleegde, hebben al deze inlichtingen bevestigd.

Op straat zegde ik tot mijn gezel :

— De menschen schijnen hier zeer arm te zijn!

— Ja, ze zijn ellendig. Ziedaar een huis dat bewoond wordt door eene vrouw die weduwe bleef met drie kinderen. Deze arme lieden voeden zich bijna uitsluitend met aardappelen. Aardappelen 's morgens, om zes uren, voor het ontbijt; aardappelen 's middags voor het noenmaal en aardappelen 's avonds. De knollen vullen de maag, stillen den honger, en aldus spaart men het brood dat te duur kost.

De verklaringen over de treurige werkvoorwaarden der handschoennaaisters, die ik verzameld heb, worden bevestigd door de studie van M. Georges Baetse, waarvan ik hooger sprak, behalve misschien voor wat de loonen betreft. M. Baetse zegt dat het loon voor twaalf paar manshandschoenen verschilt tusschen 1 fr. en 1 fr. 15. Er moet hier echter opgemerkt worden, dat deze cijfers door de patroons gegeven werden.

M. Baetse levert ook twee belangrijke tafereelen : het eerste geeft de loonen van tien Vlaamsche handschoennaaisters, per maand, gedurende het jaar 1899; het tweede duidt week per week de loonen aan. Volgens het eerste tafereel hebben twee werksters die alleen gewerkt hebben, de eerste 298 fr., de tweede 274 fr. gewonnen. Volgens het tweede tafereel wint de werkvrouw, die alleen arbeidt, 244,30 fr.

Het is klaar dat er hier alleen spraak is van werksters die gedurende den geheelen dag, en zes uren per dag kunnen arbeiden. De moeders, die zich ook met het huishouden moeten bezighouden, winnen belachelijke loonen. Vele werksters hebben eene helpster die de knoopsgaten naait en de knoopen vastmaakt; maar deze helpsters zijn bijna altijd volwassen vrouwen, die door de werksters moeten betaald worden. Volgens het eerste tafereel hebben twee naaisters, die te zamen werken, 831 franken gewonnen gedurende het jaar 1899.

Wat volstrekt bevestigd wordt door M. Baetse, zijn de buitensporige winsten, door de ondernemers in naaiwerk verwezentlijkt. Volgens hem betaalt de fabrikant aan den ondernemer, voor het gewoon naaien van twaalf paar handschoenen, 2 fr. 10 tot 2 fr. 50. De ondernemer wint dus minstens 100 p. h. of van 1 fr. tot 1 fr. 25 per dag op iedere werkster, zelfs als men de cijfers der loonen aanvaardt, die door de bazen werden opgegeven.

Deze toestand gaf mij een gedacht in. Waarom zou *De Eendracht der Handschoenmakers van Brussel*, eene sterk ingerichte vakvereeniging, waarvan bijna al de werklieden van het bedrijf lid zijn, niet trachten zelf de tusschenpersoon te worden tusschen de handschoenfabrikanten der hoofdstad, en de naaisters van Ninove en omstreken? Er zou geen groot kapitaal noodig zijn, daar iedere naaimachien slechts een honderdtal franken kost; daarbij denk ik dat de fondsen gemakkelijk zouden gevonden worden. Dan hebben de handschoenmakers nog dit voordeel, dat hun syndikaat door de patroons erkend is. Deze laatsten zouden wellicht even bereidwillig 2.10 fr. of 2.50 fr. aan de vakvereeniging betalen, als zij het nu doen aan de ondernemers. En indien *De Eendracht der Handschoenmakers* zich met eene kleine winst wilde tevreden stellen, zij zou de loonen der handschoennaaisters van Ninove sterk kunnen doen klimmen.

Het gedacht is verleidelijk, en schijnt mij geene onoverwinbare moeilijkheden te zullen ontmoeten. Kon het verwezenlijkt worden, er ware dien dag groote vreugde in de kleine Vlaamsche stad!

De Wevers van Ronse

Ronse is een nijverheidscentrum. Men vindt er 21 mekanieke weverijen met 1773 getouwen, waarop ongeveer 819 wevers werken; meer dan 800 hunner weven op twee getouwen. Onder deze 819 arbeiders telt men 130 vrouwen, en een vijftigtal kinderen van min dan zestien jaren.

De werklieden die op een Jacquartgetouw weven,

kunnen 18 tot 24 franken winnen per week maar, door het menigvuldig werkgebrek, daalt dit loon in werkelijkheid op 10 of op 12 franken. Zij die op twee groote getouwen werken, verdienen 15 tot 20 franken, maar daar ook wordt de arbeid dikwerf onderbroken, vooral voor het gereedmaken der ketting. De andere wevers trekken een loon, dat tusschen 12 en 15 franken verschilt, wel te verstaan als zij regelmatig werk hebben.

In de weverijen werken 228 jonge meisjes als garenwindsters, 87 als spoelsters — gewoonlijk zijn het kinderen van min dan zestien jaren die de spoelen maken — 48 mannen als ververs, 122 als bereiders, 41 monteerders en meestergasten en 23 machinisten.

De totale werkersbevolking der weverijen bedraagt 1420 personen, waaronder 620 vrouwen en kinderen.

Het loon der garenwindsters verschilt tusschen 8 en 12 franken per week, wanneer zij onafgebroken kunnen werken; dat der spoelsters is even groot wanneer zij per stuk werken, maar als zij per dag arbeiden, winnen zij slechts 3 tot 7 franken; de bereiders, de stokers en de monteerders winnen 15 tot 20 franken volgens hunne bekwaamheid en hunnen ouderdom. De scheerders werken gewoonlijk per stuk, en verdienen 16 tot 22 franken. De vrouwen werken per dag, en trekken 10 tot 13 franken weekloon.

De normale arbeidsdag bedraagt 11 uren : van 6 uren 's morgens tot 7 uren 's avonds, met 1 1/4 uur rust te middag, 22 minuten voor het morgeneten en 22 minuten voor het namiddageten.

De voorgaande inlichtingen zijn getrokken uit een verslag van gezel Van Overtveld, afgevaardigde van het arrondissement Oudenaarde bij den Landelijken Raad, gemaakt voor het eerste weverscongres, gedurende de maand Oktober 1899 gehouden.

Mijn eerste bezoek, na mijne aankomst te Ronse, was voor de Samenwerkende Maatschappij « De Verbroedering », die den verkooper van het blad *Vooruit* als beheerder heeft, en waarvan gezel Van Overtveld de zaakvoerder is.

« De Verbroedering » bezit uitgebreide inrichtingen. Hare bakkerij levert, volgens de laatste balans, gemiddeld 462 brooden van 2 kilogrammen per dag. Zij drijft handel in margarineboter en in kolen. Zij beschikt over eene drinkzaal en over eene groote en schoone feestzaal. Daarbij oefent de maatschappij eene soort samenwerking uit die, geloof ik, nergens bestaat : zij bezit een blok van vijf huizen die aan de samenwerkers verhuurd worden, mits 10 franken per maand. Ieder huis heeft twee plaatsen gelijkvloers, twee op het eerste verdiep, een zolder waarvan men twee schoone vlieringkamers zou kunnen maken, en een grooten hof. De onroerende goederen der Samenwerking komen in rekening op het tegoed der balans, voor de som van 33,555.72 fr.

De beheerraad der « Verbroedering » bestaat uitsluitend uit wevers.

Behalve de samenwerking, bezitten de socialisten van Ronse eene zeer belangrijke vakvereeniging der wevers, eene andere der katoenververs, een syndikaat der spinsters, een werkersbond en eene jonge wacht.

De gezellen van Ronse zijn dus inrichters. Nergens nochtans, behalve misschien te Gent, heb ik zulke krachtdadige werkersbevolking ontmoet.

Reeds twee opeenvolgende jaren is de staking op

Eerste Mei volledig in al de fabrieken der stad, de twee katoenspinnerijen medegerekend, waar nochtans bijna uitsluitend vrouwen en jonge meisjes werken. Op het tijdstip dat ik mij te Ronse bevond — het was op het einde der maand April — was het Meifeest om zoo te zeggen het eenige onderwerp dat de werkers bezig hield. De patroons wilden van de crisis, door de weefnijverheid onderstaan, gebruik maken om eene weerwraak te nemen. Zij dreigden hunne fabrieken gedurende acht dagen te sluiten, indien de arbeiders besloten niet te werken op Eerste Mei.

De beheerders raadden nadenken en voorzichtigheid aan. Maar de wevers stonden op bij het gedacht, aan de bedreigingen der patroons te moeten toegeven. Neen, zulks was niet mogelijk. Zij hadden te veel moeite gedaan om het Meifeest op te dringen. Zij wilden hunne overwinning niet prijs geven.

Gedurende eene werkstaking bood een wever zich aan bij een patroon om te onderhandelen. De patroon weigerde alle toegeving, en zeer trotsch zegde hij tot den werkman : « Ik heb het buikje vol, ik kan wachten. Gij hebt eene ledige maag, gij zult toegeven ! »

De afgevaardigde der werkstakers kon zijne woede niet beteugelen. Met een enkelen kaakslag deed hij den schaamteloozen kerel onder de tafel rollen. De kaakslag werd nog al duur betaald : eene maand gevang. « Maar, voegde de gezel er bij die mij deze geschiedenis verhaalde, waar is de mensch die bij dergelijke tergingen kalm zou kunnen blijven ? »

De werkstakingen der wevers van Ronse gingen dikwerf vergezeld van gewelddaden, en zelfs van bloedvergieten.

In de maand April van het jaar 1893, gedurende de beweging voor Algemeen Stemrecht, vochten de werklieden op straat met de politie.

In Maart 1895, deed zich de algemeene staking der wevers voor, waarvan onze lezers ongetwijfeld de bloedige en treurige herinnering bewaard hebben.

Betoogingen hadden plaats gehad op de Groote Markt. De burgemeester, M. De Malander, wiens werklieden ook staakten, had daarom de samenscholingen van meer dan vijf personen verboden.

Op een zaterdag namiddag — den 30 Maart — sloeg een gendarm een werkstaker met den sabel op het hoofd. Het was het teeken van een strijd, die meer dan twee uren duurde.

De werklieden gooiden steenen naar de gendarmen; deze antwoordden met revolverschoten, en vielen brutaal de menigte aan, verscheidene personen kwetsende. De politiecommissaris, voorwerp van het algemeen misprijzen, werd bijna gedood door een luciferspot, uit eene herberg geworpen.

De gendarmen, op het punt overrompeld te worden, trokken naar het stadhuis terug. Eene laatste maal, maar vruchteloos, trachtten zij de menigte uiteen te drijven.

De politiecommissaris deed dan de klok van het stadhuis luiden. De menigte verliet de Groote Markt, om zich naar de Kleine Plaats te begeven. Opeens deed zich eene verschrikkelijke losbranding hooren : de gendarmen hadden geschoten! Acht mannen lagen op den grond. Daaronder bevond zich een jongen van 15 jaren oud, Hendrik Dubois. Verscheidene der ongelukkigen waren door revolverschoten in den rug gekwetst. De gendarmen hadden dus eens te meer op de vluchtende menigte geschoten.

's Anderendaags, den zondag, belegerden de zeer opgewonden werklieden een koffiehuis der Groote Markt, waar vier gendarmen gezeten waren. De troepen werden opgeëischt. Honderd twintig lanciers verschenen op de Groote Markt. Ze werden op de kreten van « Leve het leger! » door de menigte onthaald. Terwijl de soldaten, in pelotons van dertig mannen verdeeld, de stad doorkruisten, schoten de gendarmen der Groote Markt eene tweede maal op de werklieden. Een kogel drong dwars door den nek van een dezer laatsten, en kwam langs den schouder weer uit.

De werkstaking nam een einde, dank aan de belangrijke toegevingen, door de patroons gedaan. Maar het werkersbloed had gestroomd. Het grootste deel der gekwetsten bleef gedurende verscheidene maanden op het ziekbed gekluisterd. Het been van den jongen Hendrik Dubois moest afgezet worden.

Sedert dan heeft de kloeke werkersbevolking van Ronse, die reeds veel geleden en gestreden heeft voor onze zaak, niets van hare taaie standvastigheid verloren.

En Van Overtveld zegde mij :
— Hier bestaat de rol der beheerders vooral in het onafgebroken herhalen van : « Kalmte! Kalmte! »

Tegenstrevers mijner partij, die mijn gedacht verkeerd verklaren, zullen waarschijnlijk beweren, dat ik mij verlustigd heb in het herinneren der gewelddaden die ik voor den geest heb teruggeroepen, en met vreugde de gespannen geestestoestand te Ronse heb bestatigd. Ik zal ze laten lasteren. Het

GEBREKELIJKE FOSFOORBEWERKER

is voor hen niet dat ik schrijf. Mijne vrienden, mijne strijdmakers mogen overtuigd zijn dat ik al hetgene ik zie, al hetgene ik gevoel aanstip met al de getrouwheid en al de onpartijdigheid waartoe ik in staat ben. Ik haat het geweld, en de overwinningen der brutale macht stuiten mij tegen de borst. Maar ik haat ook de lafheid, en de gelaten, karakterlooze werklieden, die alle vernederingen en alle lasten aanvaarden, boezemen mij medelijden in, en maken mij woedend. Hier heb ik arbeiders gevonden die, niettegenstaande den zoo verschrikkelijk verlagenden invloed der patroons en van het klerikalisme, al hunne manhaftigheid hebben bewaard, fier gebleven zijn en zich bekommeren om hunne rechten en om het behoud hunner waardigheid. Ik ben er zeer gelukkig over, en ik verkondig het!

Op den Buiten

— Ik zou willen een dezer dorpen zien, waar de kasteelheer eigenaar is van het grootste deel der gemeentegronden, had ik tot Van Overtveld gezegd. Men heeft mij verzekerd dat ik er zal vinden langsheen de Schelde, op de grens der beide Vlaanderen.
— Goed, wij zullen morgen vertrekken!
Den volgenden morgen namen wij den buurtspoorweg te Ronse, en stapten wij te Orroir af.
— Wij zijn in Waalsch Vlaanderen, zegde Van Overtveld, toen wij de statie verlieten. Ja, wij hebben in het arrondissement Oudenaarde drie gemeenten, waar alleen Waalsch gesproken wordt : hier Orroir, daar Amougies en verder naar het westen Russeignies. Voor deze drie gemeenten zijn wij verplicht Fransche

redenaars te doen komen, en onze omzend- en plakbrieven in het Fransch te vertalen, en dat kost geld!

Onder het zeggen dezer laatste woorden had mijn gezel zulk een potsierlijk treurig aangezicht getrokken, dat ik onwillekeurig begon te lachen. Dan dacht ik aan de groote zaken door de Vlaamsche socialisten verwezenlijkt met de centen, gespaard op hunne weekloonen van tien tot twaalf franken. En welk stout doel hadden zij zich niet voorgesteld te bereiken : de vrijmaking van Vlaanderen ! Ja, arme duivels, eenvoudige wevers hebben dit reuzenwerk durven droomen en ondernemen, zonder hulpmiddelen maar ook zonder aan den gunstigen uitslag te twijfelen! Macht van het geloof en van den wil!

Onder het wandelen sprak Van Overtveld : « Tegenwoordig is het geene verdienste meer propagandist te zijn. Het reisbiljet wordt u betaald en bijna overal wordt ge minstens zonder vijandschap ontvangen. Maar vier jaren geleden, toen wij begonnen aan het verspreiden van het blad *Het Volksrecht*, was het geheel anders gesteld. Te arm om den trein te nemen, legden wij de afstanden te voet af. Naar Elsegem en Petegem gaan — het waren de twee dorpen die wij bezochten — en dan naar Ronse terugkeeren, vertegenwoordigde eene wandeling van acht mijlen daags. Op een zondag had men ons belast met het uitdeelen van bladen te Elsegem. Twee partijgenooten vergezelden mij. In het dorp gekomen, traden wij eene herberg binnen om onze boterhammen te eten, in afwachting van het einde der hoogmis. De pastoor was van onze tegenwoordigheid verwittigd geworden. Ternauwernood waren wij gezeten, toen hij binnentrad langs een achterdeur die op den hof gaf. Hij naderde de toonbank en zegde tot den *baes* : « Gij wordt verzocht geen drank te bestellen aan deze personen, en ze te doen vertrekken. » De *baes* kwam ons gedwee het bevel van zijnen pastoor herhalen. Aan de deur ontmoetten wij den onderpastoor omringd van een aantal vijandige boeren. Ik wilde het woord tot hen richten. Zij bedekten mijne stem met kreten en uitjouwingen. Wij richtten ons naar den kant van Elsegem, terwijl wij *Het Volksrecht* uitdeelden. Men wierp ons met steenen en aardkluiten, men verscheurde onze bladen, dit alles onder het welwillend oog van den pastoor, die ons tot aan de grenzen van het dorp vergezelde, zonder een enkel woord te spreken. »

— Men zou mij niet ongestraft met steenen gooien, onderbrak een mijner gezellen geweldig. Ik zou er een den kop ingeslagen hebben!

— Gij zoudt een slechte propagandist zijn geweest, wedervoer Van Overtveld kalm. Ik heb niet opgehouden mijne bladen te verspreiden. Van tijd tot tijd wendde ik mij tot de menigte, en riep eenige bijbelsche leerspreuken — Jezus heeft gezegd : « Weest zacht en nederig van hart — Bemint uwe vijanden — Zalig zijn zij die honger en dorst hebben naar de rechtvaardigheid..... » Wanneer ik afscheid nam van den pastoor, zegde ik tot hem : « Mijnheer, heden hebt gij het woord van den Heiland vergeten : Die zich van het zwaard bedient, zal door het zwaard sterven! »

Wij waren aangekomen te Ruyen, een dorp van 2000 inwoners, op den rechteroever der Schelde gelegen. De socialisten van Ronse hebben hier een Werkersbond en eene Jonge Wacht gesticht. Den voorgaanden zondag hadden zij een tooncelavond gegeven in het lokaal der Jonge Wacht Wij hebben de tooneelzaal bezocht : het is eene schuur. De grond is bedekt met beetwortels, stroo en aardappelen. Vijf of zes vierkante meters oppervlakte in een hoek, verbeelden het tooneel. De schermen zouden even goed als die van sommige Fransche schouwburgen der XVe eeuw, de opschriften kunnen dragen : « Dit is een boom » — « Dit is een kasteel ». Zalige armoede!

— Gij moet, zegde Van Overtveld terwijl wij ons naar Berchem begaven, in *Le Peuple* de geschiedenis verhalen van den strijder die het eerst den moed had hier socialistische bladen te verkoopen. Het was eenige jaren geleden, op het einde eener meeting, waar ik over de socialistische pers had gehandeld. Een wever was mij komen zeggen : « Ik wil *Het Volksrecht* verkoopen. Indien mijn patroon mij wegzend, zal ik naar Frankrijk gaan werken. » 's Anderendaags reeds bevond hij zich op straat en, gelijk hij het had aangekondigd, nam hij den weg naar Roubaix, waar hij werd aangenomen in de werkhuizen van M. Motte, de klerikale afgevaardigde die Jules Guesde in de Fransche Kamer verving. Een klerikale menner der omstreken van Kortrijk begaf zich naar Roubaix, om de socialistische werkman te verklikken. Deze werd onmiddelijk weggezonden. Huisgezinnen uithongeren is nog een overtuigingsmiddel dat Jezus vergeten heeft aan zijne discipelen aan te bevelen. Onze Vlaamsche priesters hebben gelukkiglijk deze leemte aangevuld. De wever aanzag zich nog niet als overwonnen. Hij ging in eene koolmijn van het departement van het Nauw van Calais arbeiden.

Maar zoo de Vlaamsche socialisten koppig zijn voor het goede, de Vlaamsche klerikalen zijn het niet min wanneer het geldt onheil te stichten. De koppigheid is eene hoedanigheid van het ras. Onze wever werd door zijn huisbaas verplicht, de kleine woning te verlaten waarin hij verbleef. Hij zocht een ander huis : verloren moeite. Zelfs zijne moeder — ontzetting! — weigerde hem bij haar te ontvangen. Hoe kan een godsdienst, die dergelijke gruweldaden bedekt, van zedeleer spreken? Daar het toch onmogelijk was de schepsels van den goeden God onder den blooten hemel te doen slapen, liet men eindelijk aan de moeder toe haren zoon en zijne kleine kinderen te herbergen in eene schamele hut die zij bezat, op voorwaarde echter dat de kinderen — twee kleine meisjes — de gemeenteschool zouden verlaten om naar de nonnenschool te komen. De werkman verklaarde zich overwonnen, met de razernij in het hart. Nu nog, wanneer hij zijne geschiedenis vertelt, stelt hij zich in eene hevige woede, laat bedreigingen hooren, en iedere maal eindigt zijn verhaal in een tranenvloed!

Wij zijn rond de heerlijke heuvelen gegaan die zich op den rechteroever der Schelde verheffen. Daaronder bevindt zich de Kluisberg, een lustoord waar vooral de nijveraars van het Noorden van Frankrijk komen verblijven.

Wij zijn te Berchem aangekomen. Ik verneem dat de gemeente bestuurd wordt door liberalen, en dat zelfs een socialist in den gemeenteraad zetelt. Wie zou denken dat het socialisme in dezen verloren hoek van Vlaanderen wortel zou kunnen schieten? De nette huizen, met witte gordijnen en vele bloemen, geven een indruk van welzijn en van frischte. Het dorp strekt zich vredig en lachend uit, in de zonnige klaarte van een prachtigen lentedag.

Wij treden eene herberg binnen waar gezellen, van onze komst verwittigd, ons welhaast komen vervoegen.

— Ik ben zeker dat er hier niet veel armoede heerscht.

— O neen! De loonen zijn betrekkelijk hoog : 3.5o fr., 4 fr. en zelfs 4.5o fr. Er is om zoo te zeggen geene ellende te Berchem.

— Ik ben er niet ver af te gelooven, dat men de overheerschende politieke overtuiging in de Vlaamsche steden zou kunnen raden, volgens den min of meer grooten welstand der inwoners. Daar waar het klerikalisme den schepter voert, is er ook veel armoede. In de streken waar een zeker welvaren heerscht, dringt het socialisme bijna zonder moeite binnen.

— Hier nochtans heeft men ook moeten strijden, zegde Van Overtveld.

En hij vertelde mij weer eene geschiedenis. De eerste die zich te Berchem socialist had durven noemen, had zijn vaderland moeten verlaten. Het was een metser. Van stad tot stad doorliep hij Frankrijk; vervolgens begaf hij zich naar Italië, waar hij Milaan, Rome en Napels bezocht. In den loop zijner reis was hij ondernemer geworden, en had eene kleine fortuin gespaard. Na eenige jaren kwam hij in het dorp terug, om zijn apostelschap opnieuw te beginnen. Geen enkel eigenaar wilde hem een huis verhuren. Zulks bracht hem echter niet in verlegenheid. Hij zou zelf zijn huis bouwen!

Langs omwegen en door tusschenkomst van vreemde personen kocht hij een stuk grond. Hij trotseerde het bijgeloof en de vervolgingen; de werklieden die het huis bouwden konden hem maar eens in steek laten. Hij besloot zijn huis alleen op te trekken en hij metselde, droeg de steenen naar boven en werkte met het geduld en de volharding van iemand die overwinnen wil en zal.

Eindelijk was zijne woning gereed; het was de eerste socialistische tempel te Berchem; daar zou de apostel huizen, zich buiten de aanvallen zijner vijanden kunnen houden en zich aan zijne edele taak wijden.

Van dien oogenblik had het socialisme bepaald wortel geschoten in het dorp. Men zag onzen propagandist in de herbergen waar hij, als de Genius eener nieuwe macht, aan de verwonderde buitenlieden, de nieuwe theorie van recht en gelijkheid ontwikkelde. Wanneer hij aldus zijne leering verkondigde, was hij als met een licht omkransd.

Wijzende in de richting waar de kasteelheer, de bloedzuiger der werkers, zooals hij hem noemde, woonde, sprak hij in heftige bewoordingen en met krachtige gebaren over de onmeedoogende handeling der rijken, en over de kommernissen, de armoede en het ellendig leven der arbeiders. Daarna schilderde hij de nieuwe en betere maatschappij; in eendracht, in één streven voor elkanders goed en voor wederzijdsch geluk zouden de menschen leven; geene geldmacht zou het volk bederven; arbeiden zou de hoogste voldoening geven. Allen zouden rijk wezen, niet rijk aan overvloedig geld, maar rijk aan deugd, aan edele gevoelens, aan kennissen, aan wetenschappen, aan al wat de menschheid rijk aan menschelijkheid maken moet.

De buitenlieden, die eerst met schrik en verbazing deze theorie aanhoorden, geraakten er spoedig mede vertrouwd.

Onderling onderzochten, bespraken zij de gezegdens van den socialist. 's Avonds, 's zondags was onze apostel nooit meer alleen; waar hij binnen kwam vroeg men zijn gedacht over verschillende zaken, over het bestuur der gemeente, over de besluiten der regeering, over de handelingen van den pastoor, van den kasteelheer, van den eigenaar, enz. Elk kreeg eene raadgeving, een goed woord of een degelijk oordeel.

De gemeentesecretaris, de onderpastoor, de schoolmeester beproefden soms den propagandist door voorbereide strikvragen op een bijzonder terrein in 't nauw te brengen. Aldus konden zij hunne wijsheid doen schitteren boven de lastertaal van den socialist. De proeven liepen telkens ten hunnen nadeele uit; menigmaal bleven zij steken midden der verdediging der regeerende klas, en bleven het antwoord op bijtende vragen schuldig.

De teleurstellingen der overheden, die trachtten den apostel zijne propaganda te doen staken, gaven voedsel aan de argumenten van onzen partijgenoot. Overal werd hij gezocht en door de bevolking gevierd. « Menigmaal, zegde Van Overtveld, bleef ik tot laat in den avond te Berchem, om onzen voorganger te hooren voordragen of vertellen. Zijne reisbeschrijvingen waren boeiend en maakten diepen indruk; zijne opmerkingen over de landen, de steden, de volkeren, de zeden en gewoonten der streken waar hij verbleef, waren van een schrander onderzoeker. »

Onze socialist was een sprekend bewijs hoeveel goeds een vrij man kan doen voor de zaak die hij met liefde en overtuiging verdedigt.

Ook had ieder inwoner eerbied voor den zaaier, den verzorger, den leider van den socialistischen boom.

Gezel Van Overtveld geraakte niet uitverteld over de hoedanigheden van den socialist, over de gevolgen van zijn optreden. Door den wassenden socialistischen vloed, die overal door schriften en meetings eene krachtige propaganda in het leven riep, was de persoonlijke propaganda, het wonderlijk werk van den éénling wat op den achtergrond geraakt. Maar onze voorkamper arbeidde in de maat zijner krachten voort aan den triomf van het socialisme.

Wat gezel Van Overtveld mij verhaalde had mij geschokt. Zonder dergelijke helden zou het socialisme op zulk een kort tijdperk, niet de partij geworden zijn waarvan de machtige vijanden thans zoo bevreesd zijn.

Onder het kouten waren wij op een uitkant van het dorp, aan eene rij nederige huizen gekomen.

De vrouwen groetten ons vriendelijk; de mannen stelden eene of andere op de partij of den strijd doelende vraag.

Aan den hoek stond een man met den rug naar ons gewend, op het land te werken.

— Ziedaar de man, zegde Van Overtveld, en hij stelde ons voor den apostel-propagandist.

Welk een heerlijk model voor een schilder, dezen arbeider in werkkleedij, met zijne hooge gestalte, zijne zwarte haren en oogen, zijn verzengd gelaat, zijne breede en wijde broek en zijn rooden gordel!

Het was een flink persoon. Daar waar de ontberingen en het nijverheidswerk het ras niet ontaard hebben, ontmoet men waarlijk schoone typen van mannen en vrouwen in Vlaanderen.

Wij richtten ons nu naar West-Vlaanderen, langs een weg die opgehoogd werd om hem van de overstroomingen der Schelde te vrijwaren. De middagzon schitterde aan een hemel van eene wonderbare helderheid. Langs beide zijden van den weg strekten zich onmeetbare, overstroomde weiden uit. Wij trokken over eene ijzeren brug, die over den stroom ligt.

Wij waren weer in *Arm Vlaanderen*.

Langs de Schelde. — Het dorp van een kasteelheer

> De pastoor zegt : « Ik zal ze dom houden. »
> De kasteelheer zegt : « Ik zal ze arm houden. »
> (*Vlaamsch spreekwoord*)

Wij bevinden ons in eene prachtige landstreek. In de verte, naar het Westen, verheft de Kluisberg zijne sombere massa. De Schelde ontrolt haar zilveren lint door de vette weilanden aan onze voeten. Op den rechteroever van den stroom, zoover het oog reiken kan, ontwaart men overstroomde akkers, wel gelijkend aan een vredig watermeer, dat licht gerimpeld wordt door den wind. Op den linkeroever verrijzen de kerktorens van een tiental dorpen.

Bij dit tafereel zegt men onwillekeurig : « Hoe zalig moet hier het leven zijn, in deze zoo vreedzame en gezegende landouwen! »

Welnu, neen! Het leven is er goed voor de rijke

burgers van Fransch-Vlaanderen en van het Nauw van Calais, die de zomermaanden daar ginder op de heuvelen en in de bosschen doorbrengen; het leven is er goed voor de kasteelheeren, die zich gedurende eenige dagen in hunne domeinen komen uitrusten van de vermoeiende vermaken der hoofdstad; het leven is er goed voor allen die niet moeten werken, maar het leven is slecht, het is hard voor de boeren, voor de arbeiders der geheele streek, die door de ellende uit hun land gejaagd worden, en gedurende vijf of zes maanden per jaar in de Fransche velden gaan arbeiden.

— Hoeveel kerken! zegt een gezel, de talrijke klokketorens beschouwende, die zich op den hemel afteekenen. Wanneer zullen wij een Volkshuis hebben in ieder dezer dorpen?

— Ja, antwoord ik, wanneer men de klerikale macht van dichtbij beschouwt, wordt men waarlijk bevreesd: ontelbare kerken, een leger van priesters, monniken, propagandisten van allen aard, het geld, de macht, al de economische, politieke en zedelijke invloeden. En nochtans hebben arme werklieden: mijnwerkers, steenhouwers, metaalbewerkers, wevers en anderen, deze verschrikkelijke macht in de oogen durven zien. Zij hebben haren val gezworen, en op eenige jaren hebben zij eene partij gevormd, die reeds gevreesd wordt. Waarom zouden wij wanhopen?

Wij trekken door verscheidene dorpen van West-Vlaanderen. Op den weg van Kortrijk naar Gent, verwittigt ons een groote paal, dat wij opnieuw in Oost-Vlaanderen komen. Wij volgen steeds den linkeroever der Schelde.

Elsegem, de gemeente die wij nu betreden, bezit een merkwaardig kasteel, dat aan den graaf de Ghellinck d'Elsegem, oom van ridder de Ghellinck, afgevaardigde van Oudenaarde, behoort.

Er is hier veel wild. Men ziet de hazen door de velden loopen en dartelen, naast de landbouwende boeren, bijna in het bereik hunner handen.

— Maar waarom nemen zij ze niet? vraag ik aan den partijgenoot van Berchem die ons vergezelt.

— Omdat zij niet durven. Hunne akkers behooren aan den graaf de Ghellinck. Zelfs indien de wet hun toeliet het wild met geweerschoten af te maken, dan nog zouden zij geen haas durven dooden, omdat zij 's anderendaags uit hunne landerijen zouden gebannen worden.

Het zijn de wildstroopers der omstreken — en al de boeren zijn hier min of meer wildstroopers — die ze komen ontlasten van de hazen die de jonge groensels en het opschietend koren opvreten.

De wildstroopersdramas zijn hier zeer talrijk. Ziedaar, vervolgde mijn gezel, mij een veld aanduidend, de plaats waar verleden jaar een jachtwachter gedood werd. Twee socialisten van Berchem, beticht van medeplichtigheid aan deze moord, werden gedurende drie maanden in voorloopige hechtenis gehouden, alhoewel er geene ernstige feiten ten hunnen laste bestonden, en er zelfs geene processtukken waren. Het was M. Mechelynck, advokaat te Gent, die een einde deed stellen aan het schandaal. Wij zouden een partijadvokaat moeten hebben, die ons onze rechten leert kennen, want men denkt dat alles toegelaten is tegen de socialisten van den buiten.

Wij hebben eenen langen weg afgelegd, en treden

eene herberg binnen om een weinig uit te rusten.

Eene vrouw van een veertigtal jaren gaat op hare kousen in den kelder, en brengt ons bier. Wij doen ze spreken.

De graaf de Ghellinck is natuurlijk burgemeester der gemeente! Al de eigendommen, langs den weg gelegen, behooren hem toe, behalve het eerste en het laatste, twee kleine huizen. Hij is burgemeester sedert zijne meerderjarigheid, en is nu 5o jaren oud. Hij verblijft in het dorp van Mei tot September. Het overige van het jaar brengt hij te Brussel door.

Bijna al de gemeentegronden zijn bewoond door pachters, die 6o, 7o centiemen, 1 frank per roede betalen, hetgeen 165 tot 275 franken per hectare uitmaakt. Zij bebouwen het land voor hen zelven, en verkoopen zeer weinig hunner voortbrengselen. Geld kennen zij bijna niet. De landbouwende werklieden winnen 63 centiemen, de vrouwen 5o centiemen per dag.

— Zijn er liberalen te Elseghem?

— Ik ken er geene. Wij hadden een brouwer die zich liberaal beweerde, maar bij de laatste verkiezingen heeft hij zich op de katholieke lijst doen kiezen! Hier is iedereen katholiek.

— Het is misschien omdat de kasteelheer een katholiek is, deed Van Overtveld opmerken. Maar indien hij een liberaal was, zouden de dorpers ook niet liberaal gezind zijn?

— Natuurlijk!

Dit ongehoord *natuurlijk* werd op de eenvoudigste wijze uitgesproken. Het gedacht : een boer mag geene andere politieke overtuiging hebben dan zijn kasteelheer, scheen in den geest dezer vrouw vast-geankerd.

Ondertusschen was een pachter binnengekomen, die onze samenspraak aanhoorde, onder het vreedzaam rooken zijner pijp.

— De heeren vragen ons inlichtingen, zegde hij eindelijk. Maar zij kennen het leven van den boer zoo goed als wij. Hier, op het dorp, houden wij ons bezig met onze aardappelen en met onze groensels, maar de politiek laat ons onverschillig.

— Gij hebt ongelijk!

— Misschien. Ziet gij ons strijden tegen |den kasteelheer? Men zou ons van onze akkers jagen. En dan, waar gegaan? Neen, neen! wij moeten 'ons stil houden, wij zijn de zwaksten?

— Welke dagbladen worden hier gelezen?

— Men leest zeer weinig. De graaf, de pastoor en de onderwijzer zijn abonnenten van *Le Bien Public*. Eenige pachters lezen 's Zondags *De Scheldegalm*.

— Waarmede dooden de boeren den tijd op Zon- en feestdagen?

— Zij hooren mis en gaan dan naar de herberg.

— Worden er van tijd tot tijd geene danspartijen of zangfeesten ingericht?

— Nooit, zelfs niet op de kermisdagen. Wij hebben eene muziekmaatschappij. De graaf heeft de instrumenten gekocht. De pastoor bestuurt ze. Het muziek speelt alleen in de kerk. Het is streng verboden concerten of bals te geven in de herbergen. Men mag er zelfs geen draaiorgel bespelen.

— Gij moet u hier kostelijk vermaken!

— O neen, maar wat wilt gij er aan doen? Deze toestand bestaat sedert lang. Wij zijn dit leven

KLEINE KINDEREN IN DE FOSFOORNIJVERHEID

gewoon. Wanneer wij ons wat willen verstrooien, gaan wij naar den overkant der Schelde, te Berchem.

— Maar de baron, zoowel als zijne kinderen, gaan naar bals, concerten en schouwburgen?

— Ongetwijfeld, maar het is de baron!

— Nu, gij zult misschien gelukkig zijn, hiernamaals!

De boer en de herbergierster lachten beiden. Wij vertrokken. Wij gingen langs het park van den graaf. Op den anderen kant van den steenweg zagen wij pauwen loopen; ieder oogenblik leverden hazen, wier kop boven het gras uitstak, zich aan een dollen rit over, dwars door de velden.

— Ziedaar, zegde Van Overtveld, de herberg waaruit ik, vier jaren geleden, door den pastoor gejaagd werd.

Wij traden binnen. In tegenwoordigheid der *baezin*, die hem aandachtig aanhoorde, herhaalde Van Overtveld geheel de geschiedenis die hij ons te Ruyen verteld had.

— De pastoor, een oude vent, was door deze achterdeur binnengekomen. De onderpastoor hield zich aan de voordeur. Het huis was door de boeren omsingeld.

— Zoo, zijt gij de persoon die hier eens gekomen was om eene meeting te geven? sprak de vrouw. Ja, nu herinner ik het mij zeer goed.

En zij bevestigde het geheele verhaal.

— Gelukkig, voegde zij er bij, dat gij niet kwaadwillig geweest zijt, want de boeren hadden jenever gedronken.

— Maar, zegde ik, is uw man niet vrij in zijne woning, en vindt gij goed dat de pastoor hier orders komt geven en u verplicht lieden weg te jagen die geen kwaad doen?

— O, mijnheer! antwoordde zij woordelijk, op het dorp moet men de partij van den pastoor kiezen... Anders....

Nog een dorp van een kasteelheer

Verder naar Oudenaarde, altijd op den linkeroever der Schelde, ligt Peteghem, nog een dorp van een kasteelheer. Wij gaan langs het schoone park van den baron Pycke.

De gezel van Berchem toont ons de stallingen en zegt : « O! zij zijn schooner dan de huizen der pachters, schooner vooral dan deze der wevers der gemeente. »

Op het veld, langs den anderen kant van den weg, trekken havelooze kinderen moeizaam eene pletrol voort.

De wevers van Peteghem werken gewoonlijk voor de fabrieken van Ronse. Zij weven vooral neusdoeken en lijnwaad van Vichy. Wanneer men het loon der spoelster afrekent, winnen zij zeven of acht franken per week. Van dit loon moeten dan nog de reiskosten naar Ronse betaald worden, en men moet rekenen dat hier nog meer dan elders, lange en verschrikkelijke tijdperken van werkgebrek de inkomsten sterk verminderen. In den zomer gaan de werklieden naar Frankrijk om den oogst binnen te halen, « zonder dat, zegde de vrouw die ons deze inlichtingen gaf, zouden zij wel van honger sterven! »

De *baezin* eener herberg hebben wij lang doen spreken. Zij vertelde ons dat de baron Pycke, van

Peteghem, het grootste deel van het jaar te Brussel doorbrengt. Dien dag was hij juist gekomen om zijn pachtgeld te ontvangen. Sedert den morgen hadden de dorpers zich naar het kasteel begeven, om te betalen hetgeen men vroeger den tienden penning noemde, maar nu verre het tiende deel der voortbrengselen van den grond overtreft. Vele pachters zien dezen dag met angst aanbreken. Om te kunnen betalen verkoopen zij hunne beesten en hunne aardappelen; zij zouden alles verkoopen, want wee hem, die den dag der betaling niet naar het kasteel zal gegaan zijn !

De baron had juist het dorp verlaten toen wij aankwamen. Hij was met den trein naar Brussel vertrokken. Hij was vergezeld van een lakei, drager van een grooten zak die al het geld bevatte, door de laten in het zweet huns aanschijns verdiend om ginder in den kolk der groote stad verzwolgen te worden.

Ik vroeg aan de vrouw, die nog jong is :

— Gaat gij soms naar een bal?

— Er zijn hier nooit danspartijen noch feesten, van welken aard ook. De meisjes die willen dansen, gaan een- of tweemaal 's jaars, op de kermisdagen, langs de andere helling van den berg. Maar de moeders mogen het niet weten!

— En de pastoor?

— O! indien de pastoor het wist?

— En de mannen, waarmede houden zij zich den Zondag bezig?

— Zij gaan naar de mis en naar de vespers, daarna drinken zij jenever. *Ze drinken zich 'ne keer zat!*

Wij hebben verscheidene gemeenten van het

omliggende bezocht. De socialist van Berchem — die wonderwel de streek kent — vertelde mij eene stichtende geschiedenis betreffende een dezer dorpen. Bij de lezing, zal de lezer begrijpen waarom het mij niet toegelaten is nader te bepalen.

De graaf de M..., — laat ons veronderstellen dat hij graaf is — bezit bijna al de gronden der gemeente, waar zijn kasteel gebouwd is. Hij bewoont een der schoonste hotels van den Leopoldswijk te Brussel, en komt slechts eenmaal 's jaars naar het dorp terug, juist den noodigen tijd om zijn pachtgeld te ontvangen en een luchtbad te nemen.

De graaf heeft verscheidene zonen. De jongste maakte aanhoudend het hof aan een der schoonste dorpsmeisjes, wier vader een der best beklante herbergen openhield. Er gebeurde wat moet gebeuren met een jong meisje, dat zonder verdediging aan de verliefde ondernemingen van een machtig kasteelheer bloot staat.

Wanneer de graaf de geschiedenis vernam, trad hij in eene hevige woede tegen... den vader van het meisje. Hij deed hem naar het kasteel komen, en liet hem verstaan dat hij het huis waar hij verbleef, verlaten moest. De man verhuisde, en opende wat verder eene herberg, in eene der zeldzame woningen die niet aan den kasteelheer behoorden. Maar de dorpelingen wendden zich met misprijzen af van een huis, dat het voorwerp was der gramschap van den graaf. De arme herbergier werd ten onder gebracht, omdat men zijne dochter verleidde. Hij zou waarschijnlijk hetzelfde lot ondergaan hebben, had het meisje zich vermeten te weerstaan.

Wij zijn de herberg gaan zien. Een jong, schoon,

blond meisje van ongeveer achttien jaren kwam ons bedienen.

— Het is de zuster, zegde mij de gezel van Berchem.

Brok voor brok deed hij haar de geheele geschiedenis herhalen die hij ons onder den weg verteld had. Wanneer de vader van het meisje aan den zoon van den graaf gevraagd had ten zijnen voordeele tusschen te komen, had de jonge lafbek kalm geantwoord : « Ik kan er niets aan doen. » Het schijnt dat de vader zich met dit wijsgeerig antwoord tevreden had gesteld. Hij had er zelfs niet aan gedacht de rekening te regelen van den jongen verleider, die nu zeer gerust en gelukkig, zijne vergulde luiheid door de groote steden van Europa omvoert.

— En is uwe zuster hier?

— Neen, antwoordde het jonge meisje blozende. Zij is vertrokken.

Mijn gezel drong niet aan. Zij is vertrokken! Waar? Naar de stad, naar het onbekende, en wie weet? misschien naar de ondeugd en de ellende!

Zulks is geene afgezaagde verleidingsgeschiedenis.

Feiten van dergelijken aard doen zich nog in vele andere dorpen voor. In Vlaanderen zal iedereen u zeggen dat de fabrikanten, de kasteelheeren, de begoede eigenaars of hunne zonen, zich alle vrijheden mogen veroorloven met de vrouwen, meisjes en meiden uit de herbergen. Zulks wordt aanvaard, en is van weerskanten aangenomen als eene der verplichtingen van het bedrijf. De jonge meisjes der groote steden bekommeren zich veel meer om hare waardigheid. Ook zijn het gewoonlijk de buitenmeisjes die de huizen van ontucht bevolken. Onder dit opzicht, gelijk onder vele anderen, is de zedelijkheid der stad beter dan die der dorpen, waar de klerikalen als onbetwiste meesters heerschen.

Wij spraken hierover onder het terugkeeren naar Oudenaarde, en de landman van tegenwoordig vergelijkend aan dezen der middeleeuwen, zegden wij dat het verschil tusschen hen waarlijk niet zeer groot is. Nu, zoowel als vroeger, heft de kasteelheer belastingen onder den vorm van pachtgeld; nu zoowel als vroeger mag hij de dochters zijner pachters nemen voor bijzit, en de zonen doen dienen als soldaten; nu zoowel als vroeger mag de boer noch over zijn lichaam, noch over zijne ziel, noch over de ziel zijner kinderen beschikken. Alles behoort aan den kasteelheer!

De uitwijkende werklieden

De statie van Kortrijk is nog met duisternis omhuld. Op de halfronde plaats, vóór het gebouw, slapen twee werklieden op eene bank. Drie anderen, op het gaanpad gezeten, spreken met elkander. Een hunner, een groote sterke kerel, gekleed met bruin fluweelen vest en broek, de pet in den nek, verhaalt aan zijne gezellen dat hij in de koolmijnen van Lens werken gaat. Wat te doen? Hier is geen werk te vinden. Men wordt wel verplicht uit te wijken. Kan men blijven voortleven met weekloonen van fr. 3,50, zooals er nu te Kortrijk, ten gevolge van het werkgebrek, betaald worden? In Frankrijk wint men ten minste behoorlijke loonen.

De dag breekt traag aan. Het is nog geen vier uur. Uit de verschillende straten die op de plaats geven, komen werklieden. Zij dragen een eetzak en eene blikken kruik gevuld met zwarte koffie.

Ik had mij voorgenomen, dien dag de Vlaamsche werklieden te vergezellen, die in de fabrieken van het Noorden van Frankrijk werken. Den vorigen avond — een Zondag — had ik er twee ontmoet in het Volkshuis te Kortrijk. Zij zouden mij vergezellen.

— Dezen nacht heb ik niet veel geslapen, zegt een hunner bij zijne aankomst. Gisteren ben ik nog al lang in het lokaal blijven zitten. De groep der socialistische vrouwen had een bezoek gebracht aan het Volkshuis van Brussel, dat ik nog niet gezien heb. Ik heb ze hooren spreken over de drinkzaal, over de feestzaal, over het magazijn van ellegoederen en over de menigte die zich overal bevindt. Wij worden toch sterk, niet waar gezel?

Wij bevinden ons op de kade der statie. In de verte komt de spoortrein aan die iederen morgen de werklieden te Harelbeke gaat halen. Wanneer hij in de statie stilhoudt, haasten de werklieden zich een hoekje der rijtuigen te bemachtigen, waar zij hun onderbroken slaap kunnen voortzetten. Met moeite gezeten, zijn de meesten reeds aan het dutten.

— Met hoeveel vertrekt gij aldus iederen morgen uit Kortrijk?

— Met 150 ongeveer. Vijftien dagen geleden heeft M. Tack dezelfde vraag gesteld aan den statieoverste. Hij heeft ook inlichtingen genomen over het vertrekuur van onzen trein — 's morgens om 4,02 uren — en zijn terugkeer — 's avonds om 9,15 uren. Wanneer hij vernam dat er ons iederen nacht geene vijf uren overbleven om te slapen, heeft hij zich vergenoegd te zeggen : « Zij hebben niet veel tijd om te rusten!»

— Hoe, ziedaar een man die afgevaardigde is van uw arrondissement, sedert eene halve eeuw uw lasthebber is, en zich eerst nu over uwen toestand bekommert!

— Hij zou het waarschijnlijk nog niet gedaan hebben, hadden wij geene kiezers geweest. Ten andere, heeft zijne tusschenkomst zich enkel daarbij bepaald. Over eenigen tijd hebben wij een smeekschrift aan de Kamer gezonden, met meer dan honderd handteekens voorzien, om te verkrijgen dat de trein uit Kortrijk om 4 1/2 uren zou vertrekken, en er 's avonds rond 8 1/4 uren zou terugkeeren. Wij zouden aldus anderhalf uur winnen. Het is veel voor ons, een uur langer te mogen slapen. Nu moeten wij 's avonds aan de grens geduıende veertig minuten den trein afwachten, die ons naar huis terugbrengt. Ons smeekschrift is zonder antwoord gebleven!

In iedere statie, waar de trein stilhoudt, komen nieuwe reizigers op. Te Lauwe treden een twaalftal meisjes van 14 tot 20 jaren in onze afdeeling. Zij gaan werken in de spinnerijen van Tourcoing en van Roubaix. Enkelen hunner wonen anderhalf uur van de statie. Rekent nu hoeveel tijd aan deze ongelukkigen overblijft om te slapen.

— Om welk uur moet gij in de fabriek zijn? vraag ik aan mijn gezel.

— Om zes uren en half. Wij verlaten de fabriek 's avonds om zeven uren.

— Waar gaat gij noenmalen?

— Ik noenmaal in een logement. Ik blijf de geheele week weg. Degenen die alle avonden terugkeeren, eten in een kroeg of ook wel op straat. Zij zetten zich op het voetpad of in den inhoek eener deur, wanneer het slecht weder is. Zij pakken hun eetzak uit, en drinken bij teugen hun koude koffie. Dan dwalen zij door de straten der stad tot wanneer het uur in de fabriek terug te keeren, geslagen heeft.

— Hoeveel bedraagt hun loon?

— 3 fr. 50 tot 4 franken per dag. De onkosten afgerekend kunnen zij wekelijks 18 tot 20 franken naar huis dragen, wel te verstaan, wanneer zij alle dagen gewerkt hebben. Tegenwoordig is het niet zoo. De crisis woedt ook in de spinnerijen. Veertien dagen geleden heeft eene fabriek van Roubaix hare poorten gesloten, aldus 400 arbeiders zonder werk stellende.

— En zij die slechts den Zaterdag terugkeeren, wat geven zij uit voor hun voedsel en logement?

— Zij moeten brood en margarine koopen voor hun ontbijt en voor hun avondmaal. Voor hun logement betalen zij 85 centiemen per dag. Ziehier de lijst der uitgaven : 5 centiemen voor de morgenkoffie, 60 centiemen voor het noenmaal, 10 centiemen voor het avondmaal en 10 centiemen voor het slapen;

Bij het opsommen van dit mager budjet, kon ik eene hevige aandoening niet onderdrukken. Ik had den moed niet te vragen hoe de kotten waren, waar men voor 10 centiemen per week slapen kan!

— Te Roubaix noemt men ons de « Boterpotten », omdat wij met ons de margarine voor eene geheele week medebrengen. De Fransche werklieden zijn min of meer vijandig aan de Vlaamsche werklieden, niet omdat zij vreemdelingen zijn, maar omdat de ellende veel onzer medeburgers verplicht heeft onder het loon te werken!

— Wij moeten ons wel aan dit leven onderwerpen, zegde mijn tweede gezel. Te Kortrijk is de ellende grievend. Mijn broeder is wever. Op zes weken heeft hij 32 franken gewonnen, en hij heeft eene vrouw en zeven kinderen!

Tranen biggelen langs de wangen van den armen jongen, die op dit oogenblik een stuk brood eet, daar de tijd hem ontbroken had te huis te ontbijten voor zijn vertrek.

Wij zwegen alle drie. Rondom ons bleven de werklieden slapen.

Moescroen! De trein houdt stil. Wij stappen af. Op eene andere spoorbaan wacht de trein die van Avelgem komt. Hij is opgepropt met werklieden. Men zegt ons dat er meer dan zes honderd zijn die komen van de omstreken van Ronse en Oudenaarde, van Avelgem, van Bossuyt, van Spiere, van Sint Denijs, van Dottignies. Om welk uur hebben dezen het bed moeten verlaten? En het is nog niet alles: met den trein van zes uren komen er werklieden uit geheel de Leivallei, tot bij Deynze. In sommige groote gemeenten van 8 tot 9000 inwoners, zou men gedurende den dag geene honderd weerbare mannen vinden.

Uit Moescroen en uit de andere grensplaatsen van West-Vlaanderen, begeven duizenden werklieden zich te voet naar Roubaix en naar Tourcoing.

Wij klimmen in den trein van Avelgem, die ons naar Herseaux zal voeren. Mannen slapen in al de hoeken. Ik zet mij over een oude werkman, die niet ophoudt te gapen.

— Gij hebt nog vaak, vriend!

-- Wij mogen aan geen slapen denken. Dezen

morgen ben ik met den trein van 3,36 uren uit Melden vertrokken.

Onderweg vertelt mijn gezel dat 400 werklieden en werksters 's nachts in de katoenspinnerijen arbeiden. Gedurende den dag slapen zij.

Wij zijn aan de grens gekomen. De trein zet zijne reizigers af.

— Het is hier, zegt mijn gezel mij de kleine statie van Hersêaux aanduidende, het is hier dat wij 's avonds 35 en 40 minuten het vertrek van den trein moeten afwachten. De mannen slapen op de kade, overal waar zij plaats vinden. Gedurende de groote koude van dezen winter hadt gij ons moeten zien, hoe wij ons tegen elkander drongen om een weinig warmte te behouden. Het was verschrikkelijk! Op een avond liet een brutale gendarm den kolf van zijn geweer op de voeten der slapers vallen, zeggende : « Het is verboden hier te slapen! » Ik antwoordde hem : « Indien gij gedurende twaalf uren in de fabriek gezwoegd hadt, zoudt ge ook kunnen slapen!»

Nu trekken de reizigers langs de wegen. Zij die te Tourcoing werken, nemen rechts. Anderen gaan in eindelooze rijen door het veld, naar Roubaix. Ik volg deze laatsten. Voor ons verrijst de eerste Fransche gemeente, Wattrelos, met hare dorpskerk, hare huizen in zwart-roode baksteenen, en de hooge schouwen harer fabrieken.

De huizen der Fransche en Belgische gemeenten zijn niet van elkander gescheiden. Niets verwittigt u dat gij een vreemd land betreedt. Ziehier nochtans een klein, smerig beekje, dat de zwarte wateren der fabrieken wegvoert, en dat met een stap kan overschreden worden. Het is al hetgeen de natuur gaf, om twee volkeren van elkander te scheiden! Het is te weinig om aan de internationale kapitalisten te beletten in België werkers aan goedkoopen prijs te zoeken; het zal ook te weinig zijn om de werkers-internationale te verhinderen!

Wij gaan door de straten van Wattrelos. Op den hoek eener steeg verschijnt een douanier, met zijn blauwe tuniek en zijne vuile, klaproode broek. Met een verveelde en achterdochtige blik ziet hij ons voorbijtrekken. Hij houdt eene werkster stil en doet haar het pak openen dat zij draagt.

— Over eenige dagen heeft hij mij een *Vooruit* willen ontnemen, zegde mijn gezel, en zulks onder voorwendsel dat ons dagblad in Frankrijk verboden is!

— Zijn de werklieden die in Frankrijk arbeiden socialistisch gezind?

— Het meerendeel zijn socialisten. Zij zijn het die de geheele beweging in het zuiden van West-Vlaanderen leiden.

Wat zien de huizen der straten op onzen weg er eentoonig, somber en treurig uit in deze morgenrust!

Rond 5 3/4 uren bevinden wij ons voor de statie van Roubaix. Wij hebben vijf kwart uurs noodig gehad om van Herseaux tot hier te komen. Ik vergezel mijne twee makkers tot aan de poort hunner fabriek. Eindelijk neem ik afscheid.

Ik wil Roubaix niet verlaten zonder een bezoek te brengen aan gezel Henri Carrette, oud socialistisch burgemeester der stad. Ik vind hem te huis, bezig zijne vogels te verzorgen. Wij spreken over partijzaken.

— Hoeveel Belgen maken deel van de bevolking van Roubaix? vraag ik hem.

— Ziehier, antwoordde hij, na een officieel bewijsstuk gehaald te hebben : Roubaix heeft 124,600 inwoners, waaronder 48,873 Belgen! Er zijn voorzeker meer dan 100,000 Belgen in het Noorden van Frankrijk.

Treurig hernam ik den weg naar België, terwijl ik dacht aan de onafgebroken uitwijking der Vlaamsche werklieden, die hun ellendig land verlaten en de Vlaamsche velden vluchten die door het nijdig werken van hen en van hunne voorvaderen zoo schoon en zoo vruchtbaar gemaakt werden. Nu zijn zij van alle bezit ontnomen. Welk is dan het vaderland dezer arme lieden? Is het Frankrijk waar zij werk vinden, of België waar zij van honger sterven?

De Kantnijverheid - Het werk in de kloosters

M. Pieter Verhaegen, zoon van het katholiek kamerlid van Gent, heeft over de kantnijverheid een verslag opgemaakt, dat door de zorgen van het Arbeidsambt is uitgegeven geworden. Het werk is zeer belangrijk, en ik denk het niet overbodig er op te wijzen. Het kan nuttig zijn de bestatigingen en bekentenissen die het bevat te onderlijnen.

M. Verhaegen schijnt zich vooral te beijveren, de kloosters van uitbuiting van het kinderwerk vrij te pleiten. Dergelijke bezorgdheid schemert op bijna iedere bladzijde van het boek door.

In België vindt men ongeveer 160 scholen voor kant- en borduurwerk. De drie vierden dezer gestichten worden door zusters bestuurd en bestaan, in de meeste gevallen, uit eene bewaarschool of eene lagere school, waaraan eene of meer kantwerkklassen zijn toegevoegd. De leerlingen zijn bijna altijd van het vrouwelijk geslacht; zelden ontmoet men kantwerkscholen voor jongelingen.

« De meisjes, schrijft M. Verhaegen, worden zeer jong—gewoonlijk op zes- of op zevenjarigen ouderdom —op de bewaarschool aanvaard.» Op zes- of op zevenjarigen ouderdom, wanneer de bewaarscholen der steden reeds kinderen van drie jaren opnemen! Het is waar dat de goede zusters geen voordeel kunnen trekken uit het werk van driejarige kinderen.

M. Verhaegen verzekert ons dat de kinderen 9 of 10 jaren oud moeten zijn, alvorens gedurende een of twee uren daags in de werkzalen toegelaten te worden. M. De Ridder, schepen van onderwijs te Gent, deed in 1883 een onderzoek betreffende het beroepsonderwijs, en hij bevestigt dat er zich reeds leerlingen van zes en zeven jaren oud in de werkzalen bevonden. Van een anderen kant beweert M. Verhaegen, dat « de roeping van kantwerkster zich reeds openbaart bij de meisjes van acht of negen jaar oud. »

Zij gelijken zoo gaarne aan de grooten, voegt hij er met ontroering bij.

Men zou ook op dezelfde manier kunnen bewijzen, dat op den zelfden ouderdom, of zelfs vroeger, de roeping van schrijnwerker zich verklaart bij den zoon van een schrijnwerker, deze van kleermaker bij den zoon van een kleermaker, en zoo verder. Gevolgtrekking : wij moeten hetgeen M. Verhaegen « dezen goeden aanleg » noemt onderhouden, en de kinderen van 9 en 10 jaar aan den arbeid zetten.

Gedurende hoeveel uren werken zij daags?

Wij halen M. Verhaegen aan : « In zekere kloos-

FOSFOORBEWERKER AAN 'T WERK

ters, vooral van West-Vlaanderen, schrijft hij, werken de kinderen gedurende een betrekkelijk groot aantal uren, te beginnen van den ouderdom van negen jaar.»

. En verder : « Het getal werkuren verschilt van gesticht tot gesticht. Volgens eene statistiek, door de zorgen van het arbeidstoezicht opgemaakt voor 86, zoo geestelijke als wereldlijke kantwerkscholen, verschilt dit getal tusschen een en half en dertien uren. Hierin zijn de rusturen niet begrepen.

Hierop volgt eene tabel, waaruit blijkt dat in 44 scholen dagelijks van 7 tot 13 uren gewerkt wordt, in 14 andere arbeidt men min dan zeven uren. Voor 28 scholen is het getal werkuren niet aangeduid voor de leerlingen van min dan zestien jaar. Om deze lange dagtaak dragelijk te maken, hebben de zusters een schrander middel gevonden : de kinderen werken op maat, onder het zingen van godsdienstige of vaderlandsche liederen. Het zou ons verwonderd hebben den godsdienst en de vaderlandsliefde niet vereenigd te zien met deze uitbuiting der kindschheid!

Bij het onderzoek van 1883 had M. De Ridder bestatigd, dat het lager onderwijs in de kantwerkscholen zich bepaalt bij slechts een of twee uren lezen, naaien of vooral catechismusles, per dag.

M. Verhaegen antwoordt hierop, dat de kloosters een steeds grooter belang aan het onderwijs hebben gehecht! — Wat zou het dan wel geweest zijn, ware het belang niet grooter geworden? — Hij voegt er bij : « Het onderwijs der Vlaamsche bevolking is nog niet schitterend, maar daarvoor kunnen de kloosters niet verantwoordelijk gesteld worden; wij moeten integendeel bekennen dat al wat de vrouwen en dochters onzer landbouwwerklieden kennen, van het kloosteronderwijs voortkomt. »

Hier moet ik gedeeltelijk gelijk geven aan M. Verhaegen. Het onderwijs in de kloosters is ellendig, en wordt met een belanghebbend doel gegeven. Maar wat hebben de liberalen gedaan, toen zij aan het bewind waren, om den Vlaamschen buiten aan de onwetendheid te onttrekken? Wat hebben zij gedaan om aan de kloosterscholen te verhinderen zich in de plaats der gemeentescholen te stellen?

Zij hebben onze kinderen in de handen der priesters, paters en nonnen gelaten. Zij hebben zelfs het verplichtend onderwijs niet kunnen invoeren. Zij begingen eene groote fout waarvan het land nog steeds de treurige gevolgen draagt, en ze wellicht nog lang dragen zal.

« Op twaalfjarigen ouderdom, schrijft M. Verhaegen, kunnen de kinderen lezen, schrijven en rekenen; zij leerden naaien en soms breien, in een woord zij bezitten een weinig uitgebreid maar toch voldoende onderwijs. »

Dergelijke beweringen verraden de klerikale overtuiging van den schrijver. Voor hem weet een jong meisje zonder twijfel altijd genoeg. Haar leeren lezen is eene toegeving gedaan aan de ongelukkige tijden die wij beleven, want met het oog op de talrijke slechte boeken en dagbladen, is kunnen lezen een groot gevaar. Later zal men het meisje huwen aan een jongeling die niet veel meer weet dan zij. De echtgenooten zullen kinderen hebben die zij op hunne beurt zullen opvoeden in de zalige onwetendheid, zoo gunstig aan de uitbuiting door geestelijken en door patroons.

M. Verhaegen beweert ook dat de kloosters niet verantwoordelijk zijn voor de lange werkuren, die aan de meisjes van negen tot zestien jaar opgelegd worden. Sommige fijne kanten vergen een leertijd van vijf, zes, acht tot tien jaren. Eene kloosterbestuurster verzekerde hem dat de ouderdom van 9 tot 10 jaar de laatste ouderdom is voor het vormen eener goede kantwerkster. Daarbij zijn de ouders der leerlingen veelal arm, en houden er aan dat de kinderen zoo spoedig mogelijk aan het onderhoud van het huisgezin kunnen medehelpen. Daarom verplichten zij het klooster den werkdag der kinderen langer te doen duren dan behoorlijk is.

« Het is de uitbuiting der kinderen door de ouders » zegt M. Verhaegen. En daar hij de vrijheid der familievaders voorstaat, is hij waarschijnlijk van gedacht dat deze schandelijke handelwijze niet mag verhinderd worden, dat noch de Staat noch een welkdanig persoon mag tusschenkomen, vooral omdat deze toestand voordeelig is aan de belangen van het klooster. De tusschenkomst van den Staat neemt hij enkel aan voor het verleenen van toelagen aan deze scholen-slachthuizen, zooals ze niet zonder reden in Frankrijk genoemd worden.

Het loon der Kantwerksters

De onthullingen zouden waarschijnlijk niet min verpletterend zijn voor het katholiek onderwijs dan de uitslagen van zekere enkwesten in Frankrijk, indien het mogelijk ware volledig en ernstig te onderzoeken wat gebeurt in de kloosters, waar het kinderwerk uitgebuit wordt. Onder dit opzicht is het boek van M. Verhaegen reeds stichtend, alhoewel de schrijver nergens zoekt zijne klerikale overtuiging te verbergen. Maar de kloosters zouden niet gemakkelijk hunne geheimen ontsluieren. M. Verhaegen heeft het zelf ondervonden. Hij bekent dat men geweigerd heeft hem in de werkzaal van het klooster van Lichtervelde te laten treden, en dat men hem geene enkele inlichting over het werk heeft willen verschaffen. Het schijnt dat uitdrukkelijke bevelen van den fabrikant, voor dewelke het klooster werkt, zich tegen deze openbaarmaking verzetten.

Langs een anderen kant, vindt men volgende zinsnede op bladzijde 22 van het tweede deel van het verslag :

« In het bisdom Brugge heeft een bisschoppelijk reglement, waarvan wij ongelukkiglijk geene kennis konden nemen, verscheidene verordeningen voorgeschreven, die door de geestelijke kantwerkscholen moeten nageleefd worden. »

Zou de bisschop van Brugge, evenals Mgr Turinaz, de bisschop van Nancy, zulke wraakroepende misbruiken hebben moeten beteugelen, dat zelfs een zoo goed denkend en zoo welwillend schrijver als M. Verhaegen ze niet mocht kennen?

Na op zeer gunstige wijze over de geestelijke kantwerkscholen gesproken te hebben, hangt M. Verhaegen een verschrikkelijk tafereel op van de wereldlijke gestichten. Het doel dat hij beoogt is licht te raden : het is onnoodig dat de bijzondere nijverheid schaadt aan die der kloosters, die den alleenhandel van het kantweven zouden moeten bezitten.

Ik zeg niet dat het voorgestelde tafereel overladen

is. Ik vraag alleen hoe lang de Staat al deze ijselijkheden, zoowel in de geestelijke als in de wereldlijke scholen, dulden zal.

Nu eenige woorden over de ellendige loonen. Luistert, mooie damen, gij wier schoonheid door fraaie kanten verhoogd wordt, luistert hoeveel tranen en moeite deze heerlijke tooisels, waarop gij zoo fier zijt, gekost hebben aan uwe zusters, — want de werksters zijn vrouwen als gij — luistert van welke schandelijke uitbuiting uwe weelde gemaakt is.

Het is een tusschenpersoon — de factor — die het loon der kantwerksters vaststelt. Daar de fabrikant bijna nooit het dorp bewoont waar de kanten gemaakt worden, komt hij slechts bij uitzondering tusschen. Noch de openbare besturen, noch de vakvereenigingen beschermen de werksters tegen de hebzucht van het grootste deel dezer factors.

Het geldt arme, alleenstaande vrouwen, die zich aan alles onderwerpen en geen weerstand bieden aan de uitbuiting.

M. Verhaegen zegt hierover :

« De factors hebben dan ook begrepen, dat niets of bijna niets ze moest tegenhouden in hunne begeerige jacht op fortuin, en sedert een dertigtal jaren buiten zij de werksters uit, zooals het misschien in geene andere huisnijverheid van België nog gebeurt. Deze uitbuiting neemt alle vormen aan : de factors winnen op het garen, sommigen onder hen betalen in koopwaren, maar vooral doen zij het loon dalen tot een minimum, onder hetwelk de arbeider verkiest de armen te kruisen ; soms zelfs gaan zij nog verder, want zij kennen het geduld hunner werksters en de lijdzaamheid met dewelke zij haar lot dragen ;

zij kennen den nood waardoor ze verplicht worden eene bijdrage, hoe klein zij ook weze, aan het mager budjet te voegen, en de onmogelijkheid waarin ze zich bijna allen bevinden andere hulpmiddelen te ontdekken; het is het *sweating system* met zijn nasleep van misbruiken en ellende, zijne lange werkuren en de afvallingen die zich dagelijks talrijker voordoen in de rangen zijner slachtoffers. »

Er dient opgemerkt te worden, dat de kant bijna al hare waarde verschuldigd is aan den arbeid der werkster die zelf de grondstof betaalt, en slechts de bijna altijd zeer kleine onkosten van teekeningen en modellen voor rekening van den fabrikant of van den tusschenpersoon laat.

M. Verhaegen wijdt een honderdtal bladzijden aan de loonen der kantwerksters. Naast ieder dagelijksch loon plaatst hij het getal werkuren, de rust- en eeturen niet medegerekend. Ziehier eenige cijfers. Zij roepen wraak ten hemel.

Loon van fr. 1,07 voor 14 werkuren; 50 centiemen voor 10 uren; 38 centiemen voor 10 uren; 10 centiemen voor 2 uren; 60 centiemen voor 11 uren; 40 centiemen voor 9 uren; 17 centiemen voor 4 1/2 uren; 80 centiemen voor 14 uren; 39 centiemen voor 10 uren.

Ziehier eenige hoogere loonen :

50 en 95 centiemen voor 10 uren; fr. 1,25 voor 10 1/2 uren; fr. 1,65 voor 12 uren; fr. 1,15 voor 15 uren; 2 franken voor 13 uren.

Het gemiddeld loon schijnt 50 tot 75 centiemen te bedragen voor 10 tot 12 uren werken.

M. Verhaegen stipt aan dat in de kloosters de vergoeding der geestelijken bestaat in een schoolgeld door de leerlingen betaald of « in vele gevallen in een aftrok van 5 tot 10 p. h. op de loonen. »

Zullen de klerikale dagbladen, die zoo verontwaardigd waren toen zij de afhoudingen kenbaar maakten door *Vooruit* gedaan op de premiën toegekend aan de werksters der socialistische samenwerking, zullen zij nu ook niet opkomen tegen de loonaftrokken der kloosters?

Zullen de arbeidstoezichters geen onderzoek instellen? Zullen de rechters deze wetsovertredingen niet straffen?

Een punt waarop moet gedrukt worden, is dat de arbeidster van haar mager loon al haar werkmateriaal koopen moet : haar kantkussen, hare klossen, hare spelden, hare naalden, het blauw papier, het weefsel en het stuk toile cirée dat zij noodig heeft. Daarbij oefenen de factors der dorpen, die ver van de stad gelegen zijn, het truckstelsel op schandelijke wijze uit. M. Verhaegen verzekert dat de prijs der artikelen, die zij aan de werksters verkoopen, ongeveer 15 p. h. hooger is dan elders, en dat zij op het garen 25 p. h. winnen.

In een der belangrijkste hoofdstukken van het boek wordt eene vergelijking gemaakt tusschen de loonen en den verkoopprijs van de kant.

M. Verhaegen begint met te zeggen, dat de kloosters 5 tot 10 p. h. winnen op de kant hunner werksters en leerlingen, en dat de factors zich zeer dikwijls tevreden stellen met 10 tot 15 p. h. Deze beweringen zouden moeten onderzocht worden. In de meeste gevallen echter bereiken de winsten der factors 25 tot 35 p. h., zonder de winst te rekenen die gedaan wordt op den verkoop in het magazijn en op den verkoop van het garen. M. Verhaegen geeft daarna nauwkeurige inlichtingen over den inkoop- en den verkoopprijs van bepaalde artikelen. Ziehier eenige voorbeelden :

Sluier in blonde
(gekocht bij eene fabrikante van Geeraardsbergen)
    Loon der kantwerkster . . . fr. 28.00
    Aanhaken der stukken. . . . fr. 1.75
    Winst der fabrikante . . . . fr. 10.25
        Prijs van den sluier fr. 40.00

Neusdoek in Valencijnsche kant, met kleine schakels
    (gekocht in een magazijn te Brussel)
    Prijs van den neusdoek . . . fr. 10.00
    Prijs van een anker dezer neus-
    doeken. . . . . fr. 6.25
    Loon der werkster . . . . . fr. 1.00
De winst van het magazijn bedraagt dus 525 p. h.

Hoedenstrik in met goudkorreltjes versierde tul

Voor een dozijn gestikte hoedenstrikken met goud- korreltjes, betaalde een factor van Lier 4,50 fr. aan zijne werksters. Een dezer strikken werd in 1900 door eene modiste van Brussel aan eene dame van Lier voor 14 franken verkocht.

Wat is onze maatschappij toch prachtig ingericht! Een hoedenstrik die in Lier min dan 40 centiemen kostte, wordt naar Brussel gezonden en van daar naar Lier teruggestuurd waar hij voor 14 franken verkocht wordt.

Reeds in 1843 maakten de geneeskundige kommis- siën van Lier en van Turnhout kenbaar, dat de kantwerksters dezer beide steden, door de slechte werkvoorwaarden, vatbaar waren voor eene reeks ziekten, waarvan zij de volgende opsomden :

1º *Afwijking en kromte der wervelkolom*, voortkomende van de gebogene houding van te jonge werksters;

2º *Witte vloed*, veroorzaakt door het zittend leven, de lange nachtwaken, het gebruik van voetwarmers en van koffie, het onvoldoende voedsel;

3º *Bleekzucht*, als gevolg van het gemis aan beweging, het vroegtijdig werk in smalle, vochtige en onreine lokalen, waar in den winter de lucht bijna nooit ververscht wordt, hetgene toelaat op de verwarming te sparen; (!)

4º *Kliergezwellen*, (zelfde oorzaken) vatbaar makend voor tering en voor kropziekte;

5º *Tering*, voortkomende van ontaarding van het lichaam, misvorming der borstholte en gebrek aan beweging;

6º *Bijzichtigheid*, voortgebracht door het lang werken bij lamplicht; deze kwaal, zegde het geneeskundig verslag, ontaardt dikwerf in zwarte staar, in klierachtige oogziekten of soms in hersenontsteking.

De geneesheeren van Lier en van Turnhout, door M. Verhaegen geraadpleegd, hebben verklaard dat de gezondheidstoestand van beide steden nu niet beter is dan in 1843. Een hunner voegde er bij dat de kantwerksters slechte zoogmoeders zijn; bijna allen kweeken de kinderen met de zuigflesch. Ook bedraagt de kindersterfte 50 %!

De officieele wereld zal weldra de 75ᵉ verjaardag onzer nationale onafhankelijkheid vieren.

Het is te hopen dat de bewierookers van de burgerij en van het klerikalisme, die belast zullen worden de 75 jaren geluk en voorspoed te verheerlijken, ook niet vergeten zullen de aandacht te roepen op de bijzonder gelukkige toestanden onzer kantwerksters en harer kinderen!

De kantwerkers

— Het is dus waar, er zijn in Vlaanderen mannen die kanten maken? vroeg ik aan Beerblock.

— Ik wist het niet, ik heb het vernomen door het verslag van M. Verhaegen. Ik heb de kantwerkers van het Land van Aalst bezocht met M. Lefébure, die verscheidene, zeer schoone lichtteekeningen genomen heeft. Willen wij er samen terugkeeren?

— Zeer gaarne.

Op een heerlijke lentemorgen begaven wij ons naar Meire, kleine gemeente van 3500 inwoners, in een uithoek van het Land van Aalst, buiten de groote gemeenschapslijnen, op den buurtspoorweg van Ronse gelegen.

Het dorp is zeer lief en bekoorlijk, en baadt in licht en warmte. De weg, met kleine, zeer nette huizen bezet, kronkelt zich bevallig door de lachende velden. De knoppen ontluiken op de hagen. De hoeven zijn achter eene gordijn van boomen verborgen. Welk dichterlijk verblijf!

Wij treden eene woning binnen. Op de Leuvensche kachel kookt een ketel aardappelen. De hooge schouw is met zeer grove godsdienstige prenten bedekt. En denken dat de arme lieden zich dergelijke voorstelling maken van de Moeder Gods en van de heiligen! Is er waarlijk zulk groot verschil tusschen dezen eenvoudigen godsdienst en den afgodendienst?

De moeder, eene kleine oude vrouw, spreekt met eene buurvrouw, die twee kinderen aan haren rok heeft hangen. Bij het venster zit een ouderling met eene zijden pet, een langen apostelbaard die hem op de borst hangt, op een lage stoel voor een speldenwerkskussen.

Hij schijnt mij eerst een weinig belachelijk wanneer ik hem met zijne verstijfde handen de klossen zie draaien, maar daarna voel ik medelijden met dezen schoonen grijsaard, die verplicht is vrouwen- en kinderwerk te verrichten.

De moeder heeft haar gekout onderbroken, de vader en de jonge meisjes hebben de oogen op ons gericht. Beerblock is hier gekend. Hij is gekomen om de schoone lichtteekeningen van M. Lefébure te laten zien. Uit een groote omslag haalt hij ze te voorschijn en spreidt ze voor de eenvoudige lieden ten toon. Zij verwonderen zich, slaken kreten van vreugde en van verbazing. Ziedaar vader! ziedaar moeder! roepen de jonge meisjes. Dit is Jan de Franschman, de groote Theresa, het huis van Maria! Wat is het mooi!

Wij vragen :

— Is het lang geleden, mijn beste oude, dat gij dit bedrijf uitoefent?

— Sedert den ouderdom van zes jaar, mijnheer. Ik heb nooit iets anders gedaan en ben nu zestig jaar oud.

— Welk is uw loon? Gedurende hoeveel uren werkt gij daags?

— Mijn loon verschilt tusschen 70 centiemen en 1 frank per dag voor 11 en 12 uren werken.

— Welk is het gemiddeld loon door de vrouwen van het dorp gewonnen?

— Zulks hangt af van het werk en ook van de behendigheid der werksters. Mijne dochters winnen 1 frank per dag voor 12 à 13 uren arbeid. Op eenige stappen van hier woont eene kantwerkster, die van 's morgens 6 1/2 uur tot 's avonds 8 uur op haren stoel blijft zitten, met een uur rust te middag. Op het einde der week zal zij 3,80 fr. gewonnen hebben.

De taks der loonen die ons in dit huis en in andere huizen van Meire gegeven werd, komt nog al wel overeen met deze die wij in het verslag van M. Verhaegen gevonden hebben.

Ziehier, ten andere, eenige cijfers van den klerikalen schrijver : 1 frank per dag voor 13 1/2 uren, 85 centiemen voor 10 uren, 64 centiemen voor 12 uren, 75 centiemen voor 8 uren, 48 centiemen voor 10 uren, 96 centiemen voor 13 1/2 uren, enz.

Het zijn vrouwenloonen. M. Verhaegen geeft slechts een mannenloon : 70 centiemen voor 11 uren.

Wij verlaten de woning in gezelschap der buurvrouw met de twee kinderen.

— Het zijn brave maar erg klerikale lieden, fluistert zij ons toe wanneer wij midden van den weg gekomen zijn.

— Zijn er dan bewoners van het dorp die niet klerikaal zijn?

— Er zijn hier personen van alle overtuiging, mijnheer : katholieken, liberalen, christene demokraten en socialisten. Mijn echtgenoot is een socialist, voegt zij er niet zonder fierheid bij. Hij werkt in het gasgesticht te Brussel, en wint 4 franken per dag.

— Dat is beter dan kant maken.

— Voorzeker, maar het is toch geen schoon leven. Mijn man vertrekt 's morgens om 3 3/4 uur, en komt om 5 uur te Brussel aan. In den winter begint het werk om 7 uur. Gedurende twee uren moet hij dus wachten, door de straten der stad slenteren of in de herbergen zitten. 's Avonds keert hij om 8 1/2 uur terug. O neen! het is geen schoon leven!

Wij nemen afscheid van de brave vrouw. Beerblock vertelt mij dat er hier een veertigtal gaswerklieden, aardwerkers en metsers wonen, die zich dagelijks naar de hoofdstad begeven. Zij die in de gasgestichten gebruikt worden, werken beurtelings eene week gedurende den dag en eene week gedurende den nacht. Zij verkiezen het nachtwerk, omdat de dagtreinen betere gemeenschap geven, en er dus min tijd verloren gaat.

Te Meire verblijven ook driehonderd Franschmans, die gedurende het seizoen naar Frankrijk trekken, om er den oogst binnen te halen. Een aantal hunner maken kant gedurende den winter. Het zelfde doet zich voor met de landbouwwerklieden en met de steenbakkers. Wij hebben er eenigen ontmoet in de andere huizen die wij bezochten.

Volgens de nijverheidsoptelling zijn er in Vlaanderen 114 mannen die kant maken, maar M. Verhaegen denkt, niet zonder reden, dat het getal van hen die zich met dit werk bezighouden gedurende hun vrijen tijd, en er een hulpbedrijf van maken, veel grooter is.

Te Meire hebben wij ook een aantal jongens gezien die naast hunne moeders of zusters en evenals zij, de klossen hanteerden. Aldus houden zij zich stil, zeggen de brave menschen der streek.

Heeft een kind noodig te spelen, te loopen, wispelturig te zijn, naar school te gaan, lucht in te ademen, zijne spieren te versterken, zich te ontwikkelen? Waarom?

Later, als man, zal het landbouwer of steenbakker worden; het zal langs de wegen van Frankrijk trekken om werk te zoeken of het zal gedurende dertien uren per dag voor het speldenwerkskussen zitten. Den Zondag zal de man bidden en zich bedrinken in jenever.

Werken, bidden, hun ongelukkig ras voortplanten, ziedaar het lot der mannen en der vrouwen, en het toekomstig lot der kinderen van Vlaanderen!

Arme lieden!

De mandenmakers van Temsche

De kleine stad Temsche is zeer aangenaam gelegen op den linkeroever der Schelde, in het schoone Land van Waes. Eene ijzeren brug van vierhonderd meters lengte — de grootste van België — verbindt de provincie Oost-Vlaanderen met de provincie Antwerpen. De Schelde is er breeder, en wordt den statigen stroom door toondichters en poëeten bezongen.

Temsche is eene nijverheidsstad. Men bouwt er schepen, men maakt er zeildoek, kant, katoenen weefsels en lijnwaad. Zij bezit verscheidene jute- en katoenspinnerijen. Maar er wordt vooral een grooten handel gedreven in wilgen. De mandenmakerij is de kenmerkende nijverheid der gemeente. De manden die er vervaardigd worden, zijn bijna uitsluitend voor den uitvoer bestemd.

KANTWERKER

Het mandenvlechten wordt grootendeels te huis uitgeoefend, in ellendige voorwaarden voor de werklieden.

Met gezel Van Hoeylandt, afgevaardigde bij den Landelijken Raad voor de Federatie van Sint-Nikolaas, heb ik verscheidene woningen van mandenmakers bezocht. In eene nog al uitgestrekte plaats, op eene kleine bank, op een zeer lagen stoel of soms ook wel op den grond gezeten, vlecht de werkman de wilgen stokjes met eene buitengewone vlugheid.

Drie, vier, vijf, zes kinderen, jongens en meisjes van allen ouderdom, bevinden zich rond hem en houden zich met het zelfde werk bezig. Sommigen schijnen niet meer dan zeven jaren oud. De wet beschermt deze kleinen niet. Het is bekend dat de arbeidswetten niet toepasselijk zijn op het huiswerk, dat nochtans het meest doodend werk is, waar zich het grootste getal misbruiken voordoen en dat het meest noodig heeft geregeld te worden.

De mandenmaker koopt zijne wilgen tegen 3,75 fr. of 4 franken per bussel. Wanneer hij eene geheele week gewerkt heeft, met twee of drie kinderen, kan hij 10 tot 11 franken gewonnen hebben. Maar daarvoor moeten de wilgen van goede hoedanigheid zijn, zoo niet gebeurt het wel dat hij niets wint, alhoewel hij gedurende eene geheele week dag en nacht gewerkt heeft, en daarbij nog het loon zijner helpers moet betalen, als deze zijne kinderen niet zijn. Wanneer de manden gemaakt zijn, worden zij bij den patroon gedragen, die ze volgens den tarief van den dag betaalt. Voor den werkman is dus niets verzekerd, noch het werk, noch het loon.

Op iederen bussel wilgen, aan den mandenmaker

geleverd, winnen de patroons een frank. Sommigen leveren er een honderdtal per week. Daarbij hebben zij dan nog eene winst op de manden die naar Engeland gezonden worden.

De meeste patroons houden eene herberg of een winkel. De werklieden die veel bij hen koopen, krijgen natuurlijk de beste wilgen; onmiddelijk gevolg : de werklieden laten zich verleiden tot het alcoolisme en maken schulden. Sommigen bedrinken zich gedurende verscheidene achtereenvolgende dagen, en moeten dan den verloren tijd op hunne rusturen inwinnen.

Men heeft er gezien die den Vrijdag begonnen, en onophoudend doorwerkten tot den Zondag morgen, zonder slapen! Wat de schulden betreft, de patroons zijn onderling overeengekomen geen werk te geven aan de mandenmakers die ze niet betalen.

De kinderen zijn gevaarlijke mededingers voor de werklieden, en verhinderen de verhooging der loonen.

De mandenmakers te huis, werken aan de zelfde voorwaarden als deze die in de werkhuizen gebruikt worden en die men per stuk betaalt. Deze laatsten arbeiden veertien uren daags!

De besten onder hen, zij die de koffers en de wiegen maken, kunnen 3,50 fr. tot 4 franken winnen per dag. Het zijn de bevoorrechten. De andere mandenmakers hebben een weekloon van 14 franken, voor eene dagtaak van dertien uren.

Een nieuw gevaar bedreigt het loon der mandenvlechters : de nonnen beginnen ook deze nijverheid uit te oefenen. Tot nu toe hebben zij slechts kleine mandjes gemaakt, waarvoor zij 6 of 7 franken per week betalen. Aan de kinderen geven zij 2 tot 4 franken per week, voor twaalf en dertien uren arbeid daags !

De barmhartige zusters! Hoe moet het hun gebelgd hebben, wanneer zij door *Het Volk* en andere klerikale dagbladen vernamen, dat de werkmeisjes in Vooruit zoo schandelijk behandeld werden! En indien zij wisten dat deze naaisters acht uren daags werkten, hare loonen 3o tot 40 p. h. grooter waren dan die in de bijzondere nijverheid betaald, wat zouden zij moeten denken over den vuigen laster, door de weldenkende pers tegen de groote socialistische samenwerking verspreid ?

Van een anderen kant werd in een broerkensgesticht, waar middelbaar onderwijs gegeven wordt aan de kinderen der burgers, eene beroepsschool voor het mandenmaken geopend. De broerkens werken nu nog voor een patroon, maar het schijnt dat zij zinnens zijn voor eigen rekening te beginnen.

Ziehier nog eene eigenaardige bijzonderheid der handelwijze der klerikalen, om hunne oppermacht over de werklieden te kunnen behouden. In de meeste gevallen, koopen de patroons-mandenmakers hunne wilgen bij de kasteelheeren, of bij de pachters die de landen dezer heeren bebouwen.

Sedert de werklieden het stemrecht bezitten, doen de kasteelheeren de manden voor eigen rekening maken, en verkoopen hunne wilgen niet meer. Zulks is het geval met den graaf van Bornhem. De gravin Basel Vilain XIV bezit insgelijks eene mandenmakerij, die door een priester van Rupelmonde bestuurd wordt. Zonder zijne tusschenkomst, is er geen middel werk te verkrijgen.

Zelfs hier dus volstaat het geloof niet om de werklieden in den schoot der Kerk te behouden; de bedreiging met hongersnood is onontbeerlijk! Teeken des tijds!

In de omstreken van Temsche zijn de loonen nog veel kleiner. De patroons en de werklieden leveren zich onderling eene doodende mededinging, tot grootere schade van iedereen, behalve van de Engelschen, die de Belgische manden aan spotprijzen koopen.

In de jutefabrieken — jute is de weefbare stof door de vezels van den aloë geleverd — winnen de werklieden 12 en 13 franken per week, de werksters 7, 8 en 9 franken, de jongelingen van 16 tot 20 jaren oud, 6 tot 8 franken. Wanneer deze laatsten in het huwelijk treden, worden zij aanzien als werklieden, en ontvangen een loon in evenredigheid.

In de fabriek Orlay-Bauwenberg, werken de arbeiders in ploegen, gedurende slechts negen uren, en winnen zooveel als de werklieden der gelijkaardige inrichtingen, of der zelfde fabriek, die elf uren en half daags werken.

In de katoenspinnerij winnen de mannen 20 en 21 franken per week. Te Temsche zijn er nog twee zeildoekweverijen, waar de loonen zeer laag, en de tijdperken van werkeloosheid zeer lang zijn.

Wat de loonen der kantwerksters betreft, deze gaan alle gedachten te boven. De gehuwde vrouw, die niet regelmatig werken kan en zich met het huishouden moet bezig houden, wint 1 frank of 1,50 fr. per week. De meisjes die twaalf uren per dag werken, winnen — luistert goed en bedwingt uwe verontwaardiging! — 3 franken voor zes werkdagen, hetgene ongeveer 4 centiemen per uur uitmaakt!

De kleine pachters der omstreken van Temsche beklagen zich bitter. De pachtgelden zijn veel te hoog. De landbouwende werklieden willen zich niet meer vergenoegen met een loon van 81 centiemen — *9 stuivers* — en 1 frank per dag. Meer en meer laten zij den gezonden en versterkenden veldarbeid varen, om zich gedurende twaalf uren daags in de treurige, ongezonde fabrieken te laten opsluiten. De zelfde klachten rijzen allerwege op in Vlaanderen! Overal wordt de landbouw door de nijverheid verdrongen.

De steenbakkers van Steendorp

In het omliggende van Temsche, te Steendorp, te Thielrode, bevinden zich belangrijke steenbakkerijen. De geheele streek die zich langs beide oevers der lagere Schelde, en vooral langs den Rupel uitstrekt, Boom, Willebroeck, Rumpst, is zeer kleiachtig.

Te Boom is de steenbakkersnijverheid bijna twee eeuwen oud. Van 1872 tot 1876 had zij haar tijdperk van grooten bloei; dan kwam langzamerhand het werktuiglijk steenbakken in zwang, en de verschrikkelijke en ongelijke strijd van den werkman tegen het werktuig begon.

De stoomsteenbakkerijen gebruiken zes maal min werklieden, voor de zelfde hoeveelheid baksteenen, dan het handwerk. Tegenwoordig is de steenbakkersnijverheid in volledige vervorming, en zoo het handwerk hier nog weerstaat, evenals bij de wevers, dan is het door de lage loonen waarmede de werklieden zich tevreden stellen, en door de opofferingen die zij zich getroosten.

Gedurende het roerend werkonderzoek van 1886, stipten de patroons zelf aan als kwalen en geesels die in de steenbakkersnijverheid woeden : het alcoolisme, het truckstelsel, het betalen in koopwaren, den overmatigen duur der werkdagen en het gebruiken van heel jonge kinderen. Een werkman kwam verklaren, dat gedurende de lange zomerdagen kinderen van zeven jaren arbeidden van 4 uur 's morgens tot 9 en 9 1/2 uur 's avonds, zonder andere onderbreking dan een uur rust voor de maaltijden. 's Morgens, wanneer men er niet in gelukte de schaapjes wakker te schudden, werden zij slapend aangekleed door de moeder, en vervolgens door den vader of door een gebuur op de werven gedragen ; wanneer de arme kleinen daar ook bleven slapen, wierp men hen koud water in het aangezicht om ze te wekken! O! hoe heeft de menschelijke maatschappij zoo lang de schandelijke uitbuiting der kinderen kunnen toelaten?

Sedert dien tijd werden wetten afgekondigd om de schreeuwendste misbruiken uit te roeien, en alhoewel zij niet altijd stipt nageleefd worden, door ontoereikendheid van het werkopzicht, toch betaalt men nu de steenbakkers in geld, is het truckstelsel algemeen verdwenen en is het gebruiken in de steenbakkerijen van kinderen onder de twaalf jaren verboden. Wat ongelukkiglijk nog niet verdween, zijn de lange werkdagen en het alcoolisme. In den winter werkt men met moeite gedurende tien weken, in den zomer gedurende vijf of zes maanden, waarvan de regendagen moeten afgerekend worden.

In gezelschap van Van Hoeylandt bezocht ik Steendorp, een arm steenbakkersdorp, niet ver van Temsche, op den linkeroever der Schelde gelegen.

Steendorp! welk een schoone en passende naam! De kleine, zeer lage huizen, zijn in steenen der streek opgetrokken. De kerk zelf is uit den grond van het dorp vervaardigd. Zij is bijna even ellendig als de woningen der steenbakkers. God zelf heeft zich hier arm gemaakt, waarschijnlijk om de ellende dezer treurige wereld niet te veel te hoonen. Maar langs de overzijde van den stroom, verrijst het kasteel van den graaf d'Ursel-Inghene, met zijn heerlijken lusthof, zijne grasperken, zijne vijvers, zijne prachtige boomen. Altijd en overal het ergerlijk en schreeuwend contrast tusschen rijken en armen!

De steenbakkerijen strekken zich uit over eene groote oppervlakte. Daar bevinden zich *tafels* van twee tot driehonderd meters lengte, waar de gele baksteenen, die van de modeleerders komen, door de zonnestralen gedroogd worden. Onder loodsen van dezelfde lengte wordt het drogen voortgezet, en de gedroogde steenen worden in groote ovens gebakken. Jonge meisjes steken zelf de steenen in den oven, na ze barrevoets met eene kruikar overgebracht te hebben.

Wij bevinden ons dicht bij de *putten*. Het zijn groote kuilen, met eene zwarte en vette klei gevuld. Zij bevinden zich langs de Schelde, van hier tot aan Dendermonde. De aarde wordt bijna nooit gebruikt na hare uitdelving. Gewoonlijk wordt ze met den herfst opgehaald, en laat men ze gedurende den geheelen winter blootstaan aan den invloed van de vorst, van de zon, en van de werkende krachten des dampkrings, die de klei verbrokkelen en hare hoedanigheid verbeteren. Wanneer zij goed is om gebruikt te worden, zuivert een werkman ze van de steenen die ze zou kunnen bevatten, en maakt er groote aardkluiten van. Een helper neemt deze kluiten, kneedt ze met beide handen, verdeelt ze in kleinere kluiten die hij op de werktafel nederlegt van den werkman, die *modeleerder* of *vormer* genoemd wordt. Deze werkman is met de zoogenaamde vervaardiging belast.

Als werktuigen gebruikt hij houten lijsten of modellen, en ook een houten mes. Na eene dezer lijsten op zijne tafel geplaatst te hebben, bestrooit hij ze met zand opdat de klei er niet aankleve, vult ze met aarde die hij met de hand samendrukt, en waarvan hij de bovenste oppervlakte met zijn mes effen maakt. De gevormde steen geeft hij aan een helper, *drager* genaamd, die hem op eene *tafel* gaat neerleggen. Deze tafel is eene groote, rechthoekige, volstrekt platte oppervlakte van 1500 tot 2000 vierkante meters, waar de steen gedroogd wordt. Het overbrengen werd vroeger door kinderen van zes en zeven jaren uitgeoefend.

Het drogen wordt voortgezet onder de loodsen. Daarna moeten de steenen nog slechts in bijzondere ovens gebakken worden.

Voor ons delft een man de klei uit een put. Zijne broek is tot aan de knieën opgestroopt. Zijne naakte beenen zijn met slijk bedekt. Zijn geopend hemd laat eene magere en behaarde borst zien. Zijn gerimpeld aangezicht is geel, doodvervig. De haren en wenkbrauwen, van een grijsachtig wit, schijnen door de zon gebrand. Ik vraag hem zijn ouderdom.

— Drie en zeventig jaren! zegt hij, terwijl hij rust, met den arm op de spade geleund.

73 jaren oud! en hij werkt nog! Ons nijverheidsstelsel eerbiedigt niets, noch de zwakheid der kinderen, noch de grijze haren der ouderlingen!

— En welk is uw loon?

— Men betaalt ons negen franken per schip, het is te zeggen per 12500 steenen. De beste werklieden kunnen twee schepen, twee schepen en half per week wegvoeren. Ik kan natuurlijk zooveel niet doen.... hoogstens een schip. Wij werken vooral in den winter. Wanneer het een dag regent, moeten wij twee dagen verletten om het uitpompen van het water toe te laten. Gedurende den zomer werken wij 16 uren per dag. 's Avonds ben ik half dood van moeite.

Diep bewogen gaan wij verder. Wij naderen eene tafel waarvoor zich een modeleerder bevindt.

In een vorm werpt hij de kluiten klei, door zijn helper voorbereid. Krachtdadig duwt hij met beide handen de aarde ineen, en neemt met zijn houten mes het overtollige weg. Twee andere helpsters, twee jonge meisjes, plaatsen de aldus gevormde steenen op den grond.

Het werk van den modeleerder is verschrikkelijk lastig. Om er een gedacht van te geven zal ik zeggen dat hij op eene dagtaak van 16 uren, gemiddeld 10000 steenen vervaardigt. Zulks maakt meer dan 10 steenen per minuut uit! Ook moet men de ongelukkigen op dit akelig plein, onder de brandende zon zien arbeiden. Alles is in beweging : de armen, het hoofd, de romp, de beenen. Uit de borst ontsnappen geweldige *han's!* iedere maal het mes over het raam gaat. De werkman is doornat bezweet. Het zweet loopt hem langs het aangezicht, langs de armen, langs de beenen. En men vraagt zich verbaasd en treurig af, hoe een mensch gedurende 16 uren aan dezen bovenmenschelijken arbeid kan weerstaan!

De modeleerder ontvangt 45 centiemen per duizend steenen, hetgene voor de schoone zomerdagen (zestien uren werken) ongeveer 4,50 fr. uitmaakt. De drie helpers trekken samen ook 45 centiemen per 1000 steenen. Het plaatsen in den oven — een werk dat door vrouwen gedaan wordt — en het uithalen na de bakte, worden tegen 30 centiemen betaald, altijd per duizend steenen.

— Hebt gij al getracht deze werklieden te vereenigen? vraag ik aan Van Hoeylandt.

— Ja, antwoordt hij, maar het is niet gemakkelijk; 90 p. h. zijn volstrekt ongeletterd. De samenwerking is hier het beste middel om de werkers te vereenigen.

Wij keerden naar Temsche terug. Bij het omdraaien van den weg, op een tiental meters van ons, bemerkten wij eenen put met stilstaand, zwart water. Het was een rotkuil. Drie werklieden arbeidden er in, met modder tot aan den buik. « Laat ons zien » sprak mijn gezel.

Maar met moeite had ik eenige stappen gedaan, of ik moest terugkeeren, vluchten. Ik stikte. Ik kreeg verschrikkelijke braaklust, zoo walgelijk was de lucht van verrotting die uit den put opsteeg.

Het vlas dat in de Lei geroot wordt, verspreidt voorzeker geene balsemgeuren in den dampkring, maar nooit had ik dergelijken stank geroken. De werklieden in den put lachten hard om de misselijkheid die mij aangreep, en de braaklust die mij plaagde.

— Hoe is het mogelijk daarin te werken? vroeg ik aan Van Hoeylandt, wanneer ik eindelijk aan den afgrijselijken stank ontsnapt was.

— Ik weet het niet, de gewoonte waarschijnlijk, antwoordde hij mij al lachende. Ik zelf heb uw geweldig gevoel van walg niet bestatigd. Als kind ging ik de rotkuilen zien. Ik ben er ook aan gewoon. Het is eigenaardig.

De « Franschmans »

Behalve de Vlaamsche werklieden die in de koolmijnen en in de gestichten van het Walenland, in de weverijen en in de spinnerijen van Roubaix en van Tourcoing arbeiden, vindt men er een groot getal die jaarlijks naar Frankrijk trekken om den oogst te doen, of de beetwortels binnen te halen. Deze werklieden zijn in Vlaanderen bekend onder den naam van de « *Franschmans* ».

Hoeveel zijn er? In 1898 stelde M. Schollaert, minister van Binnenlandsche zaken, hierover een onderzoek in, als gevolg van het wetsontwerp van pastoor Daens, die voorgesteld had den datum der wetgezende kiezingen tot in October te verschuiven, omdat alsdan de *Franschmans* in België teruggekeerd zijn.

Ziehier, volgens de officieele optelling, het getal werklieden die afwezig zijn gedurende de twaalf maanden van het jaar :

Getal afreizen in	Januari	866
»	Februari	716
»	Maart	5,108
»	April	15,152
»	Mei	18,296
»	Juni	3,704
»	Juli	3,285
»	Oogst	646
»	September	6,061
»	October	2,805
»	November	474
»	December	149
	Totaal	57,262

Van de 57,262 werklieden die alle jaren naar Frankrijk uitwijken, bewonen 12,582 West-Vlaanderen, 18,942 Oost-Vlaanderen en 17,212 de provincie Henegouwen, hetgene voor de drie provinciën een totaal van 48,736 uitmaakt.

Van de 57,262 uitwijkelingen, moet een zeker getal werklieden geteld worden, die zich eenvoudig van land verplaatsen, en waarvan de statistiek niet gemaakt is. Het getal der ware uitwijkelingen wordt geschat op 40,000 tot 45,000.

De bureelen van het Ministerie van Binnenlandsche zaken hebben ook een tafereel opgemaakt, per provincie en per maand, van de werklieden die in België terugkeeren wanneer het werk in Frankrijk gedaan is. Hieruit blijkt dat het volledig getal terugkomsten voor het jaar 1898 56,703 bedraagt, tegen 57,262 afreizen. Allen of bijna allen keeren dus naar het geboorteland terug.

Welke zijn de streken van Frankrijk waar de Belgische werklieden, voor het grootste deel, gedurende zes maanden per jaar gaan verblijven, en welke zijn hunne werkvoorwaarden?

Over deze punten heb ik belangrijke inlichtingen gevonden in een verslag van M. Eylenbosch, opgemaakt voor het Congres van den Belgischen democratenbond, in 1898 te Luik gehouden. M. Eylenbosch was belast geworden, ter plaats een onderzoek te doen over den toestand onzer werklieden in Frankrijk. Op dit tijdstip schaarde de groote meerderheid der *Franschmans* zich onder de vlag van pastoor Daens. Voor M. Verhaegen, en voor zijne getemde volksvrienden, kwam het er op aan te bewijzen, dat zij niet uitsluitend klerikale behouders waren, en dat de levensvoorwaarden der *Franschmans* — die een sterk kiezerskorps vormen — hen niet geheel en al onverschillig lieten. M. Eylenbosch begaf zich dus naar Frankrijk in gezelschap van M. Maenhout, landbouwers-afgevaardigde voor Gent, een man wiens volksgezinde overtuiging genoegzaam bekend is, van den graaf R. Hemricourt de Grunne, nog een democraat, en van M. Van Essche, een priester, door het bisdom van Gent afgevaardigd. Deze vier personen namen inlichtingen bij de pastoors — natuurlijk! — bij de eigenaars, bij de groote pachters, bij de gemeenteoverheden, bij de consuls, en zelfs een weinig bij de werklieden. Het verslag van M. Eylenbosch schijnt nochtans met eene zekere onpartijdigheid opgesteld te zijn, want verscheidene der inlichtingen die het bevat, werden mij bevestigd door de talrijke *Franschmans* die ik in den loop mijner reis door Vlaanderen ontmoet heb.

De Belgen die in Frankrijk gaan werken, begeven zich vooral in de Brie, eene streek die de departementen der Seine, der Seine-en-Marne, der Seine-en-Oise, der Aisne en der Boven-Marne omvat, en Parijs als middenpunt heeft; zij gaan ook in de Beauce, waar Zola de handeling van zijn roman over de boerenzeden : *La Terre (Het Land)* plaatste, in het Noorden van Frankrijk en tot in de omstreken van Lyon en Morvan, het is te zeggen, in Midden-Frankrijk.

- In Neder-Brie en in Brie-Pouilleuse ontmoet men pachthoeven van 200 en 300 hectaren oppervlakte. Men gebruikt er stoomtuigen om de tarwe in te oogsten. In Boven-Brie kan men geen gebruik maken van machienen : de grond is er te bergachtig en te veel beboscht. Het is daar dat de grootste landbouwondernemingen gevonden worden : pachthoeven van 400, 600 en 800 hectaren. Te Bonneval, bij Meaux, is de grootste hoeve van Frankrijk gelegen; zij beslaat eene oppervlakte van meer dan 1000 hectaren, en wordt verhuurd tegen 50,000 fr. per jaar. Zij houdt 60 Belgen bezig; 10 dezer Belgen werken er winter en zomer.

De Beauce bestaat uit vlakke velden, van eene uitgestrektheid van 150 tot 200 hectaren. Het is bij uitstek het land der tarwe en der beetwortels. Men gebruikt er machienen voor het grootste deel der bewerkingen. In de departementen van het Noorden, van het Nauw van Calais en van de Lagere-Seine, zijn de landbouwondernemingen zoo uitgestrekt niet. In de Beauce en in de Brie ontmoet men slechts Vlaamsche werklieden; in het Nauw van Calais en het Noorderdepartement, vindt men ongeveer even veel Vlamingen als Walen.

- « Het grootste getal dezer uitwijkelingen, zegt

KANTWRKKRS

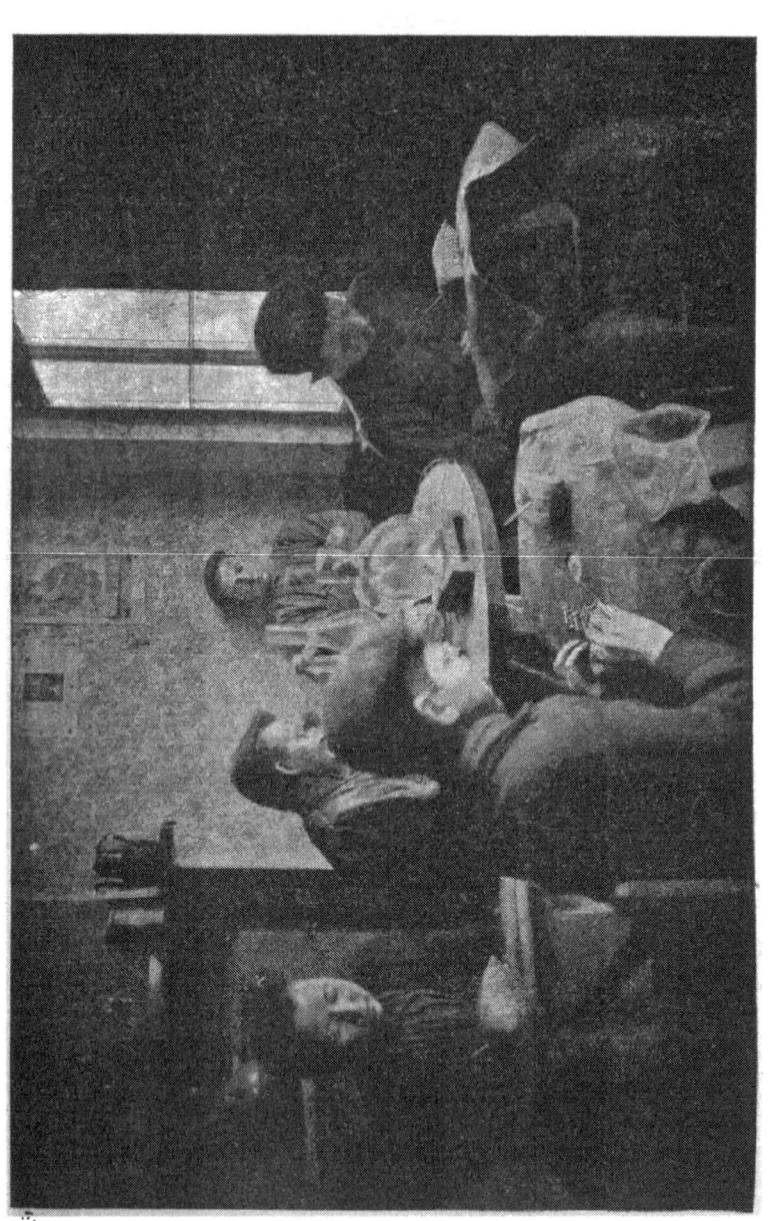

M. Eylenbosch, verhuren zich voor een bepaalden tijd, en bij een zelfde patroon. Anderen gaan eerst naar het Zuiden, tot in het departement der Yonne en lager zelfs dan Orléans, om den eersten oogst te doen, die er vroeger rijp is. Dan komen zij in ploegen naar het Noorden, steeds dichter bij België.

De geheimschrijver van den Democratischen Bond voegt er bij dat de Belgen in de Beauce eene uitstekende faam genieten, dat zij naarstig en eerlijk zijn. « Maar de Fransche landbouwers waardeeren vooral hunne grootere voortbrengst. Een hunner verklaarde mij, dat zij in den zelfden tijd een derde meer voortbrengen dan de Fransche werklieden. » Het is daarom dat de groote pachters van Frankrijk, zeer weinig vaderlandslievend in deze zaak, de voorkeur geven aan de Belgische werklieden, die zich vergenoegen met een klein loon en meer werk afleggen dan de Fransche arbeiders.

Het schijnt ook dat onze landgenooten, gedurende hunne vrije uren of wanneer de regen ze van de velden jaagt, zich vergeten in den jenever, welke zij boven den wijn verkiezen, die in Frankrijk nochtans niet veel kost. Dan rijzen er twisten op, die op vechtpartijen uitloopen in de dorpen door de Belgen bewoond, en iedereen weet hoe gemakkelijk de messen uit de zakken komen!

In zijn reisverhaal vertelt M. Eylenbosch ons heel naïef een nog al vernederend ongeval, waarvan hij het slachtoffer was. Hij bevond zich te Mormans, dorp in de Brie, in de richting van Provins op 70 kilometers van Parijs gelegen. Na het uitgaan der mis begaf hij zich op de plaats voor de kerk, en verklaarde het doel zijner reis aan de Vlaamsche werklieden die daar tegenwoordig waren. Hij vroeg hun op welke manier de Democratische Bond hun dienstig zou kunnen zijn. Hij werd geweldig in de rede gevallen door eenige arbeiders.

Ziehier hoe *Klokke Roeland*, het orgaan der Christene democraten, het vermakelijke tusschengeschil mededeelt, naar een verslag, uit Frankrijk naar het blad gezonden :

« De eerste vraag die wij aan deze heeren stelden was de volgende : Hoe komt het dat de rijke liberalen en de rijke katholieken zich nu vereenigen? Is het ook om den godsdienst en het geloof te beschermen, of is het in het belang der geldkas?

Het volk begint de oogen te openen, en bemerkt dat hun geloof vooral in hun geldbeugel besloten is.

Maar dit alles zal tot niets dienen; lang genoeg heeft men ons met beloften gepaaid. Wij hebben er belang bij ons met politiek te bemoeien, aangezien men ons het stemrecht ontneemt om langer meester te kunnen blijven, en de werklieden en boeren onder het juk te houden.

- Daarna werd ons gevraagd wat zou kunnen gedaan worden om onzen toestand te verbeteren.

Wij antwoordden dat in de verschillende Fransche departementen Vlaamsche consuls zouden moeten geplaatst worden, die hun tijd zouden gebruiken, niet om in de koffiehuizen te zitten, maar om de streek te doorloopen, de klachten der werklieden te aanhooren en ze te helpen, indien het noodig blijkt. »

M. Eylenbosch erkent in zijn verslag dat de werklieden hem geantwoord hebben « met een uitval tegen den Congo, en eene verheerlijking van het algemeen stemrecht en van het verplichtend onderwijs. »

Hij schijnt een weinig verbaasd te zijn geweest de vervorming te bestatigen, die bij deze katholieke werklieden plaats grijpt, wanneer andere werkvoorwaarden ze aan den invloed der priesters en der Belgische patroons onttrekken.

M. Eylenbosch schat dat de werklieden die het seizoen in Frankrijk doen, met niet meer dan 300 fr. naar huis kunnen terugkeeren. Het is het cijfer dat mij ook gegeven werd door verschillende *Franschmans*.

Te Parijs heeft de geestelijkheid het *Werk der Vlaamsche werklieden* ingericht. Deze maatschappij heeft voor doel Vlaamsche priesters te zenden in de Fransche dorpen waar de *Franschmans* werken, zij heeft ook een onderlingen bijstand, eene pensioenkas voor weduwen en weezen en eene weldadigheidskas gesticht.

Het is op dergelijke wijze dat de Kerk, met eene jaloersche zorg, over het behoud harer macht waakt. Onze werklieden blijven onderworpen aan hare werkzame oplettendheid, van bij hunne geboorte, tot aan hun dood, en wanneer de ellende ze uit hun huis wegjaagt, volgt zij ze op den vreemde, veel minder om ze stoffelijk te ondersteunen, dan om te verhinderen dat zij aan haren invloed ontsnappen. Hare geduchte inrichting omstrengelt de wereld met krachtige banden.

Het verhaal van een « Franschman »

Op zekeren dag — rond het einde der maand April — trad ik het huis van een handwever der omstreken van Ronse binnen. In de kamer bevonden zich drie mannen, waarvan de oudste, de vader, een vijftigtal jaren oud kon zijn. De twee anderen — zijne zonen — waren kloeke jongelingen van twintig tot vijf en twintig jaren. De getouwen lagen stil. Het was het middaguur en men rustte wat uit; ten andere, het werk was niet dringend. Men had tijd genoeg.

— Zie, sprak de vader, het werk van een wever is lastig, want alles is in beweging : de beenen, de handen, de romp, de oogen, de hersenen; maar ik verkies dezen zwaren arbeid boven eene langdurende ledigheid, boven de eindelooze dagen die men doorleeft met hangende armen, de oogen strak gevestigd op het oneindige luchtruim, langzaam door de wanhoop overmeesterd. Niet werken maakt den mensch eindelijk slecht. O! de werkeloosheid, de gevloekte werkeloosheid! Gelukkig dat zij weldra zal eindigen; wij gaan naar Frankrijk vertrekken.

— Zijt gij een *Franschman*?

— Wij zijn het hier allen. Er zijn in de streek vier- tot vijfhonderd wevers. De negen tienden trekken naar Frankrijk om den oogst te doen.

— Zijn de loonen in Frankrijk nog al groot?

— Zulks hangt af van den arbeid. De oogst der beetwortels, bijvoorbeeld, wordt 2 tot 3 franken per dag betaald boven het voedsel. Gedurende den oogst winnen wij 8 tot 9 franken per dag. Maar het werk is lastig! Het begint om 3 uren 's morgens en eindigt slechts om 8 1/2 of 9 uren 's avonds. Na zulke dagen is het volstrekt onnoodig ons te wiegen; wij slapen als beesten. Met welke vreugde zien wij den zondag aankomen die ons toelaat wat langer te rusten!

— Hoe lang duurt de oogst?

— Acht, tien, vijftien dagen. Zulks hangt af van de streek.

— Wat kunt gij winnen op het einde van het seizoen?

— De werkman die van Mei tot October gebruikt wordt, kan 500 tot 550 franken winnen.

— En met welke som keert gij terug na het seizoen?

— Met 200, 250 of 300 franken. Diegenen welke met meer dan 300 franken terugkeeren, hebben hard gewerkt en zijn zeer spaarzaam geweest.

— Hoe wordt gij behandeld onder het oogpunt van huisvesting en voeding?

— De Vlaamsche werklieden, die zich naar Frankrijk begeven, moeten eerst, evenals de zwaluwen, een nest zoeken. Zij worden gewoonlijk gehuisvest in eene enkele plaats, die ter zelfder tijd voor slaapkamer en voor keuken dienst doet. Daar bevinden zich eene lange tafel, banken en een bed, voorzien van stroozakken en van een laken. Het lijnwaad dat op de reis dienst deed, wordt soms als deken gebruikt. Twee mannen slapen te samen in een zelfde bed. Het gebeurt ook dat de werklieden over twee plaatsen beschikken: eene slaapkamer en eene keuken. Maar soms ook zijn ze verplicht op den grond te slapen, of op den zolder onder de hanebalken. Deze verblijfplaatsen bevinden zich gewoonlijk op de hoeve, of daarbuiten, in woningen die aan den pachter behooren. Zij worden kosteloos ter beschikking der werklieden gesteld.

Wat het voedsel betreft, de arbeiders moeten het zich aanschaffen. Zij maken zelf hun eten gereed. Bij den pachter koopen zij brood en varkensvleesch. Dit vleesch is rauw; om het smakelijk te vinden moet men eerst honger gehad hebben. Daarna wordt men het gewoon! 's Morgens wordt een stuk brood en wat spek medegenomen om gedurende den voormiddag gegeten te worden. Het middagmaal bestaat uit soep, aardappelen, brood en spek. 's Avonds voegt men soms wat kaas bij de aardappelen en bij het brood.

— Hoe worden de werkvoorwaarden der werklieden door den pachter geregeld?

— Hij onderhandelt door tusschenkomst van een ploegbaas. Men mag niet in beroep gaan bij een gerechtshof. De arbeid wordt op onderneming gedaan, behalve het werk op de hoeve, dat per dag betaald wordt. De taks is zooveel per hectare voor den oogst, voor het kuischen of voor het inzamelen der beetwortels.

— Alles wel ingezien, zijn de loonen toch nog klein voor zulk zwaar werk.

— Ongetwijfeld, maar is er eene vergelijking mogelijk met de loonen aan de wevers en aan de landbouwende werklieden in België betaald? Er zijn hier hoeveknechten die 15 tot 25 franken per maand trekken, boven hun voedsel. Zij die met het onderhoud der stallingen belast zijn, moeten in den zomer rond 2 of 3 uren 's morgens het bed verlaten, en blijven tot laat in den nacht op de akkers. Soms slapen zij in den stal zelf, op een stroozak. De werklieden die het vee verzorgen, winnen 8 tot 10 fr. per maand, en de daglooners 63 centiemen in den winter, en 72 centiemen tot 1 frank in den zomer. Ware het mijn beroep te schrijven, ik zou verschrikkelijke dingen kunnen vertellen over de ellende onzer Vlaamsche werklieden! Wat zou er van ons geworden, indien wij niet ieder jaar naar Frankrijk konden uitwijken? Daar ten minste zijn wij vrij, en met het geld dat wij terugbrengen, kunnen wij hier leven gedurende den winter! Ieder jaar zie ik den dag van ons vertrek met eene zekere vreugde aankomen, want na gedurende eenigen tijd Frankrijk, mijn tweede vaderland, verlaten te hebben, krijg ik het heimwee.

Als het maar blijft voortduren, want in de velden van de Beauce vooral, verrichten de landbouwwerktuigen meer en meer het werk der menschen.

— Willen wij een glas bier drinken?

— Ik ben tevreden. Indien gij wilt, zullen wij hiernaast gaan bij mijn eigenaar. Hij houdt zich met de bijenteelt bezig. Op den koer zult gij talrijke korven zien. Het is een dweepzieke klerikaal, maar hij heeft een zoon aan wien ik, sedert dezen winter, alle dagen het blad *Vooruit* geef, dat hij gretig leest. Ik geloof dat hij al van de onzen is. Men mag nooit de propaganda vergeten, niet waar?

Terwijl wij ons in de herberg bevonden, traden drie werklieden in zondagkleederen binnen. Zij bestelden borrels jenever. Zij zagen er reeds bedronken uit, spraken luide, en twistten een weinig. De *baezin* beschouwde ze veeleer met eene medelijdende welwillendheid.

— Och, Mijnheer! zegde zij, zij zijn niet kwaad. Maar wat wilt gij, morgen vertrekken zij naar

Frankrijk, en het is altijd lastig, niet waar, vrouw en kinderen gedurende zes maanden te moeten verlaten. De ongelukkigen bedwelmen zich.

— En denken, sprak mijn gezel onder het weggaan, dat de pastoors gedurende verscheidene jaren, in hunne kerken, aan de socialisten verweten het familieleven te vernietigen! Ons familieleven is toch zoo overheerlijk! Bij ons hebben deze preeken nooit veel bijval gehad.

De weekbiljetten

De werklieden van den Vlaamschen buiten zijn sterk aan den geboortegrond gehecht. Men heeft er mij op verschillende plaatsen aangeduid van 45, 50, 60 jaren oud, die nooit hun dorp hebben verlaten, en wier onwetendheid zoo groot is, dat zij voorzeker minstens eene eeuw ten achter zijn op de stedelingen. Noch de crisis der vlasnijverheid, noch de werkeloosheid, noch de lage loonen, noch de ellende zijn er in gelukt, ze uit hun huis te jagen. Zij verkiezen te sterven op hunne akkers, naast hunne getouwen die er niet meer in gelukken ze te voeden, liever dan elders het brood te gaan zoeken dat hun door het moederland geweigerd wordt. Zij zijn vijandig aan alle nieuwigheden.

Toen het mekanieke getouw en het werktuiglijk spinnen hunne nijverheid in omwenteling brachten, zijn zij stijfhoofdig voortgegaan met de hand te fabriceeren, hebben zij tegen de werktuigen willen strijden, en zich onderworpen aan de hardste werkvoorwaarden. Hierin werden zij aangemoedigd door hunne priesters, en door de katholieke burgerij van

Vlaanderen. Er zijn nog steeds ongelukkigen die strijden; en indien het handweven en het huiswerk nog weerstaan, dan is het dank aan de weekloonen van acht en negen franken, en aan de 14 en 15 uren werken daags, tot dewelke de wevers zich veroordeelen. Het zijn gelaten werklieden, gewoontevolgers, wier geest van initiatief gedood en wier wil gebroken werd. Wee den volkeren die zich door het klerikalisme laten beheerschen!

In eene belangrijke studie over den uittocht der buitenlieden, door Emiel Vandervelde aan het Nationaal Landbouwcongres te Namen, op 7 Juli 1901 aangeboden, vind ik volgende zinsnede: « Om de landlieden van den grond los te krijgen, is er eene omwenteling, of liever eene reeks sociale omwentelingen noodig. Achtereenvolgens moeten al de banden, die ze aan het land hechten, losgescheurd worden. »

En welke zijn deze omwentelingen? Het afschaffen der gemeentegoederen, het verdwijnen of het verval der oude nijverheden van den buiten, den vooruitgang van het machienwezen.

E. Vandervelde zegt verder, dat bij den invloed dezer factoren, de werking van vele andere politieke, economische en zedelijke factoren zich komt voegen : « Slechte toestand der werkerswoningen, onmogelijkheid een huisgezin te stichten, daar geen stuk grond aan behoorlijken prijs kan gevonden worden, eentonigheid van het buitenleven vergeleken bij den luister — hoe gekunsteld ook — van het leven der stad, steeds grooter gemak in de gemeenschapsmiddelen, aantrekkelijkheid der hoogere loonen, enz. »

Onze Vlaamsche werklieden, die nochtans zoo gaarne op de zelfde plaats gevestigd blijven, zijn dus in groot getal beginnen uitwijken. Hun instinkt van behoud en de krachtdadigheid van het ras hebben de klerikale bedwelming overwonnen. De eenen werken in de fabrieken en nijverheidsgestichten, in de koolmijnen van het Centrum, van Charleroi en van het land van Luik; anderen overschrijden iederen dag of iedere week de grens, om zich naar de fabrieksteden van het Noorden van Frankrijk te begeven; anderen nog gaan ieder jaar, gewoonlijk van Maart tot October, in de Fransche velden om den oogst te doen, de beetwortelen in te zamelen, of in de suikerfabrieken of steenbakkerijen te arbeiden.

En nochtans, iedere maal het mogelijk is, keeren zij naar hun dorp weder. Jaarlijks, op het tijdstip der kermis, komen de oude wevers van Zele, die zich te Luik of in de provincie Henegouwen vestigden, regelmatig de ellendige woningen hunner gemeente terugzien, en dan is het eene braspartij die acht dagen duurt.

De uitwijking der werklieden heeft vooral eene groote uitbreiding genomen sedert 1870. In dit jaar werden de werkersabonnementen op den ijzerenweg ingesteld. Deze biljetten worden zeer goedkoop afgeleverd. De werkman betaalt zijn weekbiljet tegen 2 fr. 25 per 50 kilometers, terwijl de gewone reizigers een enkel heen- en weerbiljet voor den zelfden doorloop, 3 fr. 05 moeten betalen. De bevolking der werkerstreinen vergroot dan ook met eene snelheid, die niet nalaat onze klerikale behouders sterk te verontrusten.

Ziehier, volgens het Beheer van Staatsspoorwegen, de lijst der weekabonnementen, van 1870 tot op 31ᵉ December 1900 afgeleverd.

JAREN	GETAL BILJETTEN
1870	14,223
1875	193,675
1880	355,556
1885	667,522
1890	1,188,415
1895	1,759,025
1900	4,590,000

E. Vandervelde maakt op deze cijfers volgende berekening in het verslag waarvan wij hooger spraken : « In de veronderstelling dat de werklieden van den buiten, die uit huis werken, gemiddeld gedurende de twee derden van het jaar gebezigd worden, en bijgevolg 30 tot 35 weekbiljetten nemen, dan zijn er ongeveer — zonder de buurtspoorwegen en de spoorwegen van bijzondere maatschappijen mede te rekenen — 130 tot 150,000 arbeiders, het krachtdadigste element van het proletariaat der dorpen, die dagelijks hunne gemeente verlaten, om in de mijnen, in de fabrieken of op de werven te arbeiden ! »

Welke zijn, onder politiek oogpunt, de gevolgen dezer gemeenschap der werklieden van den Vlaamschen buiten, met de socialistische bevolking der steden en der nijverheidsstreken van het Walenland? Zij zijn niet moeilijk te raden : de uitwijkende werklieden ontsnappen aan den invloed der pastoors en der kasteelheeren van het dorp; traag maar zeker wordt hun geest overwonnen door de socialistische gedachten, waarvan zij soms de onvrijwillige verspreiders worden in Vlaanderen. Om zich hiervan te overtuigen, is het voldoende gedurende een kiesstrijd, of zelfs in gewone tijden, met de werkliedentreinen te reizen, zooals ik menigmaal deed.

Men hoort er slechts over politiek en over werkvoorwaarden spreken. De klerikalen weten het zeer goed. Eens hoorde ik Emiel Vandervelde, M. Vandenpeereboom in de Kamer spottend gelukwenschen, de ijverigste propagandist van het socialisme in België te zijn. De toenmalige minister van ijzeren wegen, alhoewel hij slechts weinig gevleid scheen door dezen lof, dacht er zelfs niet aan te beweren dat hij niet verdiend was. Ook heeft het mij geenszins verwonderd, in de dagbladen te lezen dat M. Delvaux, klerikaal senator van Bastogne, op het landbouwcongres van Namen, de afschaffing der weekabonnementen gevraagd had. Moest men aan dezen landjonker gehoor leenen, er zou — het is onbetwistbaar — veel meer ellende zijn op den buiten. Maar wat kan het den braven man schelen? De landbouwers moeten op hunne dorpen blijven, en verplicht worden voor 90 centiemen en voor 1 frank per dag, het werk te doen van hunnen eigenaar. De middeleeuwen hadden toch hunne goede zijde : zij bonden de lijfeigenen aan het land. Het is niet noodig dat de buiten, deze laatste verschansing van het klerikalisme, aan den invloed der Kerk ontsnapt en de prooi van het socialisme wordt.

O ! indien de klerikale regeerders dorsten ! Maar het economische noodlot is sterker dan de wet der menschen, hoe machtig zij ook weze. Dit noodlot blaast in onze zeilen, en drijft ons naar gelukkiger oevers.

De Heilig Bloedprocessie

Verleden maandag heb ik mij naar Brugge begeven, om de Heilig Bloedprocessie te zien. Ik ben er niet gegaan om het verleden te herleven of kunstindrukken te zoeken, zooals vele andere ongeloovigen, maar om eene der grootste godsdienstige uitingen van Vlaanderen bij te wonen. Berragan had mij wel willen vergezellen.

Het regende. Sombere wolken dreven over de droefgeestige stad. Aan de gevels der huizen hingen de overgroote driekleurige vlaggen in deerlijken toestand. Maar de straten werden buitengewoon levendig gemaakt door het heen en weer loopen eener menigte, die uit alle hoeken van Vlaanderen gekomen was. Volgens de klerikale dagbladen, waren dien dag zestig duizend vreemdelingen in de stad.

De buitenlieden van West-Vlaanderen zijn er het talrijkst. De mannen plassen lomp in de modder; de vrouwen met opgenomen rokken, de hoeden versierd met vreemdsoortige bloemen en vruchten, lezen rozenhoedjes of prevelen gebeden. In omgekeerde richting doorloopen zij den weg, die straks door de processie zal gevolgd worden. Het schijnt dat deze oefening zeer welgevallig is aan den God der katholieken. Er zijn Christenen die de godheid op eene zeer belachelijke en treurige wijze opvatten.

Wij treden de hoofdkerk binnen. Zij is met eene luidruchtige en veeleer afgetrokkene menigte gevuld. De doorgangen, tusschen de stoelen vrij gelaten, zijn opgepropt met lieden die verbaasd de schilderijen, de heiligenbeelden en het zonderlinge kladwerk bezien, waaronder zeer schoone steenen verborgen zitten.

Aan het altaar doet de bisschop van Brugge den kerkdienst. Aan zijne zijden bevinden zich vier gendarmen, in eene stijve militaire houding, met de bajonet op het geweer. Is het een zinnebeeld, en heeft men willen beduiden dat de godsdienst, dien Christus, zijn stichter, slechts door overreding en zachtheid wilde verspreiden, nu de brutale macht noodig heeft om zijn rijk staande te houden ?

— Ziet eens, zegt Berragan, de voeten van Christus zijn niet gekruist, en een der voeten schijnt gedraaid.

— Ziehier, heeren, de verklaring dezer zonderlingheid, sprak een oude priester die zich naast ons bevond en de opmerking gehoord had. Vroeger waren de voeten van het beeld gekruist. De geloovigen kwamen hier gelooftegiften hangen, die soms groote waarde hadden. Op een nacht waren dieven de kerk binnengedrongen. Zij dachten zich meester te maken der kostbare voorwerpen die er zich bevonden, maar op het oogenblik dat zij hunne heiligschennis wilden begaan, kwamen de genagelde voeten van den Heiland in beweging, en maakten zich van elkander los. De dieven namen zeer verschrikt de vlucht. Sedert dien tijd is de rechtervoet in de houding gebleven die gij bestadigd hebt !

Ik begon te lachen. Maar de oude priester, die er een braaf man uitzag, had met zooveel overtuiging gesproken, dat zijn eenvoud mij ontwapende. Wat er ook van weze, Jezus verlagen tot een gendarm,

FRANSCHMAN

gelast de dieven te verschrikken, is vernederend voor een zoon Gods !

Wij verlieten de kerk, en gingen over de vischmarkt. De kroegen der plaats waren propvol. Het bier, zoowel als de jenever, vloeiden bij beken. In het grootste getal dezer herbergen had men inderhaast danspartijen bereid. Als orkest vond men er een accordeonspeler, en de koppels, dicht ineengestrengeld, zeer rood, draaiden met min of meer bevalligheid door de donkere, kleine zalen.

Het regende steeds voort. Zou de processie uitgaan? Men verzekert ons dat het weder het niet zal toelaten; verveeld en teleurgesteld wandelen wij door de straten, en vinden niets om ons te verstrooien, dan den aanblik der verschrikkelijke tooneelen, door naïeve kunstenaars op de doeken der foorekramen van de Groote Markt geschilderd, of de wanluidende arias, door hatelijke draaiorgels gespeeld. Op de planken eener barak is een aanplakbrief in wit lijnwaad vastgehecht; het bericht draagt in zwarte letters : « Laatste nieuws ! Hier ziet men vader Brière zijne vijf kinderen vermoorden. » Als Brière nu ten minste maar plichtig is; zooniet, welke teleurstelling voor de brave bedevaarders !

Rond kwart na elf uur, begint de lucht wat op te helderen. Wij krijgen hoop, zooveel te meer dat de graaf en de gravin van Vlaanderen ook in Brugge zijn, en de geestelijkheid het onmogelijke zal trachten om aan zulke verheven personen eene nuttelooze reis te besparen.

Eensklaps komt de menigte in hevige beweging : de processie is uitgegaan. Daar trekt zij over de straat. Wij loopen er naartoe.

Het is aan den ingang der Burchtplaats, onder de schoone boomen der Breydelstraat, dat wij den stoet zagen. Op de plaats, naast de kapel van het Heilig Bloed en tegen het stadhuis, was een rustaltaar van gothischen vorm opgetrokken; daar tegenover, aan eene der deuren van het provinciaal hotel, bevond zich een verhoog, met een verhemelte bekroond, en geheel met rood fluweel bedekt. Het is van daar dat de graaf van Vlaanderen, met zijne doffe oogen die niet schijnen te zien, het heerlijke schouwspel volgt dat zich op de plaats ontrolt.

Men kent de legende van het Heilig Bloed. De discipels, die Christus ten grave brachten, zouden het bloed, dat zijn lichaam bedekte, opgevangen hebben, om het te bewaren. Diderik van den Elzas, de graaf van Vlaanderen, ontving van den patriarch en van den koning van Jeruzalem een weinig van dit gestold bloed, als belooning voor het schitterend deel dat hij aan den tweeden kruistocht had genomen. Diderik van den Elzas keerde in 1149 naar Brugge terug, en schonk de relikwie aan de stad. Men beweert dat het Heilig Bloed nog bewaard wordt in het fleschje, waarin het door den patriarch neergelegd werd. Alle vrijdagen begon het Heilig Bloed te koken, en werd weer vloeibaar, maar het schijnt dat het mirakel rond het jaar 1325 ophield. Gelukkiglijk, want tegenwoordig zijn er te veel ongeloovigen, die het zouden willen zien! Nochtans zijn de eenvoudige landlieden van West Vlaanderen nog steeds overtuigd, dat het mirakel zich jaarlijks vernieuwt op Goeden Vrijdag.

De stoet bestaat uit drie deelen.

Het eerste bevat de groepen, die de levens

geschiedenis der beschermheiligen der verschillige kerken der stad voorstellen. Het is zonder belang, en gelijkt wonderwel aan vele reeds geziene ommegangen.

Daarop volgt onmiddelijk het geschiedkundig gedeelte. Vooraan bemerkt men Diederik van den Elzas, die te paard zijne zegepralende intrede doet te Brugge. Hij is vergezeld van zijne vrouw, Sybilla van Anjou, van zijn zoon Philips, van hofdames, pages, wapendragers, en van de gilden der stad. Andere groepen te paard volgen, het bezoek aan het Heilig Bloed voorstellende van Maria van Burgondië, van Maximiliaan van Oostenrijk, van Margaretha van York, der aartshertogen Aalbrecht en Isabella. De rollen van al deze personen worden met een gekunstelden ernst gespeeld door jongelingen en jonge meisjes der burgerij en van den ouden, Vlaamschen adel. Men zegt ons dat de kostumen het eigendom zijn der rijke familiën der stad, die ieder, voor een deel, aan de inrichting van dezen prachtigen stoet medehelpen.

Welk genot voor de oogen, het voorbijtrekken dezer rijke kleederen, met schitterende kleuren, dezer vreemdsoortige rijksstandaarden, dezer glinsterende wapenrustingen! Het is eene wonderbare herleving van den leenroerigen adel der middeleeuwen, die zijn trotschen rijkdom ten toon spreidt.

Maar de laten ontbreken... de lijfeigenen, die den zandigen en onvruchtbaren grond van Vlaanderen ontgonnen, en door eeuwenlangen arbeid van deze arme streek den prachtigen hof maakten waarin zij nu herschapen is, de laten die door den leendienst, de schatting en de tienden de luiheid der monnikken en de pracht der kasteelheeren onderhielden.

Maar de afstammelingen dezer dienstbaren leven nog altijd, bijna zoo ellendig als hunne voorouders. Hunne meesters zijn een weinig van naam veranderd, maar hun toestand is de zelfde gebleven. Zij bewonderen de wambuizen der heeren, de koninklijke mantels en de lange sluiers der damen die op prachtige hakkeneien gezeten zijn. Eeuwen geschiedenis trekken hunne verblinde onwetendheid voorbij, zonder dat een schemerlicht in hunnen geest ontvlamt. Met moeite werpen zij een blik op de nederige poorters, die ook voor hunne onverschilligheid defileeren. Misschien hoorden zij eens over Jan Breydel, over Pieter De Coninck, over Van Artevelde spreken, maar hunne priesters leerden dat de heuglijke strijden, door deze namen herinnerd, rasoorlogen waren tusschen Vlamingen en Franschen. Zij weten niet dat de Vlaamsche kasteelheeren in de rangen van den Franschen adel streden, hunne vaders bevochten, en dat de poorters der Fransche gemeenten vreugdevuren ontstaken, bij het vernemen der nederlaag van den Franschen adel in de meerschen van Kortrijk.

En daar, op het verhoog, bewondert Philips van Saxen-Coburg ook de processie. Wellicht denkt hij bij zich zelf, dat de graven van Vlaanderen van weleer er statig uitzagen. Wel is waar, was hunne rijke luiheid, evenals de zijne, de vrucht van de ellende des volks; wel is waar waren zij even vreemd aan de behoeften van het volk als hij; wel is waar kenden zij de volkstaal niet, evenals hij altijd; maar zij vochten toch nog van tijd tot tijd voor het verdedigen hunner voorrechten. Diepe val! de tegenwoordige graven van Vlaanderen zijn wijnhandelaars!

Ziehier het laatste deel van den stoet; het bestaat uit groepen die de personen en de gebeurtenissen uit den Bijbel voorstellen. Welke tegenstelling met de edelgesteenten, de kleuren en het goud van zoo even! Hier ademt alles ellende en droefheid.

Wij zien vooreerst de aartsvaders en de profeten, met hunne wijde kleeren en hunne lange, grijze baarden; zij verkondigen den Messias. Dan stelt een wagen de geboorte van Christus in den stal van Betlehem voor. Een jongeling en een jong meisje, die een kind dragen, verbeelden de voorstelling van Jezus in den tempel van Jerusalem. In den volgenden groep is Jezus door de wetsdoktoren omgeven. Hij redetwist met hen. De doktoren antwoorden naar een tekst, op perkament geschreven. Jezus spreekt voor de vuist. Wat kostelijke schimp op den tegenwoordigen godsdienst! Houden onze priesters zich ook niet aan de teksten, formulen en kerkgebruiken van het Christendom? Maar de geest der leer van Christus is hun ontsnapt.

Jezus, op een kleinen ezel gezeten, doet zijne plechtige intrede te Jerusalem. Mannen en vrouwen uit het volk waaien met olijftakken, en zingen *Hosannah!* Maar deze vreugdezangen geven een indruk van onbeschrijflijke droefheid.

Mannen dragen een beeld, den *Ecce Homo*, den naakten Jezus die gegeeseld wordt. Veronica draagt den doek met het afbeeldsel van het lijdend aangezicht van den Heiland.

Een man gaat moeilijk voorwaarts; hij draagt een lang en zwaar kruis. Het is Jezus die den Calvarieberg beklimt. Hij is omgeven door Romeinsche soldaten. Hij wankelt, hij gaat onder zijnen last bezwijken. De man is groot en sterk. Zijn blik is hard. Het is het zachte en verlichte aangezicht van Christus niet. Maar hij speelt zijne rol met eene treffende overtuiging en waarheid. Al zijne trekken drukken een aangrijpend lijden uit. En het schijnt mij het proletariaat te zien, dat bezwijkt onder het zware kruis der eeuwenlange onrechtvaardigheden, en den Calvarieberg bestijgt met de hoop der nakende verlossing.

Ik zie monnikken, bisschoppen, goud, edelgesteenten, satijn, fluweel : den rijkdom, den triomf, den hoogmoed der huidige geestelijkheid, na den stal van Betlehem en het kruis van den Calvarieberg. En ik zeg tot mij zelven : « Zoolang zij de meesters blijven, zal de menschheid vruchteloos de beloofde opstanding wachten ! »

Al de groepen zijn nu op de Burchtplaats, rond het altaar bijeengeschikt. De muzieken spelen, de trommels slaan den veldmarsch. De officieren roepen : « *Portez armes !* » De bisschop verheft de relikwie van het Heilig Bloed, en de massa buigt zich ter aarde voor de verschrikkelijke macht der Kerk.

De kleine statie van Brugge was dien avond met eene onafzienbare en luidruchtige menigte opgepropt. Twaalf bijzondere treinen waren ingericht. Bij de aankomst van ieder dezer treinen was het een stooten en een twisten, hoorde men kreten, scheldwoorden en vloeken. De godvruchtige boeren, die 's morgens gebeden prevelden en een ernstig gezicht trokken, waren afschuwelijke en brutale kerels geworden die vochten, vrouwen ruw behandelden en kinderen omwierpen om het eerst in de rijtuigen te kunnen treden. O ! wat wilden !

In de afdeeling waar het mij gelukte eene plaats te bemachtigen, bevonden zich vijf vrouwen. Zij zongen grofheden uit café-concerts, en vermaakten zich met onkuische gesprekken. Een harer werd ongesteld, bukte zich uit het venster en ontlastte hare maag van den overtolligen jenever, gedurende den dag gedronken. Hare gezellinnen hadden nog nooit zooveel pret gehad. « *Ze heeft te veel van het Minnewater gedronken* » zegden zij al lachende. Het Minnewater is een der schoone grachten van Brugge.

Walgelijk schouwspel, maar hoe leerrijk! Onder zedelijk oogpunt, verschillen de brutale kerels, die onze propagandisten van den buiten half dood slaan, die zich bedrinken in den jenever en op de kermisdagen met messen spelen, zeer weinig van hunne voorouders die de eerste apostels van het Christendom in Vlaanderen martelden. Zij hebben een anderen God, maar hunne zeden zijn in niets veranderd!

Men heeft durven spreken over het bankroet der wetenschap, der vrijmakende wetenschap. Het bankroet der Kerk is zichtbaarder en meer klaarblijkelijk, vooral hier in Arm Vlaanderen. Eene leer die zich vergenoegt de zedelijke hervorming der Menschheid te prediken, terwijl zij de sociale klassen laat bestaan, en de schreeuwende ongelijkheden van stand aanvaardt, kan slechts een regiem zijn van onrechtvaardigheid, roof, ellende, en onwetendheid voortbrengen.

En de zedelijke hervorming, opperste doel van haar streven, is veroordeeld tot de treurigste nederlaag.

Te Moescroen

Hij had waarlijk gelijk, de Kortrijksche socialist die mij zegde : « Boven Kortrijk verhoogen de loonen, hoe dichter men bij Frankrijk komt; zij verminderen beneden de stad, hoe verder men in het klerikale Vlaanderen dringt! »

Men zou bijna hetzelfde mogen zeggen over het socialisme, dat zich snel ontwikkelt daar waar de loonen betrekkelijk hoog en de economische toestanden der werklieden betrekkelijk dragelijk zijn. Indien men eene kaart van België opmaakte, de streken waar de laagste loonen betaald worden in het zwart kleurde, en de tinten verhelderde voor de andere streken, naarmate de loonen stijgen, dan zou men bemerken dat de somberste kleuren overeenstemmen met de meest klerikale gedeelten, en de licht gekleurde deelen het grootst getal liberalen en socialisten tellen. Een of ander partijgenoot moet ons deze kaart, de beschuldigende kaart van het klerikalisme en van de ellende maken!

Nemen wij bijvoorbeeld Moescroen, eene grensgemeente. Het is eene ware stad, die 19000 inwoners telt en zich over eene oppervlakte van 1336 hectaren uitstrekt, terwijl Brussel slechts 893 hectaren groot is. Het loon der fabriekwerkers verschilt tusschen 16 en 18 franken, dat der fabriekwerksters tusschen 10 en 14 franken, hetgene veel is voor West-Vlaanderen. Wil men nu den invloed kennen, door de loonen en de nabijheid van Frankrijk op de inrichting der arbeiders en op den vooruitgang van het socialisme uitgeoefend?

Moescroen bezit : eene samenwerkende bakkerij

met 600 leden, die 5000 brooden bakt per week, een belangrijk Volkshuis dat weldra nog zal vergroot worden, eene werkersvereeniging met 275 leden, eene vereeniging van socialistische vrouwen met 25 leden, eene jonge wacht met 90 leden, eene bijstandskas met 250 leden, eene harmonie met 35 uitvoerders, een tooneelkring met 30 leden, eene gymnastiekmaatschappij met 50 leden, een studiekring met 10 leden, een vrijdenkersbond met 35 leden en een weverssyndikaat met 100 leden.

De bakkerij betaalt drie dagbladverkoopers die dagelijks verspreiden : 110 nummers van *Le Peuple*, 600 nummers van *L'Echo du Peuple,* 200 nummers van *Vooruit*. Daarbij verkoopen zij nog een weekblad, *Volksrecht*, en een maandblad, *Le Réveil.*

Moescroen is de meest socialistische gemeente van West-Vlaanderen, en de gezellen geven daar blijk van een streven, eene toewijding en eene opoffering, die tot voorbeeld zouden kunnen strekken aan de strijders van vele andere socialistische gemeenten, en zelfs aan die van enkele groote steden.

Dicht bij Moescroen, op den weg naar Doornijk, ligt Dottignies, klein dorp met 5000 inwoners, die zich voor een deel met den landbouw, voor een deel met de nijverheid bezig houden. Gezel Leruste, afgevaardigde der Kortrijksche federatie bij den Landelijken Raad, die mij al de voorgaande inlichtingen gaf, verzekert mij dat er in deze gemeente 80 p. h. ongeletterden zijn, en dat het alcoolisme er groote verwoestingen aanricht. In den winter winnen de hoeveknechten 70 en 80 centiemen, in den zomer 1 frank voor werkdagen van 14 en 15 uren. Deze arbeiders wonen niet in de gemeente. Zij komen gewoordlijk uit de Vlaamsche dorpen. De fabriekwerkers ontvangen 12 tot 15 franken per week, de vrouwen 6 tot 9 franken voor 12 uren arbeid.

Sedert dertig jaren hebben de klerikalen, zonder onderbreking, het gemeentebestuur van Dottignies in handen. Dit laatste feit verklaart het eerste, en omgekeerd.

En toch, niettegenstaande alles, begint het socialisme in dezen onvruchtbaren grond te kiemen. Dottignies telt drie groepen die bij de Werkliedenpartij aangesloten zijn, en er is spraak er eerstdaags een Volkshuis op te richten.

Terwijl wij ons naar Montaleux begaven, zegde ik tot Leruste :

— Voor de groepen die gij mij daar straks hebt opgesomd, heeft mij iets getroffen : uw studiekring heeft het kleinste getal leden. Waaraan is zulks gelegen ?

— Aan de te lange werkuren. In de fabrieken van Moescroen, die een duizendtal werklieden gebruiken, duurt de normale arbeidsdag elf of twaalf uren. Hij is even lang voor de werklieden die in Frankrijk arbeiden.

— Hoeveel zijn er?

— Te Moescroen wonen 2 tot 3000 werklieden die in de fabrieken van Roubaix en Tourcoing hun brood verdienen. Zij keeren alle dagen naar huis terug. Moescroen is een uur van Tourcoing verwijderd; van hier naar Roubaix is het anderhalf uur ver. Maakt nu de berekening : 11 of 12 uren in de fabriek, en 2 tot 3 uren gaans, want de weg wordt te voet afgelegd. Hoeveel tijd blijft er dan nog over voor de studie?

800 boeren van Dottignies arbeiden in Frankrijk; een vijftigtal keeren dagelijks terug. De vermindering der werkuren ware voor mij de belangrijkste hervorming, want gij hebt gelijk, de Belgische werklieden lezen niet genoeg.

— Ja, zij zouden veel meer moeten leeren. Geheel de toekomst van het socialisme ligt in de studie en in het werken. Te Gent alleen wordt deze waarheid goed begrepen, en daar lezen en leeren de partijgenooten, niettegenstaande de lange werkuren.

Wij waren op een heuvel geklommen. Voor ons lagen Roubaix en Tourcoing, de twee zustersteden, en de tallooze schouwen harer fabrieken verhieven zich ten hemel, gelijk het mastwoud eener haven.

Het Veurne-Ambacht

Door het venster van den trein die zeewaarts rolt, beschouw ik de uitgestrekte weilanden van het Veurne-Ambacht. Zoover het gezicht dragen kan, ziet men niets dan meerschen. De paarden en het talrijk vee die er verblijven, grazen de magere, gele kruiden, die door de zon van dezen brandenden en drogen zomer verzengd werden.

— Dit jaar zal de Diksmuidsche boter duur zijn, zegt Vandeweghe, die mij vergezelt. Gij ziet deze heerlijke weiden? voegt hij er bij. Eh wel, vele zijn het eigendom van vleeschhouwers, die er eene ontelbare hoeveelheid koeien en ossen vetten. Deze dieren komen met geheele treinen uit Frankrijk.

Van tijd tot tijd stoomen wij voorbij korenakkers, velden met rogge, met haver, met gerst, met aardappelen, met klaver; dan zijn het weer meerschen, met onverschillige koeien bevolkt; magere knotwilgen, hooge populieren die door den hevigen zeewind gekromd zijn, verheffen zich langs de grachten; kleine witte huizen, met groene blinden en roode dakpannen slapen rustig midden het onafzienbare plein.

Het is bekend dat het zeer rijk gedeelte van West-Vlaanderen, dat zich tusschen den Yzer, de Fransche grens en de Noordzee uitstrekt, den naam draagt van Veurne-Ambacht. De streek wordt in alle richtingen door talrijke kanalen gesneden, die ze droog maken. Deze kanalen vormen, met de ontelbare grachten door de landbouwers onderhouden, een uitgestrekt net van afdrijving, waarmede een land zonder glooiing op korten tijd tegen de overstrooming beschut en droog gemaakt wordt, alhoewel het lager gelegen is dan het hooge tij en de hooge wateren van den Yzer. Het onderhoud der kanalen, der dijken en der sluizen, is sedert onheuglijke tijden toevertrouwd aan eene groote vereeniging van eigenaars, die bekend is onder den naam van « Wateringhe van het Noorden van Veurne. »

Het Veurne-Ambacht is eenvoudig eene vlakte, van door de zee aangeslibde gronden. Sedert de historische tijden streed de mensch er tegen de overstroomingen der rivieren en van den oceaan, en tegen de moerassen. Eindelijk heeft hij overwonnen. Overal houden dijken de wateren tegen; de moerassen zijn opgedroogd, de moeraskoorts is verdwenen, en van deze zandige en onvruchtbare streek heeft de eeuwenlange arbeid van den Vlaamschen boer eene der vruchtbaarste en der meest voortbrengende landouwen van Europa gemaakt. Alleen aan den weerschijn der talrijke grachten in de weiden, aan de weerkaatsing der kanalen en der verspreide waterplassen, herkent men nog den moerassigen oorsprong van het Veurne-Ambacht.

Men vindt hier weinig boeren die eigenaars zijn van het veld dat zij bebouwen. De officieele statistieken — zij dagteekenen nog van 1880 — duiden voor West-Vlaanderen eene verhouding van 16 p. h. aan. Het land rijk geworden zijnde, werd door de groote grondeigenaars aan de landbouwers ontnomen. Het zijn nog slechts de rotsen der Ardennen en het zand der Kempen die zij niet begeeren.

Wij stappen af in eene kleine statie. Vandeweghe, die van de streek is en er nog talrijke betrekkingen bewaard heeft, zegt mij :

— Wij gaan de hoeve bezoeken van een ouden vriend, een katholiek gemeenteraadslid. Als gij het echter noodig acht in het blad mede te deelen wat hij u zeggen zal of wat gij zien zult, zou ik u verzoeken hem zoo weinig mogelijk aan te duiden, om hem geene moeilijkheden te berokkenen.

Deze vrees van met een socialist te spreken, of er zich ergens mede te wagen, heb ik overal ontmoet, in al de deelen van Vlaanderen die ik bezocht heb. Wanneer zal het ons gelukken de geesten vrij te maken van de zware verdrukking der priesters en der kasteelheeren?

Wij verlaten den steenweg en nemen een kleinen wegel, dwars door de velden. Wij openen eene deur en bevinden ons op den koer eener hoeve. Het is een uur na den middag. Alles is rustig, alles slaapt. Talrijke kiekens pikken op den mesthoop; een haan wandelt majestatisch en fier tusschen de hennen. Midden van den koer sluimert een kind in eene wieg.

De pachter komt tot ons. Zijne oogleden zijn nog gezwollen van den slaap. Wij verontschuldigen ons zijn middagdutje gestoord te hebben. O! dat is niets! En hij schijnt zichzelf te willen verontschuldigen. Wanneer men sedert 4 uren 's morgens werkt, gevoelt men de noodwendigheid, na het noenmaal een weinig te rusten, vooral als het zoo warm is.

De pachter is een man van 40 tot 45 jaren, lang en droog, den rug een weinig gebogen door den arbeid. Hij draagt een zijden klak en groote klompen. Wanneer hij verneemt dat wij sedert den morgen nog niets genuttigd hebben, doet hij ons door zijne vrouw een goede eierkoek bereiden. Intusschen leidt hij ons de hoeve rond.

Het is eene der uitgestrekste der streek. Zij is 34 hectaren groot. Wij gaan door den boomgaard, waar de boomen plooien onder het gewicht der vruchten, die dit jaar overvloedig zullen zijn, zegt de boer, dan door een korenakker, vervolgens door een vlasveld; de plant is echter niet goed opgeschoten gevolge der droogte. Onze pachter kweekt ook haver en beetwortels, en bezit eene zeer uitgestrekte weide. In den stal bevinden zich vier kloeke werkpaarden. Onder het bezoeken van het neerhof, zegt de pachter:

— Hier bevinden zich twee honderd zestig kiekens. Wij kweeken de kleinen, maar noch wij noch onze werklieden eten er van!

— Welk kapitaal is er noodig om eene hoeve van de uitgestrektheid der uwe te kunnen bebouwen?

— Ongeveer 25,000 franken.

Na het bezoek brengt de gastheer ons in de schoonste plaats zijner woning. Zij is van eene keu-

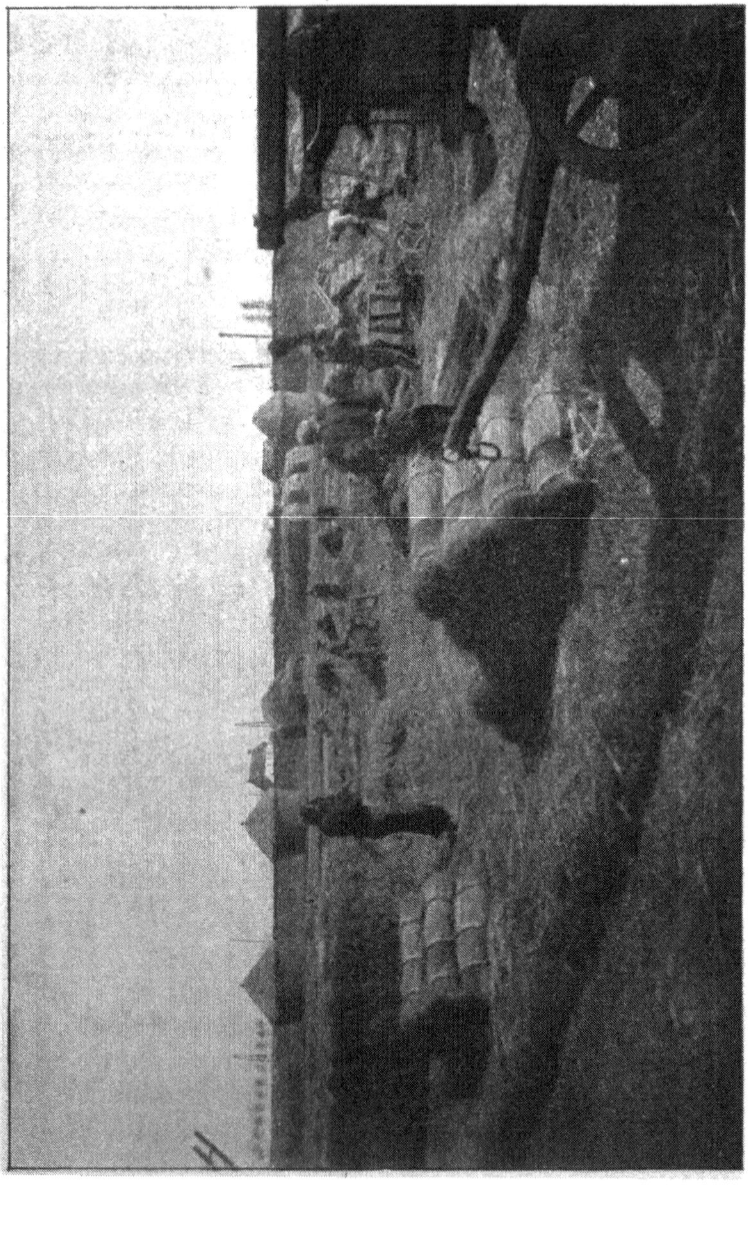

rige netheid. Wij zetten ons aan tafel en eten smakelijk. Na het maal, onder het drinken van de koffie, spreken wij over een en ander. De vrouw, bij het venster gezeten, stopt kousen. Zij heeft reeds zeven kinderen gehad, — een per jaar, zegt de pachter al lachende — en is nog frisch en gezond. Zij volgt zeer aandachtig onze samenspraak, maar neemt er geen deel aan. Ik spreek over de landbouwende werklieden.

— O! zegt de pachter, zij zijn zoo ongelukkig niet als de socialisten het wel willen beweren, hier ten minste niet.

— Zooveel te beter, want ik heb er in sommige streken van Vlaanderen ontmoet, die slechts 63 centiemen winnen. Voor geheel West-Vlaanderen, bereikt het gemiddeld loon de som niet van een frank.

— Het is mogelijk, maar hier is het anders. Er zijn arbeiders te kort. De landbouwerswerklieden doen zich de loonen betalen die zij willen. In den zomer winnen zij 5 tot 7 franken per dag.

— Gedurende de drie of vier weken dat de oogst duurt?

— Ja. Buiten den oogst bedraagt hun loon 2 fr. 50 daags, en gedurende den winter een frank met het voedsel. Daarbij bezitten zij een stukje grond, mogen zich van onze werktuigen bedienen, en het weldadigheidsbureel is zeer mild. Zelfs voor hooge loonen, heeft men moeite arbeiders te vinden. Zij zijn te dicht bij Frankrijk! De ongelukkigen zijn de werklieden niet maar wel de pachters die, niettegenstaande hun nijdig werken, er niet meer in gelukken nog genoeg te winnen om in hunne behoeften te voorzien.

Wij maken ons gereed om te vertrekken. Terwijl hij ons uitgeleide doet, vraag ik aan den pachter:

— Spreken de werklieden soms niet over socialisme?

— Nu en dan. Zij weten niet heel goed wat het is, maar zij zeggen dat de socialisten voor de arbeiders strijden. Zij hebben echter niemand om zich in te richten. Moest een man der streek ze besturen, zij zouden spoedig voor het socialisme gewonnen zijn; maar men zendt hen propagandisten uit Gent of uit andere steden, die niets van het landleven kennen, en nooit over den noodigen invloed zullen beschikken.

Wij verlaten onzen gastheer.

's Anderendaags sprak ik met een liberaal geneesheer over het bezoek van den vorigen dag.

— De inlichtingen die men u gegeven heeft zijn juist, zegde hij, behalve voor wat de loonen betreft, die men overdreven heeft. Gedurende den oogst winnen de landbouwende werklieden gemiddeld 4 franken daags. Gedurende het overige des jaars ongeveer 2 franken. De werksters hebben 1 frank, zonder het voedsel.

De pachters hebben veel moeite om aan werkvolk te geraken. Gedurende den oogst der beetwortels of van het vlas, nemen zij werklieden en werksters uit de zandstreken in dienst. Deze ploegen worden *gangs* genaamd. Zij worden bestuurd door een ploegbaas, die de mannen en vrouwen die onder zijne bevelen staan uitbuit, en ze zelfs mishandelt. Deze arbeiders zijn zeer ellendig. Zij zijn gewoon brutaal te leven, slapen ondereen in de schuren of overal waar zij plaats vinden. Zij zijn van eene beklagenswaardige zedelijkheid. Hunne kinderen gaan ter school niet. Zij worden aan hun zelven overgelaten, dwalen door de velden en stichten dikwerf brand. Ziedaar het gevolg van het vernietigen onzer openbare scholen en van het niet invoeren van het verplichtend onderwijs!

— Ja, dokter. En ziedaar ook wat er komt van zich nooit bezig te houden met de werkvoorwaarden en het stoffelijk leven van de werklieden van den buiten zoowel als van die der steden. Alles wordt betaald.

En ik herinnerde mij eene plaat, naar eene schilderij van Holbein. Zij stelde magere, ontspierde boeren voor, die een ploeg door het veld trekken. Zij droeg voor opschrift : Voor den arbeid geboren.

De visschers der Kust

Ik wilde mijne vluchtige reis door Vlaanderen niet eindigen, alvorens de visschers der kust bezocht te hebben.

Met Vandeweghe bevond ik mij te Adinkerke. Ons tweetal volgde den weg die door de duinen naar De Panne leidt. Werklieden waren er bezig de laatste riggels te leggen van een nieuwen buurtspoorweg, die 's anderendaags plechtig ingehuldigd werd.

De duinen zijn hier zeer hoog, en twee kilometers breed. Rechts van den weg zijn hier en daar villas in eene verrukkelijke fantasie gebouwd. Eenige zijn weelderig ingericht en gelijken veeleer aan kasteelen. De zandheuvels met hun eenvoudig tooisel van grijsgroen gras, fluweelen mos en kleurlooze distels, hebben eene zeldzame verleidingskracht. Het wild leeft er in overvloed.

Links, in de laagte, beschut tegen den wind, verbergen zich de huisjes der visschers. Zij zijn zeer net, zeer wit, met hunne groene blinden en hun roode dak.

Sedert onheuglijke tijden zijn de bewoners der duinen visschers van vader tot zoon. Behalve te Oostende en te Nieuwpoort, waar hunne kleedij aan die der tegenwoordige matrozen gelijkt, hebben zij bijna overal de uitrusting hunner voorouders bewaard : een dik rood hemd, en eene breede broek in waterlaarzen.

Hun werk is buitengewoon lastig. Zij zijn verplicht hunne booten op het zand te trekken en ze dan terug te steken om ze weder vlot te krijgen. In drie haven der kust : te Oostende, te Blankenberghe en te Nieuwpoort kunnen zij binnenvaren.

Op den Belgischen zeeoever worden vele verschillende vischsoorten gevangen; de eenen trekken slechts voorbij, gelijk de haring, de zalm en de sardijn; anderen leven steeds in onze wateren, zooals de tong, de schelvisch, de rog, de tarbot, de heilbot, de kabeljauw, de sprot. De garnaalvisscherij is eene bijzonderheid van De Panne.

De zeden der visschers, hunne levenswijze en hunne manier van werken, zijn sedert eeuwen niet veel veranderd. Hun godsdienst bestaat vooral in eenige bijgeloovige praktijken. Wanneer zij in zee steken dragen zij gewijde penningen, rozenkransen en... flesschen jenever mede. Van zoodra zij ontschepen, ziet men ze soms naar de gemeente Lombartzijde bij Nieuwpoort trekken. Daar wordt in de kerk eene Maagd vereerd, die de faam geniet tusschen te komen ten voordeele der zeelieden, die ze gedurende een onweder aanroepen. De meest aan gevaren blootgestelde personen, zijn ook in alle landen de meest godsdienstige. De kerken der steden, gewoonlijk verlaten, zijn propvol wanneer besmettelijke ziekten heerschen. De mensch beeft voor de blinde krachten der natuur die hij nog niet kon overwinnen. Zouden de godsdiensten hun oorsprong niet verschuldigd zijn aan de vrees voor de pijn en voor de dood?

De manier van visschen verschilt volgens de plaats en den aard van den visch. Maar de meest gebruikte wijze aan de kust, bestaat in het aanwenden van het zaknet of vischnet. Er is nog beter : te Coxyde bij De Panne, wordt de visch met paarden gevangen. De visschers, voorzien van netten met lange stelen, zetten zich schrijlings op paarden die niet verschrikken voor de schommelingen en voor het gerucht der golven; zij doen het dier zoo ver mogelijk in zee gaan, en visschen de garnaal met een sleepnet.

Niettegenstaande hunne haven, bezitten Nieuwpoort en Blankenberghe slechts kleine visscherssloepen. Het is enkel te Oostende dat men groote vaartuigen vindt, die voor de vischvangst in volle zee geschikt zijn. In Duitschland en in Engeland wordt deze nijverheid op groote schaal uitgeoefend door stoombooten. Ook zullen onze visschers moeten bezwijken voor de mededinging, indien onze nijverheid zich niet omwerkt tot eene kapitalistische nijverheid. Vroeger was zij zeer bloeiend, en in de middeleeuwen werden talrijke godsdienstige gebouwen opgetrokken met de tienden op den haring. Tegenwoordig is zij in verval, en sedert jaren komen de Fransche en Engelsche visschers hunne vangst afzetten in de mijnen van Oostende en van Blankenberghe.

De zeden onzer visschers zijn nog aan de meesten

onbekend. De vadsige menigte, die in den zomer door de bekoorlijkheden der Noordzee en door de weidsche vermaken onzer badsteden aangetrokken wordt, ziet de visschers nieuwsgierig voorbijtrekken in hunne eigenaardige kleedij. Enkelen denken met eene onbepaalde vrees aan de gevaren van het lastig bedrijf, wanneer, bij onweersnachten, de kleine sloepen als notendoppen dansen op de golven eener holle zee. De verbeelding verzadigt zich aan deze fantastische tafereelen, maar het belang voor de visschers gaat niet verder.

Waarom zou men zich met hen bezighouden? Sedert honderd geslachten leven zij afgezonderd, in kleine, lage huisjes, verborgen in de diepte der duinen, beschut tegen de koude en tegen den wind, en zij verlaten slechts hunne woningen om voedsel te vragen aan den oceaan, die daar, over den zandheuvel, zijne oneindigheid ontrolt. Nooit beklagen zij zich; nooit zijn zij in werkstaking gegaan. Men herinnert zich slechts een opstand die zij zich veroorloofd hebben, en dan nog waren het de visschers van Oostende die door hunne betrekkingen dichter bij de tegenwoordige matrozen en bij de nijverheidswerklieden komen, en voor een oogenblik hunne eeuwenoude gelatenheid dorsten ter zijde leggen.

Op zekeren dag dus, wilden de visschers van Oostende zich met geweld verzetten tegen het ontladen eener Engelsche sloep, die visch kwam verkoopen in de mijn der stad. Men mag niet vergeten dat het aan de Belgische visschers verboden is zich in het Nauw van Kales of in de Engelsche wateren te begeven, terwijl de Engelschen en de Franschen in de Belgische wateren mogen visschen. Het duurde niet lang. De burgerwacht kwam op de kaaien der haven, legde aan op de muitelingen en schoot, onder de kreten van afschuw der vrouwen en kinderen. Eenige visschers rolden op den bodem hunner vaartuigen, de eenen dood, de anderen gekwetst. 's Anderendaags verschenen medelijdende artikels in de dagbladen. En het was alles. De visschers moesten buigen. Zij staken weder in zee, om op hunne brooze vaartuigen de woede van den oceaan te trotseeren, die toch nog min verschrikkelijk is dan de onderdrukking der kapitalisten.

Zij werden weder zacht, gelaten en verduldig, evenals de andere visschers der kust, zonder nog een enkel gevoel van opstand tegen de tergende pracht der weelderige hotels van den zeedijk. Het zijn zulke goede Christenen! Leert hun godsdienst niet, een ellendig bestaan als eene gave Gods te aanvaarden? Ook heeft het Gouvernement er nooit aan gedacht ten voordeele der visschers wetten af te kondigen. Geene enkele der wetten, sedert 1887 gestemd, is op hen toepasselijk. Men mag hun loon stelen, zij mogen het slachtoffer zijn van werkongevallen, hunne sloep mag zinken, ze tot ellende doemend, de wet komt nooit tusschen. Wanneer zij oud geworden zijn, hebben zij zelfs geen recht op het armzalig pensioen van 65 franken!

Welke les voor de arbeiders! Het katholiek Gouvernement zegt: « Wanneer gij u verzet, wanneer gij in werkstaking gaat, wanneer gij u inricht, wanneer gij machtig wordt, zal ik u vreezen en wetten maken ten uwen voordeele. Wanneer gij echter zeer braaf zijt, wanneer gij getrouw de raadgevingen der priesters volgt, wanneer gij u lijdzaam onderwerpt aan de eischen der patroons, wanneer gij zwak en verdeeld blijft, dan laat ik u over aan al de wisselvalligheden, aan al de ellenden, aan de onzekerheid van het leven der werklieden. Kiest! »

Wij bevinden ons op het dorp De Panne. De zon gaat in de zee verdwijnen. Hare stralen vergulden de golven, die schitteren als gloeiend metaal. De hemel en het water vertoonen wonderbaar geschakeerde tinten, die tot in het oneindige verschillen. Het schouwspel is grootsch en stemt tot rusten.

Sloepen liggen achteloos op het zand gestrand. Zij zijn zeer klein. Het zijn de kleinste visschersbooten der kust.

Eene bark nadert. Drie mannen verlaten ze, en maken ze met een grooten kabel aan het zand vast. Zij bevinden zich tot aan de borst in het water; het werk is lastig en vordert traag. Eindelijk is het vaartuig gestrand. Men ontscheept de visch in hooge manden. Eene vrouw en twee jonge meisjes, die hier tijdelijk verblijven, houden een oude visscher staan, en vragen den visch te zien. De man zet zijne mand neder en spreidt zijne waar ten toon. De vrouw dingt af. De man tiert, vloekt gelijk een voerman, maar eindigt toch den aangeboden prijs te aanvaarden. Onder het loslaten van herhaalde *godverdom,* tast hij in zijn broekzak, om op vijf franken terug te geven; met eenige geldstukken haalt hij een rozenkrans te voorschijn, die op het zand valt.....

Intusschen heeft een jonge visscher van een vijftiental jaren zich rustig ontkleed, en zich ontdaan van zijne doornatte broek; daarna komt hij, onbewust schaamteloos, met naakte beenen naast de vrouw staan, om alles van dichter bij te kunnen volgen. En daar wij allen beginnen te lachen, beziet hij ons zeer verwonderd, zonder ons te begrijpen.

Vandeweghe en ik, wij richten ons naar het gestrande schip en klauteren er in. Het is weinig langer dan tien meters, en drie meters en half breed. In een der hoeken is eene plaats behouden, waar de visschers op stroozakken rusten. Er is hoogstens ruimte voor vier mannen, maar gedurende de haringvangst slapen zij er soms met tien. Ik vraag aan den visscher welke de gemiddelde waarde eener visscherssloep is.

— Zes duizend franken, antwoordt hij mij. De boot kost drie duizend franken, maar vergt drie duizend franken onderhoud. Hij kan gedurende 15 jaren dienst doen. Hadden wij eene toevluchtshaven, hij zou dubbel lang kunnen duren. Wanneer het nu slecht weder is, wordt onze bark dikwerf op de kust teruggeworpen. Iedere maal zijn het averijen, wier herstelling soms veel geld kost. Bij gebrek aan toevluchtshaven, verliezen wij voorzeker twee honderd franken per jaar.

— Hoeveel schepen zijn er op De Panne?

— Een honderdtal.... Wanneer de boot op het zand geworpen is, kost het ons eene ongelooflijke moeite hem weder vlot te krijgen. Het is ten gevolge van dit werk dat de visschers de breuken hebben, waaraan 50 p. h. lijden. Daarbij moet men tot aan de borst in het water staan. Ja, de zee is hard voor hen die er moeten van leven. Bij ons zult gij niet veel grijsaards vinden.

— Welke soort visch vangt gij?

— De tong, de bot, de rog, de kabeljauw, de schelvisch, de wijting, enz. Van October tot December houden wij ons vooral met het visschen van haring en sardijn bezig. Maar voor De Panne is de bijzonderste nijverheid de garnaalvisscherij. Men verkoopt jaarlijks voor meer dan 200,000 franken dezer schaaldieren. Wij voorzien vooral de Parijsche markt.

— Welk is uw deel dezer 200,000 franken?

— Het grootste deel gaat bij de tusschenpersonen, die spoedig rijk zijn. Al de visschers van De Panne verkoopen hunne garnalen aan twee handelaars, die ons betalen wat hun goeddunkt. Wat wilt gij dat wij met onze koopwaar doen, indien zij ze weigeren? Iederen vrijdag worden wij betaald, eene week na de levering. De telegrammen die uit Parijs naar hier gezonden worden, zijn in cijferschrift. Wij weten niet aan welken prijs onze vangst op de Parijsche markt verkocht werd.

Onze garnalen worden gezift door eene teems, waarvan de openingen 8 millimeters diameter hebben. Hetgene er door valt — het zijn al de garnalen die niet zoo dik zijn als de pink — wordt als afval beschouwd. Deze afval wordt ons niet betaald, maar toch door de handelaars behouden. Voor ons eigen gezin kunnen wij zelfs geene twee of drie kilogrammen der vangst nemen.

— En is de afval belangrijk?

— 30 kilogrammen op 100! Dit jaar is de haringvangst zeer overvloedig geweest. Wat de sardijnen betreft, wij vangen er soms zooveel, dat wij verplicht zijn ze aan de pachters te verkoopen als landvette, tegen 50 centiemen de 50 kilogrammen!

— Hoeveel dagen blijft gij in zee?

— Wij vertrekken den maandag, om den zaterdag

terug te keeren. Wanneer wij onze waar willen verkoopen, loopen wij eene haven binnen: te Duinkerken, te Nieuwpoort, te Oostende, te Blankenberghe of te Vlissingen. Wij nemen brood, boter, en ook soms vleesch mede, voor eene geheele week. Gewoonlijk eten wij visch.

— Zijn er hier IJslandsche visschers?

— Jawel, een twintigtal visschers van De Panne trekken ieder jaar, van Maart tot September, op de kabeljauwvangst. Zij moeten eene zekere som betalen om zich te kunnen inschepen, en soms hebben zij niet genoeg gewonnen om het geleende geld terug te geven. Wanneer de vangst goed is kunnen zij tot 600 franken winnen.

— En hoeveel winnen wekelijks de visschers der kust?

— Dat verschilt zeer veel. Voor iedere sloep zijn er gewoonlijk vier visschers en een helper, jongeling van 14 of 15 jaren oud. Wij hebben weken, dat wij 150 en 180 franken te verdeelen hebben; andere weken brengen slechts 30 tot 40 franken op. Van deze som moet genomen worden : 1/5 voor de aflossing en het onderhoud van den boot, 4 of 5 franken aan den eigenaar te betalen voor beheerkosten, herstellingen, olie, teer, enz. Ik zou geen gemiddeld cijfer kunnen vaststellen. Het moet verschillen tusschen 10 en 20 franken per week.

— Zijn de visschers geleerd?

— Enkelen. Op honderd zijn er voorzeker vijftig, die lezen noch schrijven kunnen.

— En wat lezen de geleerde visschers?

— Romans van Conscience, die zij dikwerf aan boord medenemen. In dit hotel is er eene bibliotheek, die door de liberalen bijzonder voor hen werd ingericht. Deze boekerij wordt nog al druk bezocht.

— Voor wie stemmen de visschers op de kiezingen?

— Voor de kandidaten die door den pastoor worden aangeduid.

— Houden zij zich niet met politiek bezig?

— O neen! de politiek is voor de rijke en geleerde personen!

— Gij zijt nochtans ook kiezers. Weet gij ten gevolge welker gebeurtenissen het kiesrecht aan de werklieden werd toegekend?

— Neen.

— Hoe! gij weet niet dat werkstakingen, geweldige betoogingen, eene revolutionnaire beweging, in 1893 tot het meervoudig stemrecht geleid hebben?

— Neen, nooit heb ik hiervan hooren spreken.

Vandeweghe en ik, wij aanzagen elkander, verstomd. Later nam ik inlichtingen op het dorp, en ik verkreeg de overtuiging dat de gebeurtenissen van 1893 inderdaad volledig onbekend zijn aan de visschers van De Panne. Welke verschrikkelijke onwetendheid, daar waar de klerikalen als onbetwiste meesters regeeren!

Wij namen afscheid van den visscher en gingen de kleine huisjes bezoeken die in de duinen gebouwd zijn. Het dorp telt ongeveer 800 visschers op eene bevolking van 1800 inwoners.

Wij traden eene herberg binnen; zij was vol verbruikers, die rustig koutten onder het rooken hunner pijp. De herbergier, ook barbier, was bezig met scheren. Boven de toonbank hing eene prent, waarop een groot oog geschilderd was; daaronder de leus : « *God ziet u. — Hier vloekt men niet.* »

Op mijne omreis door Vlaanderen, heb ik dit oog menigmaal ontmoet. Ik had het gezien in de herbergen van Seveneecken, van Hamme, van Zele, in de omstreken van Oudenaarde, van Kortrijk, van Thielt, overal waar de arbeiders zich soms vereenigen, den zondag, om een uur rust en vergetelheid te vinden. En ik zegde tot mij zelven : « O God, wat doet gij hier? Waarom niet liever uwe tegenwoordigheid herinnerd aan de kasteelheeren, aan de eigenaars, aan de nijveraars, aan de bestuurders, aan de ministers, aan allen die de armen uitzuigen, van hun werk leven, en ze in onderdrukking houden? Waarom de bisschoppen en priesters, die zich van uwen naam bedienen om een stelsel vol onrechtvaardigheden staande te houden, niet met straf bedreigd? Waarom moet de ongelukkige alleen, steeds dit visioen der hel voor oogen hebben? Is het mogelijk dat gij er kunt aan denken, zij die hun leven zonder geluk en zonder vreugde, in den arbeid en in het lijden slijten, met uwe straffen te bedreigen? Is dat de goddelijke rechtvaardigheid? Zou zij lager staan dan onze armzalige, menschelijke gerechtigheid ! En wat kan het u maken, o God, gij dien men zoo groot en zoo machtig beweert, wanneer een vloek, een flauwe kreet van woede of van verzet aan een arme boer, aan een arme werkman van Vlaanderen ontsnapt?

« O God, ik begrijp u niet! »

De Vlaamsche socialistische strijders

Talrijk zijn zij die Vlaanderen niet kennen. Ik heb eerst en vooral mijne reis ondernomen, om hun deze landstreek te openbaren. Aan het meerendeel der franschsprekende Belgen, schijnt Vlaanderen zoo onbekend als Australië. Zulks vindt vooral zijne oorzaak in de taal, die deze provincie van het overige der wereld scheidt. En denken, dat de uitzinnigen de kloof nog dieper willen maken, door het gebruik der Fransche taal te bannen. Het is waar dat de leiders dezer beweging vooral katholieken zijn, hetgene veel verklaart. De Vlaamsche socialisten hebben het gevaar bemerkt, en Anseele, die voorzeker niet verdacht is wanneer het de belangen en de toekomst van het Vlaamsche volk geldt, was een der eersten om lid te worden der maatschappij tot verbreiding der Fransche taal.

Ik ben ook naar Vlaanderen gegaan, om te zien welke hulp van daar komen zal in latere strijden.

Ik heb genoeg gezegd over de ellende en over de verschrikkelijke verdrukking die het Vlaamsche proletariaat bezwaren, om te laten begrijpen met welke moeilijkheden onze socialistische strijders daar te kampen hebben. Maar ik houd er aan hun hier eene openbare hulde te brengen. Die strijders zijn bewonderenswaardig door de toewijding, de wilskracht en de aanhoudendheid. Hunne kracht vindt haar oorsprong in hun vurig apostelgeloof. Eenigen zelfs hebben zich zoodanig opgewonden voor dit geloof, dat zij dweepzuchtig geworden zijn. Deze dweepzucht is voorzeker eene erge fout, maar

DE VLASROOTERIJ ROND KORTRIJK

misschien is zij niet onnoodig, om tegen de onvruchtbare twijfelleer en het ontmoedigend pessimisme op te wegen, die gedrongen zijn in het hart van sommige socialisten der groote steden. Wee hun die niet gelooven! Zij dwalen door het leven, alleen, treurig, zonder wilskracht, de ziel door angst beklemd, zonder te weten waar zij gaan, gelijk de laat uitgebleven wandelaar verdwaalt in een duisteren nacht.

Onze Vlaamsche strijders bezitten het geloof, en dit geloof heeft mirakelen volbracht. Ik heb reeds gesproken over de Gentsche socialisten, fabriekarbeiders en bedienden van *Vooruit*, die iederen zondag regelmatig, stelselmatig dagbladen gaan verkoopen, zelfs tot in de dorpen die het meest aan het klerikalisme onderworpen zijn. Een dertigtal verspreiden zich wekelijks over geheel Vlaanderen; zij deelen onze bladen en onze brochuren uit, nemen het woord in openbare vergaderingen, richten groepen in en bouwen Volkshuizen.

De socialisten der kleine steden zijn even vurig en even ijverig. Op eene zitting van het Comiteit te Wetteren, waar ik tegenwoordig was, hoorde ik een der werklieden met een roerenden eenvoud zeggen : « Wetteren zal een der lichttorens worden van het socialisme in Vlaanderen ! » Te Temsche strijden een handvol socialisten sedert 1896. Gezel Vanhoeylandt zegde mij, toen ik het dorp bezocht, dat zij tot nu toe nog geen lokaal konden vinden. Zij vereenigen zich in de keuken van een gezel, waar zij met zeven of acht te zamen kunnen zitten. Eh wel, niettegenstaande alles, zijn Vanhoeylandt en zijne vrienden er in gelukt de werklieden in zeer ernstige groepen te vormen. Er bestaat zelfs eene vakvereeniging, deze der mandenmakers, die de meerderheid der werklieden van het bedrijf bevat. Is zulks niet waarlijk schoon?

In eene andere stad, die ik voor het oogenblik niet noemen mag, heeft men mij de edele en opbeurende levensgeschiedenis eener familie Vlaamsche socialisten verteld. Ik vat ze in enkele woorden samen. De man, een oud-wever, had deel gemaakt der Internationale. Hij was bevriend geweest met Edmond Van Beveren, en met de andere Gentsche socialisten van dien tijd. Bedenkt wel hoeveel moed er noodig was, twintig jaren geleden, om eene socialistische overtuiging te laten blijken in een verloren hoek van dit vermaledijde, klerikale Vlaanderen. De vervolging bleef niet lang uit. Op zekeren dag werd de wever zonder werk gesteld, omdat zijn patroon van de vriendschapsbetrekkingen met Edmond Van Beveren kennis had gekregen. De wever bevond zich dus op straat met vrouw en kinderen. Wat nu te doen? Hij begaf zich naar de markt der stad, huurde een kraam en begon weefsels te verkoopen. Wanneer het geen marktdag was, ging hij als marskramer zijn lijnwaad van dorp tot dorp, van stad tot stad aanbieden. Aldus gelukte hij er in niet alleen te leven, maar ook nog eenige spaarcenten te verzamelen, die hem toelieten een klein magazijn te openen. Rechtover zijne woning kwam zich een priester vestigen. Deze ontving dikwerf het bezoek van geestelijken van beider geslacht en van alle soort. Deze barmhartige Christenen bespiedden het huis van den oud-wever gedurende geheele achtermiddagen, en stipten met zorg de koopers aan die er binnen traden. Eenigen tijd later moest de arme winkelier eene aanmerkelijke vermindering zijner klienteel bestatigen. Ging de ellende terugkeeren ? De socialist had een oogenblik van vertwijfeling. Dan zegde zijne vrouw : « Welaan, mijn beste, moed geschept ! Wij mogen ons niet laten ontmoedigen door deze slechte kerels. Gaat buiten de stad kalanten zoeken ! »

En de man vertrok, zocht eene nieuwe kliënteel die hij dan weder verloor, vervolgens eene derde, die hem nog eens ontsnapte, en zoo verder. Deze bedekte, maar verschrikkelijke strijd tusschen hem en de klerikalen, duurde vijftien jaren. Bij iedere nieuwe beproeving verzetten man en vrouw zich in hun, door het lijden geheiligd geloof, als in eene onschendbare schuilplaats. Nu zijn zij aan de vervolging hunner vijanden ontsnapt. Zij hebben een zekeren welstand veroverd. Hun socialistisch geloof is versterkt uit den strijd gekomen, maar ik laat u denken hoe antiklerikaal, om niet te zeggen hoe antigodsdienstig, deze familie geworden is !

Deze geschiedenis is volstrekt geene uitzondering. Zij deed zich overal voor, met dit verschil dat de afloop overal niet even gelukkig was. Maar de vervolgingen der patroons en der priesters hebben in Vlaanderen strijders gevormd, die, geharnast tegen de tegenspoeden, wonderbaar getemperd zijn voor den strijd.

De geest van geloofswerverij heeft zelfs de vrouwen aangetast ; zij hebben een groep gevormd van meer dan honderd leden, en een dagblad gesticht : *De Stem der Vrouw*. Op een zaterdag avond bevond ik mij in *Vooruit* met Anseele. Op eene tafel vouwden vijf of zes vrouwen dagbladen, die ze daarna in de stad gingen verkoopen. Ik zegde tot Anseele :

— Vindt gij niet dat de socialistische vrouwen zich voor het oogenblik zouden mogen tevreden stellen, ons te helpen in onzen strijd, zonder onze beweging nog te komen verwikkelen met bijzondere, en misschien ongepaste eischen? Zal hunne vrijmaking niet noodzakelijk voortspruiten uit het socialisme, als een natuurlijk, onvermijdelijk gevolg? De berg dien wij moeten verzetten is reeds zoo zwaar!

En Anseele antwoordde :

— Laat ze maar doen! Laat ze initiatief gebruiken! De vrouwen hebben nog meer reden zich te verzetten dan de mannen. Zij komen tot het socialisme, zooveel te beter! Het is hier niet gelijk te Parijs : de beweging heeft hier niets burgerlijks. Aanziet de ongelukkigen — *die arme slooren!* — zij gaan de beschimpingen, de spotredenen, de beleedigingen, en wie weet? misschien de slagen der dwazen en der bevoorrechten trotseeren. Zij beginnen hunne beweging evenals de wevers. Morgen, wanneer zij elkander zullen ontmoeten, zullen zij al lachende hunne kleine en groote tegenslagen vertellen. Zij zijn dapper!

Ik bezag ze. Zij waren blootshoofds, een omslagdoek bedekte hunne magere schouders. De eene na de andere stond op en verliet de herbergzaal, een pak dagbladen onder den arm, om het zware apostelschap te beginnen. En ik zegde in mij zelven : « Mijne wenschen vergezellen u ! »

Door in betrekking te komen met de Vlaamsche socialisten, heb ik den zin begrepen der woorden, op zekeren dag door Louis Bertrand uitgesproken : « In mijn lang strijdersleven, heb ik noodwendig veel droefheid gehad, heb ik hinderpalen ontmoet die mij onoverkomelijk schenen, en uren van neerslachtigheid en van moedeloosheid gekend. Welnu, iedere maal dat ik mij door de zedelijke nederdrukking voelde overrompelen, nam ik den trein naar Gent, ging een dag doorbrengen met Van Beveren, met Anseele en met Hardyns, en ik keerde naar Brussel terug, genezen, gesterkt, en kon mijn hardnekkig werk voortzetten. Gent is de waterstad voor zieke socialisten ! »

De uitslagen, door de socialistische propaganda in Vlaanderen verkregen, verdienen zooveel te meer onze bewondering, dat zij gepaard ging met eene economische beweging wier gevolgen, onder politiek en sociaal oogpunt, belangrijk zijn zullen. Vlaanderen wordt eene nijverheidsprovincie. Tot in de kleinste dorpen verheffen zich fabrieken. De veldarbeid is verlaten. De boeren willen zich niet meer tevreden stellen met de loonen van vroeger, en worden nijverheidswerklieden. Drie honderd arbeiders vertrekken iederen dag uit Zele naar Brussel, of naar de koolmijnen der omstreken van Charleroi. Langs de Lei zijn er dorpen, waar de drie vierden der volwassene mannen in de fabrieken van het Noorden van Frankrijk, en zelfs in de mijnen van het Nauw van Calais werken. Volgens de getuigenis van katholieken, heeft de priester veel van zijn invloed en van zijn gezag verloren. Al te dikwijls was hij den bondgenoot der kasteelheeren en der fabrikanten. Traag, maar zeker, trekt het socialisme overal in, vooral doordringende tot het hart en tot de hersenen van het jongere geslacht. De dagbladen der Christene democraten voorspellen toekomstige Jacqueriën, en de geweldige werkstakingen dezer laatste jaren bewijzen dat Vlaanderen diep beroerd wordt. Groote gebeurtenissen bereiden zich voor. Een Vlaamsch socialist, die over den geestestoestand in Vlaanderen ondervraagd werd, antwoordde : « De geestestoestand ? Voor het oogenblik wil men kloppen ! Men weet niet altijd op wie noch waarvoor, maar men wil kloppen. Ziedaar ! »

Vlaanderen's ontwaken

Hier eindig ik mijn reisverhaal. Zulks wil niet beduiden dat ik alles gezegd, of vooral, dat ik alles gezien heb. Integendeel !

Ik ontving brieven bij dozijnen, die mij uitnoodigden deze stad, dit dorp te bezoeken, deze misbruiken, gene schandalen aan de kaak te stellen. « Zult gij niets zeggen over de arme menschen van Roeselaere en van Iseghem ? » vraagt een mijner correspondenten.

Een ander schrijft mij : « Gaat naar Herzele. Er is daar eene corsetfabriek die door geestelijken bestuurd wordt. De jonge werksters arbeiden twaalf uren daags voor een bespottelijk loon. Op straf van wegzending is het hun verboden een verliefde of een verloofde te hebben; het is hun insgelijks verboden, zelfs met hunne ouders, eene herberg binnen te treden. Hun leven wordt verdeeld tusschen het gebed en tusschen den arbeid. De brave zusters doen eene verschrikkelijke mededinging aan de corsetmaaksters van Brussel. Neemt inlichtingen bij M. Dutoict, die een groot deel zijner keurslijven te Herzele laat maken. »

Het is onbetwistbaar dat mijn onderzoek noodig

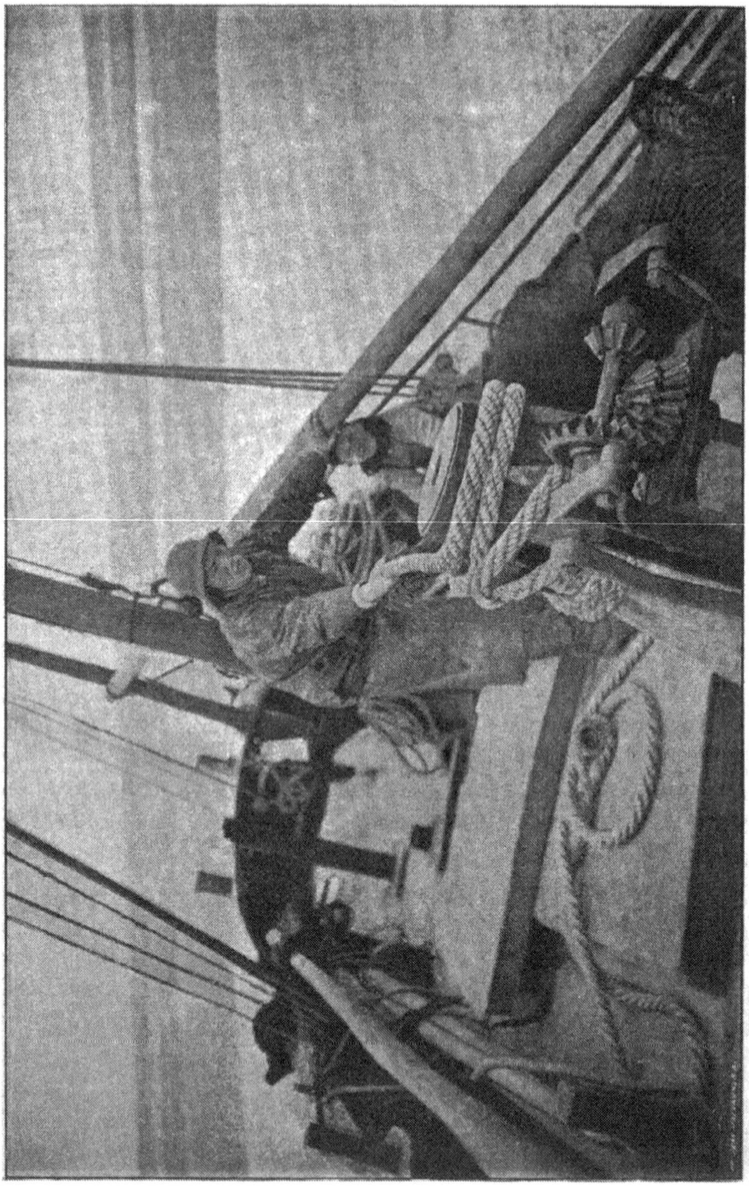

heeft volledigd, en met meer bewijsstukken voorzien te worden. Voor een socialist die over meer vrijen tijd beschikt dan ik had, blijft daar een schoon werk te doen. Maar de taak die ik mij opgelegd had, was nederig. Vlaanderen met zijne nijvere, moedige en ellendige bevolking, was bijna niet gekend, noch door de socialisten van het Walenland, noch door die van Brussel. Ook voor mij was het eene openbaring. Indien ik er in gelukt ben, de Vlaamsche werklieden, voor hunne grootere ellende, inniger te doen beminnen door hunne Waalsche broeders, en beiden te vereenigen in hunnen strijd tegen het kapitalisme, indien ik er in gelukt ben te doen begrijpen met welke moeilijkheden de Vlaamsche socialistische strijders te kampen hebben, welk geduld, welk geloof en welke zelfverloochening zij noodig hebben, welke hinderpalen zij omgeworpen en welke wonderbare uitslagen zij verkregen hebben, dan zal mijn werk niet nutteloos zijn geweest, en zal ik mij rijkelijk beloond achten voor mijne moeite.

Vrienden zegden mij, na mijn reisverhaal gelezen te hebben : « Wat zijt gij antiklerikaal geworden! » En van zijnen kant stipte M. Aug. Smets, voorzitter der *Ligue libérale*, niet zonder eene zekere voldoening in *Le Messager de Bruxelles* het antiklerikalisme mijner artikels aan, omdat hij dacht er de rechtvaardiging der liberale politiek in te zien.

Ik ben antiklerikaal, sedert ik mij met de arbeidersbeweging bezighoud, evenals het Cesar De Paepe was, de meester die mij het socialisme leerde kennen, en terzelfder tijd theoreticus, socialistisch strijder en een der ijverigste leden der vrije gedachte was. Ik behoorde nooit, en ik zal nooit tot de socialisten behooren die weigeren eenig onderscheid te maken tusschen de verschillende onderdeelen der burgerij, en beweren — gelijk de Fransche arbeiderspartij te Roubaix — dat allen even vurig moeten bestreden worden. Het klerikalisme heb ik altijd aanzien als de ergste vijand der arbeidersklas, als de gevaarlijkste vorm van het kapitalisme. Wat ware het Gouden Kalf, zonder het godsdienstig gedacht, waardoor het als met een ondoordringbaar harnas beschermd wordt? Een voorwerp van misprijzen, voor hetwelk socialistische en katholieke werklieden zich zouden verzoenen, in een zelfde gevoel van afschuw, van haat.

Ik ben antiklerikaal, maar niet op de manier der liberalen. Gedurende langen tijd droeg het liberalisme de vlag der hoop der geheele volksklas. Het had de bovenhand in een groot getal Vlaamsche arrondissementen : te Gent, te Brugge, te Kortrijk, te Veurne, te Yperen, te Oostende. Het heeft alles verloren.

Het heeft alles verloren omdat het aan zijne beloften niet getrouw bleef, omdat het de moedige mannen verliet, die in het hart van den Vlaamschen buiten tegen den priester en tegen den kasteelheer strijden, omdat het wilskracht en geloof in zijn ideaal miste, omdat het de politiek der hoffelijkheid uitoefende, omdat het de volkspartij begon te vreezen en bestreed, van zoodra deze, in plaats van een droombeeld te blijven, eene werkelijkheid, eene strijdende macht werd, omdat het zich uit alle krachten tegen het opkomend politiek leven der werkers verzette; in een woord, omdat het zich getoond heeft wat het werkelijk is : eene klassenpartij.

Maar wat vast blijft, is dat mijne reis door Vlaanderen mijn antiklerikalisme verscherpt heeft.

In een zijner laatste werken, in *Le vent dans les Moulins* (*De wind in de Molens*), geeft Camille Lemonnier ons eene bekoorlijke en roerende schildering van den ouden Vlaamschen grond met zijne weiden, zijne hoven, zijne bloemen, zijne smalle grachten, zijne rivieren, zijne vogelen en zijne gouden bijen.

De molens draaien. De schepen varen naar de zee. Het koren rijpt. Begijntjes streelen de vacht van een wit schaap. Torens verrijzen aan den gezichteinder. De oude beiaard verspreidt zijne zilveren klanken over de stad en Guido Maris, de poëet, zingt zijne liederen van liefde en van opstand. Dat is het dichterlijk Vlaanderen.

Maar het Vlaanderen dat ik zag is geheel anders. Eene bevolking van mannen, vrouwen en kinderen, onderworpen aan een verbeestend, bijna altijd ongezond en verschrikkelijk langdurend werk in de weverijen, in de spinnerijen, in de zwavelstokfabrieken, in de touwslagerijen, in de steenbakkerijen. Het huiswerk met zijne noodlottige gevolgen. De werkeloosheid, de afgrijselijke werkeloosheid die de bevolking uithongert. Duizenden en duizenden boeren en veldarbeiders, die zich van het zoo schoone, zoo rijke, zoo dichterlijke Vlaanderen losrukken, om op de wegen van Frankrijk eene korst brood te gaan zoeken. Werklieden die met moeite vier uren daags kunnen slapen. Loonen van tien franken in de week voor een zwoegen van meer dan

70 uren. Werksters die 50 of 75 centiemen daags winnen, om van 5 ure 's morgens tot 11 en 12 ure 's avonds te arbeiden. Kleine kinderen die, wanneer de thermometer 10 graden onder het vriespunt aanwijst, gedurende 12 uren daags een rad moeten draaien. Eene verschrikkelijke kindersterfte in de fabrieksteden. Eene betreurenswaardige onwetendheid : 50 p. h. der werklieden kunnen zelfs niet lezen! Uitgeperste, uitgebuite zwoegers, die dan nog op hun loon bestolen werden. Overal rijke huizen van pastoors en van fabrikanten, prachtige kloosters, uitgestrekte fabrieken, schoone kasteelen, groote lusthoven, talrijke en overheerlijke kerken, tegenover kleine, arme, vuile werkmanshuisjes. Een naarstig volk dat zich slechts met aardappelen en brood spijzen kan en door gebrek aan voedsel, traag maar zeker, het slachtoffer der ontaarding wordt. Socialistische strijders die door priesters en door patroons onteerd, belasterd, uitgehongerd, en zelfs tot over de grens vervolgd worden. Ziedaar het werkelijke Vlaanderen. het vermaledijde Vlaanderen, het Vlaanderen der klerikalen. Zou Camille Lemonnier ons over deze provincie niet spreken ?

Zoo! er zijn socialisten die geen verschil willen maken tusschen de onderdeelen der burgerij, die denken dat de liberale partij zoo gevaarlijk is voor de arbeidersklas als de klerikale partij, en dat M. Janson, zoowel als M. Woeste moet bestreden worden! En zij spreken met medelijden over hunne strijdmakkers, die het klerikale gevaar aanklagen!

Deze socialisten hebben het klerikalisme niet aan het werk gezien ; zij hebben er nooit door geleden, zij kennen ons Vlaanderen niet!

Dat zij zich de moeite eener reis getroosten; zij zullen overtuigd zijn. Dat zij eene eenvoudige vergelijking maken tusschen de loonen, de werkuren, het voedsel, den graad van onderwijs, den geest van onafhankelijkheid der Waalsche werklieden, en de levensvoorwaarden der Vlaamsche arbeiders.

Het Walenland is vrijdenkend en socialistisch. Vlaanderen is klerikaal. Dringt de gevolgtrekking zich niet op met eene onweerstaanbare kracht? Het klerikalisme is een factor van ellende, van lichamelijke, zedelijke en verstandelijke ontaarding. Het vervolgt, het verbrijzelt het geweten en den wil. Voor het volk blijft het eene kwestie van leven of dood, zich van dezen vijand te ontmaken.

Ziedaar op welke manier ik antiklerikaal ben. Ziedaar waarom, na gezien en lang overwogen te hebben, mijn antiklerikalisme nog bitterder geworden is.

Wanneer men Vlaanderen doorreist, en men overal, in de steden en op den buiten, de groote fabrieken, de uitgestrekte nijverheidsinrichtingen ziet verrijzen naast de kasteelen die zich zoo fier verheffen, en de ontelbare kerken met hun leger van priesters die altijd op weg zijn, om met onafgebroken ijver hun doodend werk te vervolgen, dan vraagt men zich treurig en ongerust af: « Arm Vlaamsch volk, zal uwe machteloosheid ooit deze monsterachtige kracht, deze hydra met twee hoofden : de Kerk met de sterkte, haar door eeuwen overheersching nagelaten, en de Burgerij met al haar goud, kunnen overwinnen? »

Maar in de kleinste dorpen rooken de schouwen der fabrieken. De nijveraars vluchten de steden. De arbeid kost er te veel. De werklieden zijn er te veeleischend, te woelig, niet handelbaar genoeg, zij gaan te dikwijls in werkstaking. Op den buiten leeft eene bevolking, aan dewelke de grond niet meer het noodige voedsel verschaft, en die door de Kerk gedwee gemaakt werd. Welk een buitenkansje! Maar door het samenzijn op de fabriek, krijgen de veldarbeiders ook langzaam bewustzijn hunner macht. Zij worden ook veeleischend; op hunne beurt verzetten zij zich, en het dreigend spook der werkstaking komt opnieuw de patroons vervolgen.

Werkstakingen breken uit te Ronse, te Geeraardsbergen, te Ninove, te Dendermonde, te Zele, te Hamme, te Sleydinge, te Lokeren, te Kortrijk. Zij zijn geweldig. De vrouwen zijn nog hardnekkiger dan de mannen. Men vecht met de gendarmen. De verbaasde en bevreesde burgerij ziet kinderstoeten met de roode vlag door de straten der kleine Vlaamsche steden trekken, en de kinderen zingen de *Marseillaise!*

Van uit *Vooruit*, hare oninneembare forteres, verspreidt de Werkliedenpartij hare dagbladen en brochuren door Vlaanderen; van daar gaan de nooit vermoeide strijders weg, die door eene propagandakoorts verteerd worden, en gehard zijn door de vervolgingen en door de beproevingen.

Duizenden werklieden, die in Frankrijk en in het Walenland arbeiden, brengen in hun koffertje de republikeinsche en socialistische gedachten mede, wanneer zij in de streek terugkeeren.

De priesters verliezen hun invloed, omdat zij altijd de bondgenooten waren der eigenaars en der nijveraars. De godsdienstige overtuigingen verdwij-

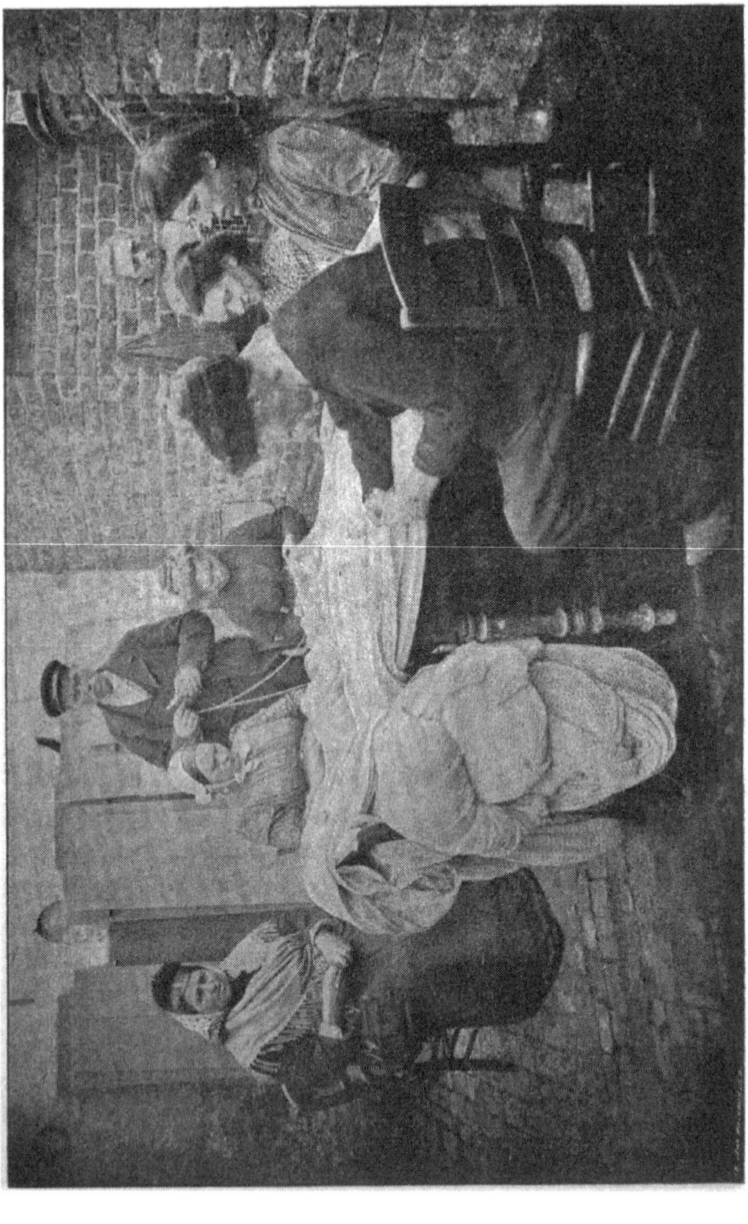

nen. De katholieken zelf bekennen dat de Kerk achteruit gaat.

Het schoone Vlaanderen, het oude en zachte Vlaanderen, door Camille Lemonnier bezongen, ontwaakt. Het lacht zijne oproerige kinderen toe. Een opwekkende wind van vrijheid en van hoop blaast over de streek !

AANHANGSEL

Na de heerlijke en roerende bladzijden van De Winne's reisverhaal, zal eene beknopte geschiedenis van den strijd, door de wakkere socialistische propagandisten op den buiten gevoerd, en een overzicht van den vooruitgang onzer gedachten bij de Vlaamsche bevolking, aller belangstelling wekken, en op waardige wijze het boek bekronen. Karel Beerblock, de baanbreker, had De Winne op zijne reis door Vlaanderen vergezeld; hij belastte zich bereidwillig met het schrijven dier geschiedenis. Zijn arbeid volgt hierachter.

De Uitgevers.

I

De aandachtige lezers van *Door Arm Vlaanderen* zullen zich voorzeker afgevraagd hebben : « Wat moet er gedaan worden om deze verschrikkelijke toestanden te verbeteren ? Welke zijn de middelen om het volk uit dit diep verval te verheffen ? Door wie en hoe zullen ze aangewend worden ? Wanneer zal voor den Vlaamschen boer de dageraad van betere tijden gloren ? »

De apostels, die vóór het onderzoek van gezel De Winne Vlaanderen doorkruisten, en er de ellende en het gebrek bestatigden die hen overal tegengrijnsden, hadden zich reeds lang dezelfde vragen gesteld.

Liberalen zoowel als katholieken leefden onverstoord, midden van al dat lijden.

Hunne partijbladen hielden zich nooit met het lot van den landman bezig. Als verstrooiing boden zij hem slechts de jaarlijksche kermis aan die, door de overheden beschermd, steeds aanleiding gaf tot de grofste baldadigheden, tot de walgelijkste tooneelen.

Maar de Socialistische partij begon zich stilaan te ontwikkelen; hare afdeelingen en vertakkingen breidden zich uit. Nu voelde zij zich als gedrongen den buiten aan de steden, vooral aan Gent, den hoofdzetel der Vlaamsche socialistische beweging, te verbinden. Zij wilde ook op het platteland afdeelingen bezitten, en wenschte eene Werklieden-Partij te vormen waar geene werkers uitgesloten waren. Aldus zou de opstanding der arbeidende klas algemeen zijn.

Het mensch-zijn van alle arbeiders moest erkend worden. Immers, de werkers der steden niet alleen hadden geldige eischen; ook de slaven van den buiten, de landarbeiders hadden grieven. Voor hen ook lag de redding in het socialisme.

De betrekkingen tusschen de steden en den buiten waren echter gering. Men wist wel dat de toestanden op het platteland ellendig en slecht waren, dat de zwoegers der dorpen nog ongelukkiger waren dan de werklieden der steden, maar bijzonderheden kende men weinig of niet. Hier en daar ontsnapten enkele kreten aan de borst van een of ander landbouwer die ons, socialisten, half begreep; enkele verzuchtingen naar beterschap werden in de redactiebureelen der Vlaamsche socialistische dagbladen ontvangen. Maar daarbij bleef het.

In de weinige plaatsen, waar het aan de socialisten gelukt was vasten voet te verkrijgen, waar door onafgebrokene propaganda, de aandacht op de komende sociale hervormingen gevestigd werd, waar na jarenlang verspreiden der socialistische geschriften, na ontelbare oproepen en vergaderingen, een of zelfs meer groepen, eene federale afdeeling der Socialistische partij gesticht werden, daar nog kwam de vreeselijke ellende niet volledig aan het licht. Zij bleef verborgen, verschuilde zich uit vrees voor de plaatselijke overheden. Burgemeester en pastoor spanden samen, waren gaarne tot elke gemeenheid, tot hardvochtige vervolgingen bereid, als zij daardoor de zucht naar een beter lot konden smachten.

De armsten werden het eerst en het ergst getroffen, van zoodra zij hunne ellende openbaarden. Overigens, de bewoners van den buiten zijn nog weinig bewust van hunne roeping als mensch; eeuwenlange afzondering, onmeedoogende onderdrukking door de bezitters, hebben alle eergevoel verstompt. De geestelijke folteringen worden niet meer gezien, niet meer gevoeld, wanneer zij zoo algemeen zijn, wanneer iedereen er onder lijdt, en men nooit iets anders gekend heeft bij ouders en grootouders.

Vlaanderen, met zijne armoede, met zijne schrikkelijke onwetendheid, met zijn diep verval, bleef het beloofde land der grooteigenaars en der geestelijkheid. Mocht het den socialisten gelukken hier en daar enkele volgelingen te vinden, dieper doordringen konden zij nooit. Vooroordeel, misbruik van gezag, verdrukking, gebrek aan kennis, alles hielp mede om den verschrikkelijken toestand der buitenlieden geheim te houden. Ten andere, alles moest blijven als het was, want armoede en onwetendheid zijn immers de onmisbare handlangers der gezagvoerders en heerschers die op korten tijd rijk willen worden.

De Vlaamsche dichters verheerlijkten Vlaanderens grond, zijn rijkdom, de deugden der buitenbevolking, het geluk dat alom heerschte! Zij bezongen ideale landbouwers in heerlijke landouwen, van kabbelende beekjes doorsneden. Maar de arme slaven vergingen in ellende, en al hunne kennissen bepaalden zich bij eenige onzedelijke liederen, die 's zondags in de ontelbare kroegen uitgeschreeuwd werden.

De burgerpartijen genoten van dit verval en de Werklieden-Partij, bij hare opkomst nog niet sterk genoeg, beschikte over geene middelen om dieper in het volksleven en in de gewoonten door te dringen. Zij moest zich bepalen bij het kenbaar maken der algemeene socialistische beweging en van haar programma.

Duizenden vlijtige arbeiders, mannen en vrouwen, die gelukkig hadden kunnen en moeten zijn, zuchtten onder de zware vracht van onwetendheid en ellende.

Rond 1880 begon de socialistische beweging in de steden door het volk begrepen te worden. Te Gent groeide en bloeide zij derwijze, dat reeds in 1893 eene algemeene werkstaking tot verkrijgen van zuiver, algemeen stemrecht, mogelijk was. Maar op den buiten gelukte het slechts met moeite, met oneindig veel moeite, in enkele kleine steden eene vereeniging te stichten; in de dorpen echter was het nog niet mogelijk zich als socialist te vertoonen. De verspreiders van socialistische schriften werden door de dorpelingen geslagen, verjaagd en hunne schriften gescheurd. Wanneer het bij uitzondering gelukte een lokaal te bemachtigen om eene meeting te beleggen, werd door het gemeentebestuur eene tegenpropaganda begonnen; groot en klein, oud en jong werden samengeroepen, en door gefluit, stokslagen en het werpen van steenen werd de vergadering verhinderd. Dit alles, omdat de armoede die zoo welig tierde, vrij zou kunnen voortwoekeren.

Vlaanderen behoorde aan de kapitalisten; het was eene slavenstreek. Zij hadden er de moderne slavernij ingevoerd, ze tot eene voorbeeldige instelling verheven en wilden niet dulden dat aan dien toestand verandering zou komen. Niet alleen de grond en de vruchten behoorden aan de bezitters, ook de mensch, de boer, zijn huisgezin, zijne geheele familie was hun eigendom. Door een langzaam veroverd recht hadden zij zich dit bezit verzekerd; met behulp der wet, en in Godes naam, moest alles blijven als het was.

II

Gedurende de beweging voor Algemeen Stemrecht van 1890, werden de eerste socialistische schriften op den buiten verspreid. De onkosten dezer propaganda werden gedragen door de Gentsche socialisten die, naast het geld, ook welwillende partijgenooten gevonden hadden.

De rechten der Belgische burgers en het socialistisch programma werden vooral in deze schriften ontwikkeld; daarnaast vond men artikelen over de belangen der landarbeiders, over de verhouding tusschen hoeveknechten en pachters, tusschen pachters en eigenaars.

Doch de toestand der wevers van Zele en der touwslagers van Hamme, de ijselijkheden die in *Door Arm Vlaanderen* onthuld worden, waren bijna niet gekend door de Socialistische partij, en natuurlijk werd toen niet gewerkt gelijk het nu gedaan wordt om het lot dier parias te verzachten.

In November 1890 werd het blad *De Voorwacht* gesticht. Het was een weekblad, bestemd om naast het blad *Vooruit* op den buiten en in de steden propaganda te maken, vooral bij die personen, die zich niet alle dagen een socialistisch blad konden koopen.

De *Voorwacht* was steeds meer aan het wetenschappelijk socialisme gewijd dan het blad *Vooruit*, dat als nieuwsblad gedwongen is, allerlei gebeurtenissen en mededeelingen uit het dagelijksch leven te laten verschijnen. De *Voorwacht* werd in Eekloo, in Deinze, in Wetteren, in Aalst, in Ronse, in Geeraardsbergen en in nog enkele andere plaatsen aan den man gebracht. Nu en dan, wanneer het Midden-Komiteit — het bestuur der Socialistische Partij te Gent — het noodig oordeelde, werd een ander blad, *De Landbouwer*, op onbepaalde tijdstippen op den buiten verspreid.

De Gentsche socialisten hadden de stad in 22 afdeelingen gesplitst. Ieder dezer afdeelingen vormde een *wijk*, en op ieder dezer wijken werd eene vereeniging van propagandisten gesticht, die zich belastten de socialistische schriften bij de bewoners der afdeeling ingang te doen vinden. Ieder lid nam het op zich eene of meer straten te bewerken. Daarenboven richtten de wijkclubs — aldus worden de afdeelingen genoemd — meetings in, gaven feesten en voordrachten, waar men de werklieden van den wijk uitnoodigde. Op deze manier werd de geheele stad door, eene bestendige propaganda onderhouden.

De federatie of vergadering der wijkclubs, uit afgevaardigden van elken groep bestaande, zorgde dat al de vereenigingen zooveel mogelijk op gelijkvormige wijze werkten.

Het was in deze uitstekende inrichtingen, die reeds in de stad zooveel gesticht hadden, dat de bewerking van den buiten, der dorpen van Vlaanderen besproken werd. Deze vereenigingen zouden beproeven de boeren voor het socialisme te winnen.

Herhaalde zittingen der Federatie en der wijkclubs hadden plaats. Er werd eene lijst opgemaakt van al de buitengemeenten van eenig belang. Deze dorpen werden door de Federatie onder de wijkclubs verdeeld : elke vereeniging zou twee, drie, soms meer gemeenten in haar beheer hebben, en zich verbinden, er met de beste middelen het socialisme te verkondigen.

De wijkclubs, niettegenstaande hunne goede bedoeling, waren echter niet bij machte alles te doen wat noodig was. Vlaanderen is uitgestrekt; mannen die iederen Zondag, wat er ook gebeure, bereid zijn met den eersten trein naar den buiten te vertrekken om er een schijnbaar onvruchtbaar en in den beginne zelfs gevaarlijk werk te verrichten, zulke moedigen vindt men niet bij de vleet.

De werkkring der wijkclubs werd dus omschreven; zij zouden zich alleen met de gemeenten van het arrondissement Gent bezighouden.

Het onmiddellijk gevolg dezer organisatie was, dat de bladen en brochuren nu regelmatig op den buiten verspreid werden. Na eenigen tijd werd het moeilijker voor de pastoors en voor de gemeenteoverheden vechtpartijen tegen de socialisten voor te bereiden, om ze van de dorpen te verjagen.

Ten andere, onze vrienden werkten voorzichtig. Gewoonlijk bezochten zij eerst eenige malen het dorp in stilte, maakten dat zij er eenige kamaraden hadden, zorgden bekend te worden. Van zoodra zij voelden dat zij vooruit konden gaan, begonnen zij de propaganda.

Was het nog geen zucht naar onmiddellijke verbeteringen die de buitenlieden begeesterde toen zij zich aangetrokken voelden door het socialisme, toch was het de liefde voor recht, het waren de menschlievende strevingen, wier kiem in elken mensch schuilt, die hen bemeesterden. Weldra verdwenen de ikzucht, het vooroordeel, het bijgeloof, weleer door pastoor, kasteelheer en burgemeester aangemoedigd.

Ook dat gedeelte van Vlaanderen, dat buiten het arrondissement Gent gelegen was, moest voor het socialisme gewonnen worden. Het waren afzonderlijke partijgenooten, en vooral bedienden der Maatschappij *Vooruit*, die zich hiermede gelastten. Naast de vergaderingen der vereeniging of het werk als bediende, zouden zij ook eene Vlaamsche stad als hun domein aanzien, propaganda maken om er het socialisme ingang te doen vinden, groepen stichten en zoo mogelijk, van hunne stad eene versterkte plaats van het socialisme maken.

De proef werd genomen, en weldra verheugden verscheidene partijgenooten zich in bijval.

Hier willen wij wijzen op de bijzonderheid, *dat niet uit eene enkele Vlaamsche gemeente eene bede om hulp ontvangen werd; overal was berusting in onrecht, verdrukking en armoede.*

De Gentsche vrienden hadden voor hunne propaganda de plaatsen gekozen die het best geschikt schenen om er het socialisme te doen begrijpen. Aldus werden te Aalst bladen verspreid, vereenigingen en samenwerkingen, tooneelkringen en muziekmaatschappijen gesticht. Hetzelfde werd gedaan te Ronse, te St-Nikolaas, te Kortrijk, te Geeraardsbergen, enz. Al deze plaatsen werden op hunne beurt het middenpunt eener socialistische propaganda; van daar moest de nieuwe leer zich uitbreiden over de omliggende gemeenten, en het nieuwe centrum zou daartoe de noodige mannen en middelen leveren.

Bij de werklieden der hierboven genoemde steden, begon het gevoel van zelfbehoud sterker te spreken. De arbeidende bevolking voelde zich machtiger door de inrichtingen, die zich vooral met hunne belangen inlieten en elk onrecht krachtdadig bestreden. De waarde van den arbeid en de waardigheid van den werkman klommen; de laatste liet zich niet meer gewillig onderdrukken. Menigmaal moesten de patroons rekening houden van zijne eischen. Te Aalst, te Geeraardsbergen, te Kortrijk, te Ronse, te

St-Nikolaas braken werkstakingen uit, waarvan enkele lang duurden. De patroons werden heftig bestreden; aan het kapitalistisch stelsel, dat de overmacht van den bezitter over de werkmaterialen en over den werkman handhaaft, werden gevoelige slagen toegebracht. In den strijd voor Algemeen Stemrecht, bij kiezingen, stonden de nieuwe strijders moedig op de bres.

Eindelijk, na gedurende een vijftal jaren bestendige hulp uit Gent ontvangen te hebben, konden de nieuwe inrichtingen op eigen krachten steunen. De hoofdplaats der socialistische beweging moest nog slechts de hoogere leiding in handen houden, voor de voordrachten en meetings sprekers afvaardigen die den te volgen weg aanwezen en de geestdrift onderhielden.

De vooruitgang met bladen en brochuren bleef echter gering. Alleen in de steden waar eenige organisatie was, gelukte het socialistische bladen te doen lezen. Maar zelfs in de naastbij gelegene dorpen werd wekelijks nog geen blad aan den man gebracht. Onwetendheid, onverschilligheid, armoede, vrees voor vervolging, waren de hinderpalen die beletten, tot de buitenlieden van een hooger, beter, edeler leven te spreken.

Twee feiten kwamen onverwachts de geesten der buitenbevolking van Vlaanderen wakker schudden en deden haar het onrecht beseffen waaronder zij reeds zoo lang zuchtte.

De invoering van het meervoudig stemrecht verplichtte zoowel de landlieden als de onverschillige stedelingen belang te stellen in de kiezingen, want allen moesten stemmen en bijgevolg eene keus doen tusschen de voorgestelde kandidaten. En alhoewel de hervorming, die de bevoorrechten steunde, onmachtig was groote verbeteringen aan het lot der werkers te brengen, toch vereischte zij eene zekere deelname in de politieke zaken.

De tweede spoorslag gegeven aan den vooruitgang der Socialistische partij op den buiten, kwam van het stichten der Katholieke Volkspartij, beter gekend onder den naam van Christene Demokratie.

Eenige personen, deels door zucht naar goeddoen, deels door berekening gedreven, wenschten voordeel te trekken uit de invoering van het meervoudig stemrecht, en uit de kortzichtigheid en het bijgeloof der buitenlieden. Steunende op den behoudszin der boeren, besloten zij eene partij te vormen die op dezelfde grondslagen zou berusten als de Katholieke partij, maar in haar streven volksgezinder zou wezen.

De nieuwe partij zou den Katholieken godsdienst huldigen als de bazis waarop de geheele maatschappij berusten moet, maar wilde de voorrechten bestrijden die hinderend zijn voor de welvaart van het volk, al moesten daarvoor de rijke geloofsgenooten op hunne verkeerdheden gewezen worden.

In 1894-1895 hoorden wij voor het eerst over de werking der Christene Demokraten op den buiten spreken. De nieuwe partij verspreidde schriften en hield meetings, waar over de rechten der menschen gesproken werd, aan de buitenlieden de toestanden waaronder zij gebogen gaan, kenbaar gemaakt werden, en op een gelukkiger leven gewezen werd. Dit laatste zou natuurlijk verkregen worden door het kiezen der kandidaten der Christene Demokraten.

De Christene Demokratie vormt de revolutionnaire partij der 19ᵉ en 20ᵉ eeuw, die met het kruis als ken teeken, en onder de leus van « Voor Godsdienst en recht » het politiek leven op den buiten wenscht te leiden.

De boeren eerst verschrikt, vervolgens belangstellend, eindelijk toejuichend, hoorden en zagen hoe de Demokraten de gezagvoerenden met striemende zweepslagen geeselden. Priesters noch kasteelheeren werden gespaard, maar ook de Socialisten schilderden zij af als echte wilden die de beschaving wenschten te vernietigen.

De propaganda der Christene demokraten bracht geduchte slagen toe aan den invloed der bezitters op den buiten. De macht dezer laatsten berustte op onwetendheid, en nu werd de aandacht der boeren gedurig op de politiek geroepen.

Voor de Socialisten was de tusschenkomst der nieuwe partij het begin van een tijdperk van vooruitgang. Hunne dagbladen, die de argumenten der Christene demokraten weerlegden, werden met meer aandacht gelezen.

De Katholieke partij vervolgde meer dan ooit, maar op bedekte wijze, de buitenlieden die verdacht werden volksgezinde gevoelens te deelen, maar zij besefte dat het onmisbaar was voor haar bestaan, van handeling en voorkomen te veranderen, en een demokratisch kleed aan te trekken.

Vriendelijk glimlachend gingen de Katholieken de boeren bezoeken; zij spraken hen over de slechtheid der socialisten en der Christene demokraten, en beweerden in niets belang te stellen dan in het lot der armen. Zij zouden meetings geven, in kerken en scholen feesten inrichten, uitstapjes en bedevaarten ontwerpen, met de dorpelingen maatschappijen stichten voor ondersteuning in geval van ziekte, voor verzekering tegen het verlies van vee, in een woord zij zouden alle mogelijke hulpmiddelen aanwenden om den toestand der werkende klas te verbeteren, zonder daarom de belangen der rijken te schaden.

En inderdaad, onder den drang der omstandigheden begon de regeeringspartij ziekenfondsen te stichten op de buitengemeenten. In 1894-1895 waren er 79 ziekenfondsen in de provincie Oost-Vlaanderen en 93 in West-Vlaanderen ; in 1900 bedroegen deze cijfers 776 voor West-Vlaanderen en 452 voor Oost-Vlaanderen. In 1895 telde België 99 erkende en 180 niet erkende verzekeringsmaatschappijen tegen het verlies van het vee; na de invoering van het verplichtend meervoudig stemrecht en de propaganda der socialisten en der Christene demokraten op den buiten, vond men in 1898 slechts 94 niet erkende tegen 415 erkende vereenigingen. De waarde der verzekerde dieren bedroeg 22.960.642 franken in 1895 ; in 1898 was de waarde geklommen tot 47.352.799 franken, dus bijna het dubbel. Hetzelfde gebeurde met de samenwerkende melkerijen, met de maatschappijen tot aankoop van winterbenoodigheden, enz.

Deze inrichtingen brachten hulp en voordeel aan de groote pachters en eigenaars. Maar de landarbeider vond geene lotsverbetering bij al deze maatregelen.

De daglooners, de handweyers, de touwslagers bleven even ellendig; gelukkig zij, die op zekere tijdperken van het jaar in de koolmijnen konden arbeiden of naar Frankrijk mochten reizen.

Wanneer van alle omstandigheden rekening ge-

VISSCHERSWONING VAN BINNEN GEZIEN

houden wordt, was de toestand op den buiten na het jaar 1895 toch beter dan voor het jaar 1893. Aan welke partij hadden de boeren die verbetering te danken? Wij zullen het niet beslissen. De socialisten zoowel als de andere partijen zijn gebonden door de gebeurtenissen; de geest van hervorming die alom heerscht, veroorzaakt eene menigte veranderingen die te samen genomen, de opstanding van het volk bewerken. Hier eischt men de tusschenkomst van den Staat om de arbeidende klas te redden, daar vraagt men trouw aan den godsdienst der vaderen en meer rechten voor den zwoeger, op nog andere plaatsen vergt men totale onderwerping der armen, maar meer plichtsbetrachting van wege de rijken. Deze richtingen, hoe verschillend zij ook schijnen, werken gezamenlijk aan *de afbraak van het vroegere regiem, waar eene klas, die alles bezat, de ongestoorde macht had de meerderheid der menschelijke wezens te veroordeelen tot armoede, tot ontbering van alles wat de mensch behoeft.*

Aldus wordt de menschheid ongevoelig op weg naar eene betere maatschappij gebracht.

Stilaan zullen de armen welvarender, beter, meer beschaafd, de rijken menschelijker, liefdevoller worden.

III

Wat de propagandisten der socialistische partij vooral tegenviel op den buiten, was de vooringenomenheid jegens de Werkliedenpartij. Waar wij ons als socialisten bekend maakten, zelfs bij hen die voor meer rechten streden, ontstond onmiddellijk afkeer, vrees en mistrouwen.

Het moet hetzelfde gevoel zijn dat onze bijgeloovige voorouders betatigden, toen nog aan het bestaan van toovenaars geloofd werd en zij zich in de tegenwoordigheid bevonden van een persoon die verdacht werd duivelsche betrekkingen te onderhouden.

De socialisten ontmoetten nergens vertrouwen; men wachtte zich wel met hen een onderhoud te beginnen; geen antwoord kon verkregen worden op vragen betreffende den toestand der bevolking, van het werk, over het bedrag der loonen, enz. Meermalen heb ik kunnen opmerken dat alle getuigenis van het voorbijtrekken der socialisten met zorg verwijderd werd; in de herbergen, waar wij wat gerust hadden, bleef geen der dagbladen die wij er lieten zichtbaar na ons vertrek; onmiddellijk werden de drinkglazen geborgen, de stoelen op hunne plaats gezet, de deur gesloten. Het scheen alsof sedert twintig jaren daar geen persoon voorbij gegaan was. Men wilde volstrekt niet laten zien, omgang met de socialisten gehad te hebben.

Hoe zouden wij dien afkeer overwinnen? Welke was de oorzaak van dit wantrouwen? Was er geen middel aan de buitenbevolking de wereld te leeren kennen, bij haar het gevoel van solidariteit wakker te schudden?

Voorloopig zou men maar voortgaan nu en dan het blad *De Landbouwer* te verspreiden.

Doch een plotselinge omkeer had plaats.

. In het begin van het jaar 1896 werd te Gent eene samenkomst gehouden van al de buitenlieden die men dacht voor het socialisme genegen te zijn. Alles werd in stilte belegd om geene vervolgingen te verwekken. Het waren de wijkclubs die het initiatief der bijeenkomst genomen hadden. Men zou de broeders van den buiten goed ontvangen; het programma bevatte een congres, een vriendenmaal en tot slot een feest.

De ontvangst en het congres hadden plaats in het lokaal *Vooruit*, Garenmarkt, het feestmaal werd bereid in het lokaal der *Vrije Bakkers*, Puinstraat, en het concert werd in het Feestlokaal gegeven.

Alles verliep opperbest; 54 buitenlieden hadden den oproep beantwoord; de wijkclubs hadden talrijke afgevaardigden gezonden en de progressisten, waaronder de heer Cambier, waren aanwezig.

Men besloot de propaganda met meer kracht te ondernemen. Het zoeken naar lokalen werd bijzonder aanbevolen.

Met moed en vuur bezield keerden de buitenlieden naar hunne haardsteden terug.

De wijkclub van den wijk der Nieuwbrug te Gent had, naast zijnen wijk, het kanton Oosterzeele bewerkt, dat als vooruitstrevend geboekt stond. Onder de bekenden op den buiten had hij een man gevonden die zich openlijk als socialist dierf verklaren. In zijn huis vergaderden enkele vrijzinnigen, alsook de mannen van de stad en de socialisten van den wijkclub der Nieuwbrug wanneer zij propagandatochten ondernamen.

Aldus kwamen de gezellen op het denkbeeld dat veel zou kunnen gedaan worden voor de ontwikkeling der buitenlieden en voor hunne organisatie, wanneer men over lokalen beschikte.

De wijkclub der Nieuwbrug verzocht het Midden-Komiteit der Gentsche werkersvereenigingen bij gezegden bekende uit het kanton Oosterzeele, bij Tieste Pasters, van Scheldewindeke, eene houten barak te doen timmeren, waar meetings en concerten zouden kunnen gegeven worden. Tot nu toe had men wel in de opene lucht op zijn hof mogen spreken, maar daaraan waren vele moeilijkheden verbonden die zouden verdwijnen met het bouwen der zaal, waar zoo noodig tooneel- en turnfeesten konden plaats hebben. Het scheen dat wij hier op eenen grooten vooruitgang mochten rekenen.

Het Midden-Komiteit benoemde eene commissie om de zaak te onderzoeken. Deze stelde zich in betrekking met de Gentsche progressisten, legde haar verslag neder, met het gevolg dat bij Tieste Pasters, te Scheldewindeke, eene houten zaal gebouwd werd. De onkosten bedroegen 300 fr. en werden gedragen door de socialisten, door de progressisten en door den wijkclub der Nieuwbrug.

Een paar meetings, een drietal feesten hadden plaats; maar weldra bleek het een ondraagbaren last te zijn voor Gent dit lokaal gedurig te bevolken. Gent moest altijd alles leveren om daar iets mogelijk te maken. Tieste Pasters die zich grooten bijval en belangrijke winsten op den verkoop der dranken voorgesteld had, was teleurgesteld. Hij werd ontrouw aan het socialisme. Het lokaal werd verlaten en in 1900 door Pasters afgebroken, nadat hij een jaar vroeger reeds verboden had er nog gebruik van te maken.

Deze poging was dus nogmaals te vergeefs geweest. Het bezitten van een lokaal op eene buitengemeente gaf nog geen goeden uitslag.

Welke was dan toch de reden die het binnendringen op den buiten zoo moeilijk maakte? Zou de reactie, die van daar steeds de socialisten stremde in hunne pogingen de werkers meer rechten en meer welvaart te doen verkrijgen voor hunnen arbeid, nooit kunnen overwonnen worden?

De tijd en onvoorziene gebeurtenissen zouden daarop antwoorden.

In het voorjaar van 1898 moest het arrondissement Dendermonde een kamerlid kiezen in vervanging van wijlen M. De Kepper. De Socialistische partij stelde mijne kandidatuur voor. Veertig dagen bleven ons over voor den kiesstrijd. Er werd eene hardnekkige propaganda begonnen.

Alle dorpen van het arrondissement werden bewerkt; de partijgenooten van Brussel, van St-Nikolaas, van Aalst enz., verleenden hunne hulp. De socialistische groepen van Dendermonde en van Wetteren, herhaalde malen gesticht en weder gevallen, werden zooveel mogelijk samengeroepen om ook mede te helpen.

Het was een heerlijke en vruchtbare kiesstrijd. De socialistische kandidaat werd natuurlijk niet gekozen. Eene balloteering tusschen de christene-demokraten en de katholieken viel uit ten voordeele dezer laatsten. De heer Tibbaut, advokaat te Gent, werd gekozen.

Deze kiezing was voor de demokratie den eersten stap die op den buiten gedaan werd. In den strijd was het socialisme een viertal plaatsen binnengedrongen, waar het misschien anders nooit een voet zou gezet hebben.

Niet dat de redevoeringen en debatten, dikwerf met de sprekers der burgerpartijen gehouden, meer vruchten afwierpen dan gewoonlijk de propaganda het doet.

Maar de kiesstrijd kenmerkte zich door een algemeene bijval der demokratie en der socialistische partij bij de landelijke bevolking. De meetings en vergaderingen werden door eene talrijke, aandachtige menigte bijgewoond, de sprekers op geestdriftige toejuichingen onthaald. De buitenbevolking was dichter bij de volkspartijen gekomen.

Dit verschijnsel kan min of meer verklaard worden door het jarenlang verspreiden der socialistische schriften op den buiten en in de kleine steden.

Langzamerhand had zich het gevoel van recht ontwikkeld en bij gebrek aan andere middelen, gebruikte men deze kiezing om het hart lucht te geven en de gelegenheid waar te nemen om de socialisten, die men altijd voor kwaaddoeners, voor eene soort toovenaars uit vroegere eeuwen gehouden had, van nabij te zien.

Zij die met de socialisten in betrekking kwamen verwonderden zich te bestatigen dat het menschen waren als alle andere, behalve dat zij geloofden aan eigen macht, en hunne waardigheid en die van den werkersstand tegenover de rijken en hunne klas stelden. Na den kiesstrijd ontvingen de socialistische sprekers bijna dagelijks brieven van buitenlieden die inlichtingen verlangden over socialistische vraagstukken, of vroegen op den buiten socialistische inrichtingen te stichten. Aan de eersten werden brochuren en dagbladen naast de inlichtingen gezonden, aan de tweeden vroeg men in nadere betrekking te komen.

Niet altijd waren het werklieden, soms waren het burgers, goede ingezetenen die den wensch uitten door werkersorganisatie, door socialistische opvoeding, den buiten uit zijn diep verval te verheffen.

Wat deed het ons goed aan het hart hier al die hoop, al die verwachtingen te bestatigen.

Konden wij maar iets vinden om de buitenlieden aan ons te verbinden, iets waardoor zij rechtstreeks met de socialisten in betrekking kwamen en bleven. Dan zou de vooringenomenheid tegen ons breken, het vertrouwen verhoogen en groote kracht aan de Werklieden-Partij geschonken worden.

Telkens wij vrienden bezochten, of eene kleine vergadering of welgelukte meeting gehouden hadden, overviel ons eene treurige gemoedsstemming wanneer wij de gezellen verlieten. Bij ons waren zij vol geestdrift, vol hoop; zij gevoelden hunne macht. De spreker dierf duidelijk de waarheid zeggen, krachtig hunne belangen verdedigen. Doch wanneer wij vertrokken waren, stonden de arme buitenlieden weder alleen, verlaten, ellendig en afhankelijk; in de kroeg konden zij zich bedrinken; boven hunne hut, boven hun krot, verhief zich dreigend het trotsche kasteel van den grooten eigenaar van het dorp; de eenige straat der gemeente was gevormd door de huizen van den notaris, van den geneesheer, van de eigenaars en notabelen der gemeente. Daar was alles rijk, weelderig, machtig.

En de slaven moesten zwoegen bij die rijken, die door het onafgebroken bespieden van pastoor en veldwachter het geheele leven van den werkman, tot in zijne kleinste bijzonderheden kenden.

En zij werden weer moedeloos.

Hun huis, tegenover de kasteelen en de woningen der bezitters, hunne schamele kleederen tegenover het prachtig kostuum der heeren, hunne armoedige vrouw in lompen gehuld tegenover de in zijde gekleede damen der eigenaars, hunne kinderen schreeuwend en wild opgroeiend tegenover de goed onderhouden, door meiden verzorgde kinderen der bezitters van het dorp, dit alles bood eene te scherpe tegenstelling aan; nooit zou men dien toestand kunnen veranderen. De afhankelijkheid, de ellende der armen tegenover de macht van het geld was te groot. Hoe zouden zij hunne meesters ooit als menschen leeren gevoelen en handelen?

Uit Zele ontvingen wij brieven, waarin men ons verzocht eene Samenwerkende maatschappij te komen stichten. Deze brieven waren geestdriftig opgesteld en getuigden van overleg en van vertrouwen. Men verzekerde ons dat de samenwerking op dit dorp lukken zou. De arbeiders waren er wat min aan banden gelegd dan elders.

Men kon op eene eenvoudige manier beginnen; allen zouden steunen. De socialisten zouden dagelijks bij het volk zijn, men zou ze van nabij leeren kennen en weldra trachten ze te begrijpen.

Zele zou een lichttoren van vrijheid en van volksontvoogding worden; van daar kon de organisatie zich uitbreiden tot andere gemeenten en bijna onmerkbaar zou het socialisme veld winnen.

Dit alles was te verkrijgen door in de samenwerking brood te bakken, een lokaal te bouwen, later een winkel te openen, enz.

Na veel briefwisselingen, na opzoekingen, werd besloten de samenwerking te beproeven.

Het was te schoon, te verlokkend om niet eene poging te wagen. Wie weet welke verbazende uitslagen zouden geleverd worden. Wij mochten hoop koesteren. Was niet ook de kiesstrijd met grooten bijval gevoerd ?

Er was echter nog eene wolk aan den hemel.

De vrienden van Zele dachten dat, van zoodra wij voor dit middel gewonnen waren, Vooruit geld zou geven, zooveel als men maar behoefde en wilde.

Het was voor hen eene teleurstelling, die op ons een pijnlijken indruk maakte, toen wij hun bewezen dat niet het geld maar den moed en de toewijding hier de hoofdzaken waren.

Het kostte vele moeite hen te overtuigen dat Vooruit door werklieden was opgericht en dat daar geen geld kon gevonden worden.

Het geld dat men van Vooruit vergde, behoorde aan werklieden, waaronder enkelen zoo arm of nog ellendiger waren dan die van Zele, welke aan hunne broeders eischen wilden stellen.

Neen er zou een ander middel gevonden worden!

Er werd geld gezocht; daartoe wendde men zich tot de min of meer begoede partijgenooten. Eene commissie werd benoemd, bestaande uit de heer Bruggeman, vooruitstrevend liberaal, de gezellen Berragan en Victor Decock, deze laatste bestuurder der bakkerij *Vooruit*.

Na drie weken ontdekte men te Zele eene kleine herberg; een kleine oven stond achteraan; het huis had bovendien een koer en een groot magazijn, dat tot verscheidene doeleinden zou kunnen aangewend worden.

Drie progressisten en twee socialisten van Gent, en twee gezellen van Zele bezochten de bedoelde herberg.

Zij was als voor onze samenwerking gemaakt en de herbergierster gaf hare toestemming. Natuurlijk werden hier weder groote kasteelen in de lucht gebouwd. Als wij vooruitgingen zou het oventje door machienovens vervangen worden, achteraan zou eene zaal gebouwen worden ter beschikking van het volk, waar tooneelvertooningen zouden plaats grijpen.

Met een beetje goede wil was het socialisme nu bepaald op den buiten gevestigd.

En rechtover het herbergje in *De Koning van Spanje*, werd in de maand October 1898 de Samenwerkende Maatschappij *De Zon* gesticht. Het kapitaal der maatschappij zou bestaan uit aandeelen van 50 franken, door partijgenooten en vrienden van den vooruitgang gekocht. Men zou eene goedkoope bakkerij inrichten; langzamerhand zouden de koopers van het brood in de winsten der maatschappij deelachtig worden. Men zou hulp bij geboorte, onderstand bij ziekte betalen, en vooral goed en goedkoop brood leveren. De prijs per brood zou 20 centiemen bedragen, 6 centiemen goedkooper dan het brood dat toen te Zele verkocht werd.

IV

In het begin van December 1898 werd te Zele de bakkerij *De Zon* geopend.

De statuten verschenen in het Staatsblad van 30 October 1898.

Art. 1 luidde : Tusschen de ondergeteekenden, gebruik makende van de wet van 18 Juli 1873, gewijzigd door de wet van 1886, en al degenen die zich aan de tegenwoordige standregelen zullen onderwerpen en in de maatschappij aangenomen worden, is eene samenwerkende vennootschap gevormd, onder de benaming van *De Zon*. Haar doel is het voortbrengen en den verkoop van eetwaren en allerlei goederen van gewoon verbruik.

Art. 2. — Deze maatschappij, wier zetel gevestigd is te Gent en wier lokaal door den bestuurraad zal gekozen worden, zal succursalen, depots en werkingzetels mogen inrichten, enz.

Als leden van den bestuurraad waren aangeduid :

Gezel Victor De Cock, bediende te Gent; gezel Karel Beerblock, bediende te Gent; de heer August Bruggeman, handelaar te Gent.

En als kommissaris :

Gezel Rich. Berragan, brouwer te Gent.

De eerste inschrijvers waren : Frans Warie, werktuigmaker te Gent; Foucart [Jan, handelaar te Gent; Victor De Cock, bediende te Gent; Ad. De Backer, smid te Gent; Berragan Richard, brouwer te Gent; Beerblock Karel, bediende te Gent; Bruggeman Aug., handelaar te Gent; Van Cauteren Cesar, fabrikant te Zele.

Samen hadden zij voor een kapitaal van 1000 fr. ingeschreven.

Met dat weinige geld gingen zij een nieuw middel beproeven om Vlaanderen uit zijnen doodslaap en uit zijne berusting wakker te schudden en voor zijne rechten te doen strijden.

De noodige maatregelen waren genomen om de onderneming te doen gelukken. Met opgewekte omzendbrieven werd propaganda gemaakt bij de bevolking. De voordeelen aan het verbruiken van het brood der maatschappij verbonden : deel in de winsten, hulp bij geboorte, goedkoop en voedzaam brood, werden breedvoerig uiteengezet.

De bloem en het hout waren aangekocht, de bakkers stonden op hun post, de brooduitvoerders waren gereed het brood te gaan verkoopen. De bestuurders hadden om 4 uur Gent verlaten om aanwezig te zijn bij het vertrek van den eersten broodverkooper en daarna ongeduldig den uitslag der onderneming af te wachten.

De eerste oven brood was niet goed; het brood was te bleek, niet genoeg uitgebakken. De tweede oven was beter. Elke oven bevatte 45 brooden.

Eindelijk reed de broodverkooper weg. In de verte hoorden wij hem bellen, blazen op zijn horentje en roepen dat hij goed en goedkoop brood had. Men kwam ons berichten dat men brood had zien verkoopen; dit gaf ons moed. 's Middags keerde de brooduitvoerder terug; nog geene twintig brooden waren verkocht. 's Namiddags ging het niet beter. Geheel de gemeente was afgeloopen. De verkoop was te gering.

Wat te doen? De oplossing lag voor de hand.

Aangezien in Zele te weinig brood verkocht werd, moest men verder zoeken.

Twee dagen later reed men tot aan Berlaere. 's Morgens om 7 ure vertrokken twee brooduitvoerders, de eene in de richting van Hamme, de andere in de richting van Overmeire. De eerste kwam terug om 7 ure 's avonds; de tweede om 10 1/2 ure; deze laatste had al zijne brooden verkocht.

Zouden wij stand houden? Zeker, het was noodzakelijk! De zon kan niet ondergaan; wel kunnen zwarte wolken haar verduisteren, maar spoedig heeft zij ze verdreven en schijnt met vernieuwden glans. Volhouden! volhouden! moest de leus zijn.

De vreeselijke armoede der bevolking der omstreken van Zele kwam ons ter hulp. De loonen waren zoo klein dat men geen geld had om boter te koopen. Men voedde zich met droog brood. *De Zon* bakte krentenbrood en verkocht het aan den zelfden prijs. Het brood aldus smakelijker gemaakt werd veel gekocht, maar het is onnoodig te zeggen hoeveel moeite het kostte om vol te houden.

Te Zele kon weinig brood gekocht worden; de bevolking was te arm, en daardoor verplicht op crediet bij bakkers of patroons te koopen.

De inrichting wijzigde zich dus ondanks ons; de socialistische bakkerij werkte te Zele maar het brood werd buiten Zele verkocht; men reed tot tegen Wetteren, tot in Baesrode, tot voorbij Lokeren.

Met elk brood werd een bewijs van aankoop afgeleverd; na drie maanden, werd de beloofde winst uitgekeerd, alhoewel er geene winst was. Het betalen dezer winst versterkte het vertrouwen in de maatschappij. Deze echter ontwaarde dat er geen middel was op deze manier de volksinrichtingen uit te breiden.

De kliënten der maatschappij *De Zon* woonden te ver van elkander; het uitvoeren dat met wagen en paarden moest gebeuren kostte te veel.

Intusschen echter werkte men ijverig. De bestuurleden vergaderden minstens eenmaal per week; er verliepen geene twee dagen of een hunner bracht een bezoek aan de inrichting, ging de zaken na, waakte over den dienst.

Wij willen maar vluchtig gewagen hoeveel moeite

het kostte eene goede administratie in te richten. De leveraars zoowel als de bevolking en de bedienden konden niet begrijpen dat eene samenwerkende maatschappij niet te vergelijken is met eene bijzondere maatschappij. Waartoe diende het alles op te schrijven, te rekenen, volgens vaste regelen te werken. Zulks ging boven aller bevattingsvermogen. Het bestuur was verplicht alles te doen of te herdoen.

Stilaan klom de verkoop, maar telkens als de diensten moesten vergroot worden was de maatschappij ook tot grootere uitgaven verplicht. De paarden waren spoedig versleten; de vervoermiddelen kostten zeer veel geld.

Een jaar na de opening der bakkerij was er eene gemiddelde wekelijksche ontvangst van 1100 franken en bezat de maatschappij 5 paarden. Het personeel bestond uit 4 broodverkoopers, 3 bakkers en 1 beheerder en lokaalhouder.

De bestuurdienst werd kosteloos uitgeoefend.

Den indruk die wij op het volk maakten, hetgene wij overal vaststelden, was leerrijk voor de propaganda. Wij bestatigden dat het oordeel over de socialisten zich geheel en al gewijzigd had. Vroeger aanzag men ons als het uitvaagsel der maatschappij, als menschen die alleen goed genoeg waren om gevangen genomen te worden. Een socialist moest een onhandelbaar ruw persoon zijn, die een woest uitzicht had en alle beset van eerlijkheid en deugd miste.

De toestanden waren nu veranderd. Wij deden zelfs de ondervinding op dat men dacht dat de socialisten over eene onuitputtelijke geldbron be-

VISSCHERSWONING TE DE PANNE

schikten. Wij moesten niet alleen waken dat de leveraars ons niet bedrogen, maar zelfs de werklieden zouden niet medegeholpen hebben aan de propaganda, zonder er rijkelijk voor betaald te worden, en het loon moest grooter zijn dan dat hetwelk zij door hard zwoegen bij hunnen patroon verdienden.

In de katholieke bladen hadden zij zoo dikwerf gelezen over Vooruit en over de schatten die daar door de socialisten op rekening der werklieden verzameld werden; zij hadden de beschrijving der prachtige gebouwen, der groote inrichtingen niet vergeten. Wanneer de Gentenaars dergelijke lokalen konden betalen, moesten zij geld, veel geld, meer geld hebben dan de rijken, en daar zij beweerden voor de welvaart van het volk te strijden, waren zij verplicht, alles dubbel, driedubbel te betalen.

De socialist die naar den buiten kwam was geen verdrukte meer die vraagt te strijden tegen onrecht en willekeur, maar iemand die reeds in staat was zichzelf te helpen, die geld te zijner beschikking had om het leven der ellendigen te verzachten.

De socialist was de almachtige; men was bereid hem te volgen, als hij maar zorgde dat er niets ontbrak in het gezin, dat er zelfs wat meer was dan nu.

Men kan de teleurstelling raden der brave lieden, toen hun aan het verstand gebracht werd, dat alleen goedkoop brood en goedkoope levensmiddelen konden geleverd worden, wanneer allen kochten en trouw betaalden, dat het leven van den socialistischen strijder of volgeling zwaar was, dat hij zijne vrije uren moest opofferen voor de belangen van anderen.

In plaats van geld te verzamelen moest men op

zijne uitgaven besparen, wekelijks een inleg betalen aan zijne vereeniging, om haar toe te laten den strijd te voeren tot verbetering, ook van hen die zich vijandig toonen aan het streven der socialisten.

Dergelijk stelsel werd niet begrepen. Zij tot wie aldus gesproken werd, beschouwden den spreker eerst medelijdend, vervolgens wantrouwend ; men bemerkte op hun aangezicht, dat zij dachten : « hoor eens, socialist, van mijne centen zult gij gebruik maken om uw bijzonder doel, dat gij mij verbergt, te bereiken. »

Wij deden de ondervinding op, dat het begrijpen van het feit dat men door vereeniging tot beterschap moet komen, reeds eene beschaving is. Wie met liefde wekelijks eenige centen afzondert om ze in de kas der vereeniging te storten, en dat geld te laten gebruiken tot algemeen nut, zonder dat het voor hem meer voordeel oplevert, wie in staat is dit offer te brengen, aldus te handelen, is reeds ver verheven boven de onwetende slaven met dewelke wij hier in aanraking kwamen.

Daarvoor is solidariteitsgevoel noodig en moet het verstand zich plaatsen boven de kleine persoonlijke veeten, boven den dagelijkschen levensstrijd.

Wat dan gezegd van hen die het geld bewaren, die ondanks eenen aanhoudenden kamp tegen de armoede, het geld der vereeniging als geheiligd aanzien, omdat het gestort werd door de edelmoedigen, door de voorloopers eener eeuwenlange onderdrukte bevolking, die, begeesterd door een nieuw geloof, door de vereeniging der krachten der arbeiders eene nieuwe wereld willen stichten.

De kashouder kan geen alledaagsch mensch zijn,

maar moet vele verhevene hoedanigheden bezitten. Men vindt ze moeilijk in een persoon vereenigd.

Naast hare bakkerij zou de Maatschappij *De Zon* voorloopig goedkoope levensmiddelen verkoopen.

Het bestuur dacht, was er zelfs van verzekerd, dat enkele moedige en offerwillige partijgenooten zouden opkomen, en belang zouden stellen in de zaak. Men zou ze in de beweging, in de werkzaamheden mengen, en aldus het begin van organisatie stichten.

Wij hadden reeds verkregen dat de bevolking min of meer met de socialisten verbroederde, wij moesten ook verder geraken.

Men duldde de socialisten in de dorpen met hunne samenwerking; men liet hunne broodkarren door de katholieke gemeenten rijden; het werd aanvaard als een feit, door de nieuwe tijden medegebracht.

De samenwerking die te Zele haar hoofdzetel had, kon zich slechts met oneindige moeite staande houden. Wie zal ooit de ontelbare bezoeken aan Zele gebracht, kunnen berekenen; wie zal verslag geven over de eindelooze beraadslagingen, de altijd nieuwe voorstellen, de steeds nog niet beproefde middelen die voor doel hadden dichter bij het volk te komen?

Door den geringen verkoop op enkele plaatsen was *De Zon* gedwongen zich steeds meer en meer uit te breiden, in de hoop gemakkelijker hare onkosten te kunnen dekken.

De karren der Maatschappij reden op al de dorpen gelegen langs de Schelde van aan de Dender tot aan de Durme. En zoo, volgens de uitgebreidheid van ons handelsterrein, de zaken grooter hadden kunnen zijn, toch mochten wij ons niet beklagen. In 1900 waren er weken dat er 1600 tot 1800 franken voor het brood ontvangen werd; de middelmatige ontvangsten, winter en zomer, bedroegen 1000 tot 1100 franken per week.

Om dezen uitslag te verkrijgen moest er oneindig veel moeite gedaan worden en waren de kosten van vervoer en van voortbrengen zeer groot.

De Maatschappij *De Zon* was in geene herberg gevestigd.

Het lokaal der bakkerij bevatte een ruime koer, en een afdak, soort van magazijn, dat vroeger gediend had tot het bergen van vlas.

Door het uitbreiden van den verkoop, waren het oventje en de plaats, die tot bakkerij diende, te klein geworden.

Het waren zorgvolle dagen voor het bestuur der maatschappij, toen men dagelijks meer en meer de noodzakelijkheid van vergrooting gevoelde en men op geene winst rekenen kon om de kleinste uitgaven te bekostigen. Daarbij, waarom veranderingen gedaan aan een lokaal dat wij slechts in huur hadden?

Het was weer de oude leidster, de vriendin die ons nooit verlaat maar ons steeds aanmoedigt, die beslissend optrad, en ons een stap verder voerde naar het geluk van allen.

Het socialisme mocht niet wijken, het moest volhouden, vooruitgaan, overwinnen!

Naarmate de drukte toenam in de maatschappij, klom de toewijding der bestuurders. Menigmaal kon men ze 's morgens om 4 3/4 uur zien vertrekken in de Waasstatie te Gent. Om 6 1/2 uur waren zij te Zele om de zaken na te gaan, de moeilijkheden, aan stipte uitvoering van dienst en aan goede voortbrengst verbonden, te vereffenen.

Wekelijks waren al de bestuurders eens aanwezig, werd er gewikt en gewogen en al de voorstellen besproken. En iedere vergadering eindigde met de hoop op den eindtriomf, met het vertrouwen dat al die moeite toch eens zou beloond worden.

Begeesterd door den onwrikbaren zucht naar vooruitgang, deden allen het onmogelijke om de inrichting te versterken. Nieuwe aandeelhouders werden gevonden. De voorzitter, de heer Bruggeman, kocht het lokaal der samenwerking voor 10,000 franken. Alhoewel de verlangde en verhoopte toekomst nog zoo ver in het verschiet lag, toch werd niet geaarzeld zulk een groot offer te brengen. Welk dankbaar gevoel vervulde ons jegens hen die zoo krachtig medewerkten om in de duistere onwetendheid en verslaving, het licht der bevrijding te doen branden en schitteren.

Op den aankoop van het lokaal volgde het plaatsen van een groote oven. Nu zou men kunnen sparen, zich onder geldelijk opzicht kunnen verbeteren. In den muur van den oven werd eene groote bronzen plaat aangebracht met de kloeke kenspreuk der maatschappij « De Zon » : *Tot verheffing van den mensch — tot welvaart van het volk.*

Al de verbruikers van het brood der maatschappij werden op de inhuldiging van den nieuwen oven, die plaats had gedurende de maand Februari 1900, uitgenoodigd. Dien dag vergaderden een 60tal moeders in de bakkerijzaal.

Allen werden vergast op chocolade met eierbrood; eenige muziekstukken werden gezongen of gespeeld, de heer Bruggeman sprak als voorzitter tot de aanwezigen; de ondergeteekende voegde er eenige woorden bij over de macht der werklieden, over het doel der socialisten, en het schoone feest werd besloten.

Daarna hadden wij opnieuw gelegenheid vast te stellen, hoe weinig vertrouwen wij mogen verwachten van de buitenlieden, hoe weinig geloof zij hechten aan onze gezegdens.

De deelgenooten van Zele, die door aandeelen aan de maatschappij *De Zon* verbonden waren, vielen af, zij verlieten ons; hunne krachten waren te zwak om met de onafgebrokene moeilijkheden te worstelen, onvermijdelijk in dergelijke inrichtingen, die langs den eenen kant de rechten der werklieden, der zwakken moeten verdedigen tegen alle onderdrukking en uitbuiting, en langs den anderen kant moeten zorgen dat zij zich als handelszaak recht kunnen houden.

De aftocht der bewoners van Zele liet ons dus opnieuw alleen. Daarbij hadden wij onder persoonlijke twisten te lijden.

Gelijk overal viel men bij voorkeur hardnekkig de strijders aan, terwijl de ware volksvijanden, die zich onder de namen van patroons, gemeenteoverheden en priesters verbergen, met rust gelaten werden.

Intusschen was *De Zon* eene bekende geworden in het arrondissement Dendermonde en zelfs geheel Vlaanderen door.

Vonden de bestuurleden geene partijgenooten of medewerkers, zij hadden toch vrienden gekregen. Menigmaal drukten de arme wevers van Zele ons hartelijk de hand toen wij ze verlieten, na een bezoek in hunne schamele hut, waar zij ons op hunne manier gastvrijheid betoond hadden. Maar voor-verstandelijke en zedelijke verheffing, voor verbetering van 's werkers toestand, waren zij niet warm te maken.

Toen wij hen een beter, menschelijker leven voorspiegelden, hunne verbeelding tot het zien en begrijpen van het goede trachten te leiden, aanschouwden zij ons vreemd; zij kenden ons te goed om ons van kwaadwilligheid te verdenken, maar zij schudden het hoofd. Het antwoord luidde onveranderlijk : « wij zouden beter zijn met een dubbelen frank, om ons nu eens goed te kunnen vermaken » of « gij kunt het goed zeggen. »

Nooit heb ik hun iets hooren gewagen over betere maatschappelijke instellingen; zij zijn te ongelukkig om iets hoogers te vatten; nooit hadden zij een oordeel moeten vellen en deden het nu ook niet.

Het voorgaande doelt vooral op de bevolking van Zele en omstreken.

Door onzen omgang met de buitenbevolking leerden wij ook, dat er drie soorten buitenwerklieden zijn, die zich scherp van elkander afteekenen, en een verschillend leven leiden.

Vooreerst heeft men den nijverheidswerkman, die zijn brood verdient met handwerk. Hij en zijne familie zijn onverschillig aan alles wat de samenleving betreft. Zij genieten eene vermeende vrijheid, die hen afhoudt van gemeenzaam strijden; voor hen is de verdrukking niet zoo sterk verpersoonlijkt in een patroon, onder wiens bevelen zij gedurig moeten werken. De wevers van Zele, bijvoorbeeld, brengen de grondstoffen om inpakgoed te weven naar huis, en geheel het gezin werkt mede.

Het werk is niet alleen de bron van hun onderhoud, maar ook hun tijdverdrijf.

In een bijzonder werkhuis zou men onmogelijk kunnen vergen dat in den zomer de arbeid 's morgens om drie uur aanvangt, en slechts 's avonds om 9 uur ophoudt. Welnu, dergelijke werkdagen zijn volstrekt geene zeldzaamheid in de gezinnen van Zele. In den zomer begint men 's morgens vroeg, gedurende den winter kan men tot 11 ure 's avonds zien weven, spinnen, enz., en zulks in slecht verlichte en verluchte lokalen.

Boeken, platen, gazetten zijn ongekende weelde-artikelen. Verzamelingen en kringen tot verheffing of uitspanning bestaan niet op het dorp; er blijft natuurlijk niets over dan brutale vermaken en het bevredigen der dierlijke behoeften. Dit is het leven dier ongelukkigen.

De tweede soort buitenwerklieden zijn de arbeiders die in de steden op de werven, in de mijnen, in de hoogovens, in Frankrijk op het land, hun brood verdienen.

Deze werklieden zijn de vrijzinnigste onder de boeren; zij zijn meer vatbaar voor een genoeglijker leven; bij hen aan huis is er iets dat meer welstand ademt. Deze arbeiders zullen eens de voorwacht van het hervormingsbataillon van den buiten vormen; die tijden zijn echter nog niet aangebroken.

De derde soort werklieden zijn de boerenknechten die zich verhuren bij een of ander pachter en eenige stuivers daags winnen. Zij beschikken over een stuk land dat zij na het dagelijksch werk bebouwen, om er eenige groensels te kweeken. Zij leven in kleine hutten waar de kinderen het grootste deel van den dag alleen gelaten worden, waar goed voedsel en zachte rust ongekend zijn.

Dat zijn de slaven der middeleeuwen, die tot schande onzer maatschappelijke instellingen blijven bestaan; zij zijn de levende wezens die wraak roepen over de eindelooze misdrijven door de bezittende klas gepleegd; zij zijn te onwetend om voor het socialisme gewonnen te worden.

Al de werken, al den goeden wil der maatschappij « De Zon » stuitten af op deze akelige werkelijkheid.

En toch was deze harde strijd vol beproeving, eene noodwendigheid geworden; dat hopeloos pogen vermeerderde onze zucht naar vooruitgang, maar wij stonden alleen; enkel de samenwerkende instelling gaf ons gelegenheid midden dezer droevige bevolking te blijven.

De maatschappij « De Zon » was ons lief geworden, daar waren wij gedurig in gedachten of in werkelijkheid tegenwoordig, onafgebroken werkten wij om haar te vergrooten. Eens de beheerzaken afgedaan in de vergaderingen, liepen de besprekingen van het bestuur over niets anders.

V

De heer Bruggeman, voorzitter van « De Zon », door bijzondere omstandigheden te Gent weerhouden, werd vervangen door gezel Berragan.

In de Wetgevende kiezing van 1900 stelde deze zich kandidaat in het arrondissement Dendermonde. Een verbond met de liberale partij werd gesloten.

De liberalen met de socialisten behaalden 5782 stemmen, de katholieken 24532, de christene demokraten 4287. De toestand was de volgende :

	1898	1900
Liberalen	—	} 5782
Socialisten	2903	
Christene demokraten	9682	4287
Katholieken . . .	21873	24532
Samen	34458	34601

Het stemmental was ongeveer gelijk gebleven, en er was om zoo te zeggen verlies voor de demokratie, door het verbond met de liberalen.

In het arrondissement Gent-Eekloo, waar voor de eerste maal Eekloo samen met Gent voor de zelfde lijst moest kiezen, was de vergelijking onmogelijk. Slechts bij latere kiezingen zal men beter kunnen bestatigen of er vooruitgang is.

Wat echter vaststond, was dat het leveren van goedkoop brood en van goedkoope winkelwaren niet voldoende was om de buitenlieden aan ons te verbinden. Immers, al de personen die aan ons kochten, werden als socialist gebrandmerkt, en daardoor vielen zij af

Men moest, zoo mogelijk, een ander propagandamiddel vinden. Dikwijls werd er onder de bestuurleden der maatschappij *De Zon* gesproken over het stichten eener voortbrengstnijverheid. De werklieden die er gebruikt zouden worden, zouden onafhankelijk zijn; door schoone lokalen en veredelende feesten zou men hunnen smaak verfijnen. Als er eenige winst kon verwezenlijkt worden, zou er misschien middel zijn goede en goedkoope woningen te bouwen. Aldus geplaatst in eene betere omgeving, genietende van een menschelijker leven, zouden natuurlijk de akelige buitenvermaken bestreden worden en verdwijnen, en de boerenbevolking zou rijp genoeg zijn om hare eigene ontvoogding te bewerken.

Werd het ons niet dikwerf bewezen, wanneer wij ons midden der landbouwers bevonden, dat de haat, de afgunst jegens de rijken, de geest van verzet groot genoeg waren om eene tweede Jacquerie, een moderne boerenopstand te doen plaats hebben, alleen met het doel kasteelen en pastorijen te verbranden, de kasteelheeren, de rijken, de geestelijkheid te straffen, ze te pijnigen, hun ook eens te doen gevoelen wat het is, onder geweld te moeten bukken en onverbiddelijk, hardvochtig behandeld te worden?

Het waren soms vreeselijke bedreigingen die tegen de machthebbers geuit werden; de gesloten vuisten beukten soms hard op de tafels, wanneer de woede, het verzet tegen al het bestaande onrecht zich lucht wilden geven.

Het zou voldoende zijn den aanval te beginnen, om geheel Vlaanderen te zien opstaan. Doch de socialisten, die door de pastoors en de kasteelheeren afgeschilderd werden als moordenaars, brandstichters, enz., in plaats van vooraan te gaan in het geweld, spoorden de buitenlieden aan tot wettelijke overwinning, door de staatsmacht aan de rijken te ontrukken en voor hunne eigene belangen te gebruiken. De hoop de rijken en de priesters eens te folteren en te straffen werd vernietigd; de slaven vatten nog niet alles wat de socialisten wilden, maar zij gevoelden reeds instinktmatig dat de armen de redding met zich droegen. Om er zelf aan mede te werken waren zij nog niet genoeg ontwikkeld, hun karakter moest nog eerst hervormd worden.

Men beproefde den aankoop en den verkoop van koorden, men liet een paar wevers voor onze rekening weven, men zou ook den suikerijhandel beginnen, maar deze was te Gent gevestigd.

Hetgeen wij met de bakkers en met de uitvoerders ondervonden hadden, moesten wij nu weer bestatigen. De werklieden wilden meer winnen, hielden geene rekening van den handelsstrijd en besteedden soms min zorg aan het werk. Daarbij moesten wij alles laten gebeuren zonder eene opmerking te maken aan den arbeider, want wie als demokraat, en vooral als socialist, klaagt over de handelingen der werklieden die hun plicht niet betrachten, wordt voor een veel grooter uitbuiter aanzien dan de kapitalisten. Om in de socialistische inrichtingen goede helpers te hebben, moet men over verstandige, ontwikkelde werklieden beschikken.

De maatschappij *De Zon* opende nu lokalen, die er netjes uitzagen, en waar de zwoegers konden samenkomen, en begon de uitgave van een weekblad, voor den buiten bestemd.

In de lokalen zouden vergaderingen en feesten gehouden worden, dagbladen, tijdschriften, enz., zouden er ter beschikking liggen der bezoekers.

De muren zouden versierd worden met tafereelen, met spreuken die er vooral zouden op wijzen dat de mensch en vooral de werkman meer waard is, dan hij geacht wordt, dat hij rechten heeft en deze verkrijgen moet wanneer hij zijne menschelijke plichten vervult.

Men zou vermaak-, zelfs kunstkringen stichten, vakvereenigingen tot stand brengen. Aldus zou de omgeving dezer ongelukkige buitenbevolking geheel veranderen en onvermijdelijk zou zij verbeteren, vatbaarder worden voor hooger streven.

Na vele moeilijkheden werd *De Zon* eigenaar van een lokaal te Zele. Ook te Wetteren werd bij middel van jaarlijksche afkortingen eene oude fabriek gekocht en als lokaal ingericht. Te Thielt sloeg men den zelfden weg in.

Men was er niet alleen in gelukt iets beters te kunnen aanbieden dan de gewone kroegen van den buiten, maar zelfs de katholieke kringen bleven in het duister tegenover de ruime lokalen, de gezellige, opwekkende, beschavende inrichtingen der socialisten.

Het weekblad *De Zon*, voor het arrondissement Dendermonde gesticht, had weldra zijne vertakkingen te Lokeren, te St-Nikolaas, te Temsche, en zelfs te Beveren-Waes.

In de maand September 1901 te Wetteren, in de daaropvolgende maand October te Zele, werden onder grooten luister, en met medehulp van de Harmonie Vooruit, de Harmonie Le Peuple, de Fanfare van Aalst en van duizende partijgenooten uit alle streken van Vlaanderen, de nieuwe lokalen ingehuldigd.

Op beide plaatsen werd gedurende het feest het woord gevoerd door gezel Anseele en door afgevaardigden der socialistische groepen. De duizende boeren luisterden verrukt en juichten dapper toe.

Daarna kwam Hamme aan de beurt. Hier werd ook een lokaal geopend evenals te Dendermonde.

Lokeren bezat een lokaal, maar door de nalatigheid van sommige leden moest het verlaten worden.

In 1903 werd door tusschenkomst der maatschappij *De Zon*, een nieuw lokaal geopend met eene bakkerij en een kruidenierswinkel, die na enkele maanden hun bestaan reeds verzekerd hebben. Ook te Temsche bezitten wij een lokaal.

Overal verrijzen de tempels van volksbeschaving en ontvoogding. De meeste Volkshuizen bestaan uit eene herberg, uit een kruidenierswinkel en eene bakkerij. In plaats van eene bakkerij bezit Temsche eene samenwerkende maatschappij van mandenmakers.

VI

Middelerwijl was ook het arrondissement Gent niet rustig gebleven. Een congres der wijkclubs besloot het onmogelijke te doen om op den buiten door te dringen.

Het volgende propagandamiddel werd verzonnen.

Iederen zondag zou men de rijtuigen huren der voormalige « Tramcars van Gent ». Deze rijtuigen kunnen 25 tot 30 personen bevatten.

De propagandisten die den tocht wilden medemaken, werden ingeschreven. Een vijftal muzikanten voor ieder rijtuig verbonden zich, mits eene kleine vergoeding, hunne hulp te verleenen aan de onderneming.

Hieraan werden door het Middencomiteit sprekers toegevoegd en een groot aantal dagbladen, een 200tal liedjesboeken, een paar honderd brochuren over de belangen der buitenlieden handelende, werden medegenomen ter verspreiding.

VISSCHERS TE DE PANNE

De gemeenten die moesten bewerkt worden waren soms 3 à 4 uren van Gent verwijderd. Dan vergaderde men om 3 uur 's morgens, op eene afgesprokene plaats, want bij het einde der eerste mis moest men zich reeds aan de kerk bevinden.

Wanneer de geloovigen de kerk verlieten, speelde de muziek volksdeuntjes, tot wanneer de honderde kerkbezoekers rond het rijtuig vereenigd waren. Dan begon het verspreiden der bladen en brochuren, en richtte de spreker het woord tot de buitenlieden.

Tot slot zong een propagandist een werkerslied en het rijtuig rolde weg om in eene andere gemeente, na de mis van 8 ure, hetzelfde te herhalen.

Veel propagandatochten werden aldus ingericht. Een dezer uitstappen, naar Mariakerke en naar Drongen, gemeenten op een paar uren van Gent gelegen, maakte ik mede.

Steeds herdenk ik dien dag met genoegen. Om 4 1/2 uur 's morgens waren wij saamgekomen. Onze groep bestond uit 26 mannen, waaronder 5 muzikanten en een spreker; allen stonden onder de bevelen van gezel Vande Veegaete. Vóór de afreis werden de laatste onderrichtingen gegeven : zonder toelating mocht niemand zingen, bladen verkoopen of het rijtuig verlaten. Daarop namen allen plaats in het rijtuig; de drie kloeke paarden legden aan en onder het spelen van een opwekkend aria hadden wij weldra de laatste huizen der stad achter den rug.

Het was heerlijk weder; naast het doel van onzen tocht was het ons ook een genot de heerlijke buitenlucht in den rustigen morgen met volle teugen te kunnen inademen. De paarden draafden goed, en weldra hadden wij het einde der prachtige, lommerrijke laan bereikt, en was de dorpstoren in 't zicht. Nu werd de grootste stilte in acht genomen. Het was nog maar 6 1/2 uur; de eerste mis eindigde eerst een kwartuurs later. Het rijtuig werd achter een golvend korenveld verborgen, en van afstand tot afstand werden tot aan de kerk mannen geposteerd. Vande Veegaete zelf ging de kerk binnen om te zien hoe ver de mis gevorderd was.

De onderpastoor had juist zijn preek begonnen. Van wacht tot wacht werd aan allen overgemaakt nog een kwartuurs geduld te hebben. Tien minuten later werden de muzikanten verwittigd zich gereed te houden, en werd het voertuig, langs zijwegen, stilaan dichter de kerk gebracht. Wij moesten voorzichtig zijn de aandacht niet te wekken, anders werden de overheden verwittigd en zouden wij moeilijkheden ontmoeten.

Eindelijk groot signaal. De mis eindigt!

In vliegende vaart komt men nu op de kerk afgereden; juist beginnen de eerste geloovigen den tempel te verlaten wanneer het rijtuig op het kerkplein komt.

Rond de kar worden de mannen geplaatst, voorzien van socialistische schriften. Alles duurt slechts enkele oogenblikken. De buitenlieden, vrouwen en mannen, blijven verwonderd staan, denkende hier eene vertooning te mogen verwachten.

Daar schettert de muziek; de buitenlieden opgewekt door de blijde tonen, lachen en maken allerlei veronderstellingen over hetgeen gebeuren zal. Nog steeds komen geloovigen uit de kerk. Een tweede muziekstuk wordt gespeeld. « De spreker! » klinkt dan het bevel. Een werkman komt vooraan de kar, richt zich tot de menigte, die minstens 300 personen telt, en met klare, duidelijke stem spreekt hij :

« Men zal verwonderd zijn werkers en muzikanten voor de kerk geplaatst te zien », zegt hij, « doch het kan anders niet. Gedurig worden de werklieden der stad hatelijk gemaakt bij de buitenlieden; men schildert ze af als verderfelijke lieden, die niet tevreden zijn, socialistische propaganda maken en allerlei kwaad in de wereld willen stichten. Daar men ons geene lokalen, geene herberg of geen grond wil verhuren waar wij het volk zouden kunnen vergaderen om onze verdediging te aanhooren, zijn wij gedwongen met een rijtuig te komen, u met muziek te verzamelen, om u aldus de waarheid te zeggen en u te laten oordeelen. »

Dan spreekt de gezel over de onrechtvaardigheden der wereld, over de boeren en werklieden die slaven, zwoegen en in ellende leven. Hij toont wie van de vruchten van den arbeid geniet en bewijst dat het vermeerderen der rijkdommen, het vergrooten der armoede voor gevolg heeft.

De werklieden van dorp en stad moesten zich zelf beter leeren kennen. Niet van anderen moeten wij ons heil verwachten; de redding ligt in ons zelf, in ons verstand, in onzen krachtigen wil.

De spreker schildert ook de nieuwe maatschappij waar broederliefde en eendracht zullen regeeren, daar de geldmacht zal gebroken zijn door de bescherming van den Staat voor alle werklieden.

Het eerste dat moet verkregen worden is het zuiver Algemeen Stemrecht; het schandelijk kiesstelsel dat 3 en 4 stemmen geeft aan de rijken en welstellenden en ééne enkele stem aan de hulpbehoevenden, aan hen die alle rijkdommen voortbrengen, moet verdwijnen.

Vervolgens kregen de kasteelheeren, de priesters en al de onderdrukkers hun deel. In het begin was de spreker met verwondering aanhoord geworden; langzamerhand echter had hij de belangstelling gewonnen en nu begon men hem reeds toe te juichen.

De pastoor had intusschen de kerk verlaten met eenige heeren en damen; na eene wijl aandachtig geluisterd te hebben werd hij als radeloos; onrustig liep hij hier en daar zijne verspreide vrienden opzoeken. Gezel Vande Veegaete hield hem in 't oog. De spreker had zijne rede met een opwekkend woord geëindigd. De buitenlieden lachten en gaven hunne goedkeuring te kennen door een hartelijk woord tot de omstanders gericht.

Het scheen wel dat deze manier van propaganda maken in hun smaak viel.

Weer speelde de muziek een deuntje, en daarna begon de verkoop van bladen en brochuren. Eensklaps komt een heer ons bevelen voort te rijden.

Van de Veegaete vraagt :
— Wie zijt gij?
— De burgemeester!
— Och kom, dat is niet waar.
— Hoe niet waar. Wacht maar even!

De heer loopt haastig weg. Intusschen zingt een propagandist met forsche stem een lied, er bijvoegende dat deze schoone liederen in het boekje staan dat aan 10 centiemen zal verkocht worden.

Een aantal dezer boekjes worden aan den man gebracht. Maar nu komt het heerschap terug, ditmaal met een driekleurige sjerp rond de lenden, een groot blad papier in de hand, gevolgd door den veldwachter.

— In de kar en vooruit! klinkt het bevel.

Zonder den burgemeester of zijn bediende den tijd te laten iets te zeggen, zijn al de propagandisten opgestegen; de drie paarden banen zich gemakkelijk een weg door de opeengepakte menigte en een minuut later draaien wij den hoek om. De gansche omgeving is weer rustig; maar daar bij de arme en verlatene menigte kunnen nu het gevoel van recht, van waardigheid en de hoop op beterschap zich ontwikkelen; het zaad is gestrooid geworden; dat het ontkieme, groeie, en een rijke oogst geve aan het menschdom!

Rond 11 1/2 uur waren wij weder in Gent; wij deden onze intrede onder de klanken eener vroolijke muziek, evenals een leger dat na eene schitterende overwinning terugkeert.

Zoo ging het vele zondagen achtereen, altijd met even grooten bijval. Eindelijk namen de gemeentebesturen der dorpen maatregelen om onze propaganda te verhinderen. Een besluit werd overal uitgevaardigd waarbij het zonder vooratgaande toelating verboden werd, met wagens, kramen, tafels of iets dergelijks voor de kerk te staan.

VII

Het congres der wijkclubs, waarvan wij in het vorige hoofdstuk gewaagden, had ook beslist een weekblad uit te geven voor het arrondissement Gent. Dit blad zou vooral op den buiten verkocht worden.

Het was geene gemakkelijke onderneming. De buitenlieden waren gewoon de socialistische schriften kosteloos te ontvangen. Het blad *De Landbouwer* verdedigde wel de belangen der landlieden, maar eene hervormende werking op het denken en op het karakter dier werklieden kon het niet hebben. Het tijdsverloop, tusschen iedere verspreiding gelegen, was te groot. Het weekblad zou dus veel nut kunnen stichten, maar het zou moeten gekocht worden.

Zouden de buitenlieden 2 centiemen willen betalen voor een blad, dat door de overheden verboden was? En dan nog, wie zou de bladen gaan verkoopen? Zouden er personen gevonden worden met genoeg opofferingsgeest om die taak te aanvaarden, de ver van elkander verspreide woningen der buitenlieden te gaan opzoeken, er het blad te gaan aanbieden trots de moeilijkheden en het gevaar, en zulks niet ééne maal maar ALLE zondagen? Langs een anderen kant, het arrondissement Gent-Eekloo bevat 99 gemeenten; als ieder propagandist 2 gemeenten bewerkte, waren er 50 apostelen noodig. Deze moesten eerst gevonden worden om dit propagandawerk te kunnen inrichten.

En toch verscheen weldra het eerste nummer van het socialistisch weekblad *De Toekomst*; het werd in 44 gemeenten door 44 propagandisten verkocht.

De verkoop van *De Toekomst* had twee goede uitwerkselen : Vooreerst, de buitenliedenwerden regelmatiger op de hoogte der maatschappelijke gebeurtenissen gehouden; onder socialistische beoordeeling leerden zij nu allerlei zaken en gebeurtenissen kennen die hen vroeger vreemd bleven; zij vereenzelfden zich met de zienswijze van het weekblad. Ten tweede er was nu een band gesmeed, tusschen de socialisten van de stad en de werklieden van den buiten.

De verkoopers kwamen alle weken om een aanmoedigend woord tot de lezers en tot de buitenlieden te richten; weldra hadden zij vrienden en op de dorpen ontstond aldus een |bestendig nazicht der daden van den kasteelheer, van den burgemeester, van den priester, van allen die zich vijandig toonden aan den vooruitgang.

Wat men in het arrondissement Dendermonde ondervonden had met de samenwerking, bleef ook niet achter in het arrondissement Gent-Eekloo, nadat het weekblad *De Toekomst* gedurende zekeren tijd verkocht was.

Te Loochristi, eene gemeente op anderhalf uur van Gent gelegen, kon eene vereeniging gevormd worden. De gelden door de leden ingelegd, dienen nog om reizen te doen. Weldra hoopt men een deel der bijdragen te mogen gebruiken voor de propaganda. Voor het oogenblik durft men nog niet. Zouden de leden reeds ontwikkeld genoeg zijn om eene zekere som te willen afstaan voor de lotsverbetering aller verdrukten?

De wijkclub der Heirnisse te Gent draagt de kosten der propaganda in deze gemeente. Voorwaar, geen geringe last! Nu en dan worden te Loochristi feesten ingericht, die altijd goed lukken.

Het gebeurt echter wel dat de burgemeester de gendarmen ontbiedt en onnoodige voorzorgen neemt. Zoo werden eens op eene meeting de gendarmen voor het verhoog geplaatst, met het zichtbaar doel schrik onder de inwoners te verspreiden en ze aldus van de socialisten te verwijderen. Maar op onze mannen had die kleine list geen vat en wanneer de dorpers ons zoo kalm zagen, deden zij ook alsof zij niets bemerkten. De slotsom was dat de burgemeester zich enkel belachelijk had gemaakt.

Te Loochristi is het socialisme aan 't ontkiemen. Enkelen zijn reeds het tijdperk van zucht naar geweld voorbij; de haat tegen de rijken vervormt zich in verachting voor het kapitalisme; zij willen niet de personen, maar het stelsel bestrijden, het vervangen door de socialistische regeling die de aarde met hare vruchten aan het menschdom schenken zal tot aller geluk.

Te Loochristi hebben er soms geheime, nu en dan ook openbare vergaderingen der leden van de maatschappij en hunne vrienden plaats.

Die vergaderingen zijn echte modelsamenkomsten. Nooit een dronken persoon, altijd minstens een zestigtal getrouwe, kloeke mannen, die met geestdriftige gebaren handelen over hun voornemen te werken om meer leden te verzamelen die het socialisme niet als een verwoestend, maar als een wereldbeschavend middel willen aanwenden. Dergelijke vergaderingen hebben minstens iedere maand plaats.

Dank aan het weekblad *De Toekomst* zijn de socialisten ook te Waarschoot, te Sleidinge en te Eekloo binnengedrongen.

Sinds lang verkocht men het blad te Waarschoot. Het ging er gelijk overal : eenige vrienden, nu en dan de aanwinst van enkele lezers of ook soms wel het verlies van een of meer lezers. Maar gedurende de beweging voor Algemeen Stemrecht van 1902 stond gansch de werkersbevolking op. De tramcar die met de propagandisten aangerold kwam, werd zingend door het volk ontvangen. Het was de buiten die opstond. Deze algemeene beweging had een edele strijd als gevolg. De wijkclub waarvan de verkooper van het blad *De Toekomst* deel maakte, eischte voor hem de eer van het werk; een andere wijkclub, die de kostelooze verspreiding van *De Landbouwer* bezorgde, wilde ook op de bres springen; deze laatste club immers had de briefwisseling onderhouden met partijgenooten, oude Gentsche makkers, die met een Gentsch fabrikant naar Waarschoot verhuisd waren; later had hij de jongen in betrekking gebracht met de partij; daarbij vaardigde hij dikwerf een verkooper af naar Eekloo, om daar den dagelijkschen verkoop van het blad *Vooruit* te beproeven.

De soms hevige betwistingen werden eindelijk beslecht; men erkende dat beide vereenigingen haar best gedaan hadden. Een der wijkclubs werd aangeduid om de propaganda voort te zetten.

Maar wat edele wedijver! De Gentsche wijkclubs bevatten waarlijk helden op het gebied der propaganda en van het verheffingswerk der buitenbevolking. Daarvoor zijn zulke reuzenkrachten onontbeerlijk. Want welke is dan toch de rol der wijkclubs?

's Zondags, wanneer de onverschilligen nog in hun bed liggen, of aan vermaak, aan duivenvluchten en andere domheden denken, kan men reeds om 4 1/2 uur de eenvoudige, ongekende socialisten zien, zij wier naam in geene boeken opgeschreven zal worden, wier werk in het openbaar nooit toegejuicht wordt.

In het midden van den nacht verlieten zij hunne woning, beladen met dagbladen. Zij offeren hunne rust, hunne krachten, hun vrijen tijd op; hun plicht als apostels van het socialisme roept hen ginds in de eenzame dorpen bij de slaven der slaven, bij de grootste lijders van Vlaanderen, *bij den Vlaamschen boer*! En zonder bedenken aanvaarden zijn hunne taak. Die ongelukkigen zullen zij gaan opzoeken; hun hoop en troost brengen, ze verheffen uit de onwetendheid, en ze inlijven bij het broederlijk leger der socialistische strijders!

En onze onvermoeibare propagandisten hebben het uitzicht niet van heeren, van burgers, of van geleerden; het zijn gewone werklieden, soms nog eenvoudiger en nederiger dan de andere werkers. Alleen het gedacht voor het socialisme nuttig te zijn is hun hoogste genot.

Als reiskosten ontvangen zij het geld van den trein en een halve frank als vergoeding voor een glas bier en een stuk brood.

Aldus worden er wekelijks verscheidene duizende exemplaren van *De Toekomst*, en op onbepaalde tijden, in enkele uren, over gansch het arrondissement Gent, 30,000 socialistische schriften verspreid!

Deze aanhoudende propaganda moest onvermijdelijk de heerlijkste gevolgen hebben.

Gezel Oscar Devisch die te Maldeghem verscheidene honderde exemplaren van het blad verkocht, had daar vrienden gekregen die partijgenooten werden, en door zijne tusschenkomst met Eekloo en met Waarschoot verbonden werden.

De wijkclubs besloten voor deze drie gemeenten een middenpunt te vormen.

Eenige Gentsche gezellen waren bereid aan dit werk mede te helpen.

Eekloo werd gekozen. Van daar moest de propaganda in de omstreken onderhouden worden.

Na veel moeite verhuurde een brouwer van Evergem een huis rechtover de statie te Eekloo, niet wetende dat het een lokaal der socialisten worden moest. Daar richtte men een kruidenierswinkel en eene herberg in. De noodige gelden werden verzameld door den verkoop van aandeelen van 10 franken; het waren allen arme werkers die inschreven.

Onder de propagandisten die dapper medehielpen in het arrondissement Eekloo, verdient gezel Jan Déjourné, een drukker, eene bijzondere melding. Met eene prachtige stem begaafd, die hem steeds grooten bijval verzekert op de concerten der partij, geeft hij, door de socialistische liederen die hij in gezelschappen zingt, eene dubbele waarde aan zijne propaganda.

Gezel Déjourné is ook bestuurlid van den wijkclub der St-Lievenstraat, waar hij een voorbeeld van werkzaamheid geeft, gelijk ten andere al de bestuurleden der socialistische vereenigingen.

Het duurde niet lang of in het lokaal te Eekloo verzamelden den zondag tal van vrienden; Jan Déjourné ging tot hen, zong een lied, redeneerde met die werkers, met het gevolg dat drie maanden na de opening van het lokaal, te Eekloo een socialistische propagandaclub bestond, die zich voortaan zou bezig houden met het verspreiden van het socialisme in de omliggende gemeenten.

Het lokaal zelf was maar eene kleine herberg met een nog kleinere winkel. De gezellen De Waele en De Visch hielden zich bijzonder met deze samenwerking bezig. Het geheel zag er armoedig uit, maar de mannen die bestuurden waren rijk aan moed, aan wilskracht en aan hoop. Inderdaad, stilaan veranderde het inwendige van het lokaal; nu en dan werd een meubel bijgekocht. 's Zondags was het lokaal meermalen te klein om al de bezoekers te ontvangen; wanneer gezel Déjourné vergadering hield voor den propagandakring waren allen aanwezig. Dan kwam een spreker uit Gent, de propagandisten der wijkclubs die den omtrek bewerkten bleven ook, en telkens was het feest. Moed, geestdrift, kracht om den strijd voort te zetten werd uit dit samenzijn geput.

Doch het kapitalisme organiseerde zich ook. De werklieden die men wist deel te maken van den club werden onbarmhartig op straat gezet en broodeloos gesteld. Onder de slachtoffers die aldus vielen, waren er die zwoeren nooit den club te verlaten.

Zij zochten werk te Gent of in de naburige gemeenten. Een viertal gezellen weken uit naar Amerika.

Daar de propaganda te Waarschoot ook aanhoudend gevoerd werd, verbonden zich de burgers van Waarschoot, van Eekloo en van Sleidinge om de socialisten te doen verdwijnen van die gemeenten.

Men vond zelfs geslepene middelen om ze te treffen. Zij besloten, wanneer de werkgevers de socialisten niet vervolgden, deze laatsten hunne woning te ontnemen, en daar de woningen moeilijk of zelfs onmogelijk te vinden zijn, was de propagandist niet alleen in zijn werk, maar hij en zijne familie ook in al hunne bestaanmiddelen getroffen.

Het was in 1901 dat het lokaal te Eekloo geopend

werd, en in 1903 waren er reeds vereenigingen gesticht te Waarschoot en te Eekloo.

De worsteling is begonnen. Onder de vele brieven die wij ontvangen, laten wij volgend schrijven verschijnen, dat bewijst welke opofferingsgeest de bevolking bezielt, welk een harde en bange strijd geleverd wordt en hoe wij, trots alles, toch vooruit gaan.

Waarschoot, ... Mei 1903

Vriend ......

« Gij hebt uwe verwondering uitgedrukt dat ik zoo lang wachtte te antwoorden, maar wees zeker, vriend, dat ik hier nog al wat te doen heb. Wij zijn met niet veel die geleerd zijn en wij moeten het dus al doen. Ik zelf ben aan het bestuur van de drie nieuwe maatschappijen die sinds een jaar gesticht zijn en reeds was ik in twee maatschappijen, die ik en niet mag verlaten, want met de andere mannen zijn wij 't eens om deze ook rood te doen worden.

« Ook moet ik voor het blad De Toekomst artikelen samenstellen van wat er hier voorvalt en besloten wordt en den strijdpenning van Waarschoot en Sleidinge verzorgen. Ik wil ook mijn blad Vooruit niet laten van lezen, en dan nog met het een en ander is het dagelijks 11 uur voor ik gedaan heb met lezen en schrijven.

« Zijt verzekerd dat wij hier ons best doen om lezers voor het blad Vooruit te winnen. Het gaat zeer moeilijk er alle weken bij te krijgen ; de reden is de vervolging. Want het is verschrikkelijk wat wij, die propaganda maken, hier te verduren hebben. Ik zou er een gansch boek kunnen van schrijven.

« Verledene week kwam er hier eene *berechting* langs de straat en een jonge gezel was ze voorbijgegaan, omdat het zoo geweldig regende, zonder zich in de modder op zijne knieën te zetten; en wat hebben zij gedaan? Naar zijn huis geloopen, bij zijne familie geweest, den jongen slecht gemaakt op de gemeente, er in de sermoenen over gepreekt, zoodanig, dat hij van zijne ouders de gemeente heeft moeten verlaten. Niemand dierf hem aanvaarden; voor zijn geld kon hij geen logement vinden. Had vriend ..... hem niet in huis genomen, hij moest buiten slapen, zoover drijven zij het hier.

» Ik zelf moet van geen ander spreken, in mijn huis is het al zoo erg gesteld. Nadat ze *ons allen* het werk onttrokken hebben, ook aan mijne moeder en aan mijne zuster, is mijne zuster uit armoede naar Gent moeten gaan dienen, en daar ook zijn ze al bezig met achterna te loopen om haar uit haren dienst te helpen, met te zeggen dat hare broers slechte kerels, ja socialisten zijn. En zoo zijn er hier honderde gevallen. Dat is dus christelijke liefde, niet waar? Maar daarom geven wij toch geen moed verloren.

« Wij hebben maandag vergadering gehouden; al de propaganda, zooals overeengekomen was, is besproken. Er zijn veel zaken voor de inrichting onzer cooperatie en voor het congres waarover wij met u moeten spreken. Als gij Zondag in « Ons Huis » kunt zijn om 10 1/2 ure, zullen de kamaraden D. en V. komen om u te vinden. Het betreft ook de gemeentekiezing. Wij hebben 20 franken gestemd tot onderstand der werkstakers van Meenen, de gezellen zullen u het geld overhandigen . . . .

NETTENBREIDSTER TE DE PANNE

. . . .
« Het is ongelooflijk hoe de zwarte rokken hier overal loopen om drukking op den baas van het lokaal uit te oefenen en zijn huis te koopen. Het afnemen der woningen is nu het reddend middel van den vijand. Men zal u zondag ook spreken over de vier vrienden G..., V..., V... en D..., die moeten verhuizen, vervolgd voor hunne opinie; zelfs hunne familiën worden getroffen.

« Aangaande onze Ziekenbeurs, moet ik melden dat na den eersten oproep 48 leden zich lieten inschrijven; zondag vergaderen wij weder; allen hebben beloofd een lid mede te brengen. Zondag beginnen wij met den inleg te doen. Wij denken met 100 leden te kunnen beginnen.

« Het is reeds rond 11 ure; ik zou u nog veel moeten schrijven. Over den nieuwen correspondent van Waarschoot zullen de mannen u zondag spreken.

« De groeten van alle vrienden; wij blijven trots alles goede strijders.

T.... »

Eenige maanden nadat het lokaal te Eekloo geopend was, verbrak de eigenaar alle verbintenissen met gezel De Visch, die het lokaal *De Toekomst* in huur had; op 1[ste] Mei 1903 moest hij het huis verlaten hebben. Zulks was een harde slag.

Het was met zeer veel moeite dat een klein huisje van 2 franken huurwaarde per week kon gevonden worden, om na den 1[ste] Mei de familie Devisch als woonplaats te dienen. Al de winkelwaren werden opeengestapeld in eene kleine kamer; onze gezel, zijne vrouw en zijn kind woonden, sliepen en leefden in de kleine keuken. Daar ook moest men den zondag vergadering houden. Het paard en de wagen mochten tot verdere gebeurtenissen bij een vriend gestald worden.

De gezellen De Waele en De Visch, met de mannen van Waarschoot en van Gent, vergaderden verscheidene malen bij dringendheid. Weerom werd een beroep op de welwillendheid der partijgenooten gedaan. Wat geld werd verzameld. Men moest naar middelen uitzien om een lokaal te koopen.

Met den dag werd het meer en meer onmogelijk in het kleine huizeken te blijven. Men zocht, men zocht, doch telkens vernomen werd dat de huurders of koopers socialisten waren, werd het verkoopen of verhuren geweigerd!

De kapitalisten hadden zich verbonden nergens een lokaal of eene vergaderplaats ter beschikking der socialisten te stellen. Onze partijgenooten moesten Eekloo verlaten. Liberalen en katholieken hielpen elkander in dit ellendig werk. Maar de propagandaclub hield moedig stand; de leden en het bestuur vergaderden nu in de keuken van een partijgenoot; bij gezel De Visch was het te klein, te bekrompen.

Eindelijk waren huizen te koopen; de gelden waren verzameld. Gezel Berragan werd afgevaardigd, en door zijne tusschenkomst liep de eigenaar in de val. Na onderhandelingen werd de maatschappij *De Toekomst* eigenares van twee huizen, een magazijn en een groot stuk grond.

Acht dagen na den aankoop was de samenwerking er gevestigd en werd het lokaal geopend.

Daarmee is het socialisme voor goed te Eekloo binnengedrongen.

VIII

De wijkclubs, die zulke reuzenwerken tot stand brengen, beschikken zelf over de minst in 't oog springende organisatiemiddelen. Hun lokaal is meest eene kleine herberg van den wijk. De meeste hebben geene 25 vierkante meters oppervlakte. In meer dan een wijkclub is de slaapkamer van den herbergier de vergaderzaal der maatschappij; vóór de vergadering begint, zet de herbergier alles gereed; als de samenkomst gedaan is, kan hij alles wegbergen en slapen gaan.

De leden, die ook geene paleizen bewonen, zijn er vrij. Men kan er bespreken, voorstellen doen; wat men zegt blijft binnen, men is er als in zijn eigen huis.

De federatievergaderingen der wijkclubs, die tot verleden jaar in het oud lokaal van *Vooruit* gehouden werden, waren ook eigenaardig. Voor deze federatie was er geene bijzondere vergaderzaal, en bij gebrek hieraan vereenigde men zich rond de billards in het koffiehuis. Rond deze reusachtige tafel zaten de 22 afgevaardigden en de weekbladverkoopers.

Daar hield gezel Vande Veegaete, als voorzitter, zijne wekelijksche redevoering.

Nu en dan kon men de afgevaardigden, wanneer een belangrijk propagandawerk besproken werd, notas zien nemen om den volgenden dag de beslissingen in de bestuurzitting van den club bekend te maken.

Welk een reuzenwerk is daar rond de billards besloten en uitgevoerd!

Niemand zou gedacht hebben, dat die arme, met grove kleeren bedekte werkers, nog zwart van den lastigen arbeid, die in schijn onverschillig luisterden, maar als het pas gaf, hunne zaak goed verdedigden, dat die armen, waar de burgers met minachting op neerzien, de helden zijn die het moeilijkste werk volvoeren dat ooit begonnen werd : den buiten verheffen, aan den armen uitgebuiten boer gedachten schenken, hem een breed gezichtspunt doen innemen, hem aan den vooruitgang doen medewerken.

Toen Karl Marx zegde : « *Het werk der ontvoogding der arbeiders moet het werk der arbeiders zelf zijn* », dacht men nooit dat deze waarheid zoo klaar zou bewezen worden door de Gentsche socialisten in het algemeen, en door de Gentsche wijkclubs in 't bijzonder. Het zijn de laatsten die het werk der ontvoogding volbrengen.

De uitslagen van de werkzaamheden onzer wijkclubs kan men best berekenen uit het stemmental der kandidaten bij de kiezingen. Het laat ons toe de denkwijze der buitenbevolking min of meer vast te stellen, alhoewel de dwang op kiesgebied, door katholieken en liberalen uitgeoefend, nog niet heeft opgehouden. Steeds worden allerlei middelen te baat genomen, niet om het geweten van den kiezer, maar om den wil van den eigenaar, van den kasteelheer of van den priester te doen spreken.

Ziehier de uitslagen der kiezingen voor vier verschillende jaren; wij herinneren dat het arrondissement Eekloo eerst in 1902 met Gent verbonden werd.

Stemmen der Socialisten

Kantons	1994	1898 (1)	1900	1902
Gent	11395	14669	13712	13281
Deinze. . . .	587	752	496	891
Evergem . . .	930	1243	1087	1362
Ledeberg . . .	2001	2887	2825	2993
Nazareth . . .	251	224	200	381
Nevele . . .	249	523	170	480
Oosterzeele . .	459	1195	448	404
Waarschoot . .	149	227	221	303
Loochristi . .	222	930	584	1015
Somergem . .	208	191	126	
Assenede . . .			249	740
Caprycke . . .			139	265
Eekloo			706	959

In het jaar 1900 begon de verkoop der weekbladen.

Alle Federatiën hebben het voorbeeld van Gent gevolgd, en bewerken den buiten met weekbladen.

Op dit oogenblik verschijnen de volgende weekbladen; de arrondissementen waarvoor zij bestemd zijn, worden naast ieder blad aangeduid.

De Toekomst voor het arrondissement Gent-Eekloo
De Zon » » St-Nikolaas
De Zon » » Thielt-Dendermonde
Recht en Vrijheid » » Aalst-Geeraardsbergen
Verbroedering » » Oudenaarde
Werkerswelzijn » » Brugge
Het Volksrecht » » Kortrijk
Le Réveil » » Moescroen

---

(1) In het jaar 1898 was een kartel besloten tusschen de liberalen, de socialisten en de progressisten.

Een blad, *De Verbroedering* genaamd, verschijnt voor de Vlamingen die te Luik verblijven.

Al deze bladen worden als volgt samengesteld : de twee eerste bladzijden blijven gelijk voor alle ; aan den inhoud wordt niets veranderd dan den titel. De derde bladzijde bevat het nieuws en de mededeelingen die het arrondissement betreffen waar het blad verschijnt, en de vierde bladzijde dient voor de aankondigingen der samenwerkingen of nijveraars der streek.

De eerste bladzijde is altijd met eene plaat versierd.

Aldus wekt men de belangstelling en heeft men gelegenheid de zaken bevattelijker voor te stellen.

Wekelijks worden meer dan 7000 bladen in Vlaanderen verspreid.

BESLUIT

Wij schrijven Juli 1903. Over Vlaanderen zijn niet min dan 23 socialistische samenwerkingen verspreid:

De Verbroedering, te Geeraardsbergen, Bakkerij en lokaal.
De Redding, te Ninove, Margarinehandel en lokaal.
Hand aan Hand, te Aalst, Bakkerij en lokaal.
De Roode Leeuw, te Aalst, Tabakfabriek en lokaal.
De Zon, te Wetteren, Bakkerij, kruidenierswinkel en lokaal.
De Zon, te Dendermonde, Kruidenierswinkel en lokaal.
De Zon, te Zele, Bakkerij, kruidenierswinkel en lokaal.
Vooruit, te Gent, *De Werkman*, te Ledeberg, *De Vrije Bakkers*, te Gent, Bakkerij, kruidenierswinkels, enz. enz., talrijke lokalen.
De Toekomst, te Eekloo, Kruidenierswinkel en lokaal.
De Hoop, te Wondelgem, Margarinehandel.
Volkshuis, te Lokeren, Bakkerij, kruidenierswinkel en lokaal.
Vereenigde Mandenmakers, te Temsche, Mandenmakerij, kruidenierswinkel en lokaal.
De Toekomst, te St-Nikolaas, Bakkerij, kruidenierswinkel, ellegoederen en lokaal.
De Arbeid, te St-Nikolaas, Weverij.
Werkerswelzijn, te Brugge, Bakkerij, kruidenierswinkel en lokaal.

De Zon, te Oostende, Hotel en lokaal.
De Noordstar, te Oostende, Kruidenierswinkel en bakkerij.
De Plicht, te Meenen, Bakkerij en lokaal.
De Zon, te Thielt, Bakkerij, kruidenierswinkel en lokaal.
Volksrecht, te Kortrijk, Bakkerij en lokaal.
La Fraternelle, te Moescroen, Bakkerij, margarinehandel en lokaal.

Over den strijd door al deze maatschappijen geleverd om zich staande te houden, zich daarna te vergrooten, en over de wederwaardigheden aan dergelijke inrichtingen verbonden, zijn geheele boeken te schrijven.

De oprichting dezer samenwerkende maatschappijen was volstrekt geen triomftocht; daar werden de eerste onderrichtingen gegeven, noodig om de werkende klas als besturende macht op te leiden; de bestuurders werden er gevormd.

De werkers ondervonden dat het socialisme iets meer is dan een klassestrijd; dat het de vervorming van het karakter en de zeden beoogt, de personen op den achtergrond plaatst, om de gemeenschap te bevorderen in het verkrijgen van meer geluk; dat om eene betere maatschappij te stichten, betere menschen noodig zijn.

Het zijn deze inrichtingen die de regeeringen en de vijandige partijen verplichtten iets te doen voor het werkvolk; allen werden gedwongen meer belangstelling te stellen in het leven der zwoegers. Het werd, wel is waar, met tegenzin volvoerd en de toegevingen waren zoo klein mogelijk, juist voldoende om aan de liberalen en katholieken toe te laten te beweren dat zij de werkende klas niet verwaarloozen.

Maar aldus is de vijand verplicht geweest stil te staan op de baan van dwang, onderdrukking en uitbuiting.

Laat ons hopen, dat zij die verantwoordelijk zijn voor 's werkers toestand, op den nieuwen weg zullen voortschrijden.

Wat er ook van weze, het blijft vast dat de pogingen der socialisten, om den Vlaamschen buiten te ontslaven, reeds zeer goede gevolgen gehad hebben.

Het groote werk dat ondernomen werd, om het volk te ontwikkelen en de maatschappelijke inrichting te verbeteren, is nu op de goede baan. Wanneer wij terugzien op den afgelegden weg, wanneer wij nu het oordeel vernemen der werklieden der stad en vooral van den buiten over rechten en over volksverzorging, wanneer wij nu het bewijs zien dat men hier en daar tracht zelfstandig op te staan, dan mogen wij zeggen dat een groote vooruitgang gedaan is, dat het oude vooroordeel, dat den werkman als de mindere aanzag, langzaam verdwijnt, dat de zwoeger meer in eigen krachten gelooft, betere levensvoorwaarden en meer gelijkheid eischt.

Het geloof aan de onfeilbaarheid der burgers, aan hunne onmisbare macht is gebroken.

De bevoorrechten moeten door daden bewijzen dat zij meer waardeering verdienen.

De eerbied die men nog aan de rijken betoont is slechts een gevoel van onderwerping, gevolg der eeuwenoude onderdrukking, waarvan de werklieden zich nog niet konden vrijmaken. Want armoede en slavernij heerschen nog op den buiten, maar het is de geduldige, de gedweëe slavernij niet meer van over een vijftiental jaren.

Enkele jaren waren voldoende om op dat gebied reuzenwerken te verrichten. Natuurlijk is alles nog niet verbeterd. Maar de ondervinding leert dat wij op den goeden weg zijn, om blijvende verbeteringen voor allen te bekomen.

De Vlaamsche werkman van de stad zoowel als van den buiten stelt belang in zijnen toestand; die belangstelling leidt onvermijdelijk tot de vereeniging, de vereeniging tot de macht, tot het gevoel van verantwoordelijkheid.

Aldus vormen zich de voorgangers, de strijders voor volmaking van allen, de opvoeders van het volk.

Voorzeker ontbreken wij nog krachtdadige mannen en vrouwen vol opofferingsgeest, die op den buiten en in de stad strijd voeren, vooraan staan, zich wijden aan de algemeene belangen; maar naarmate de macht des volks grooter wordt zullen deze gemakkelijker gevonden worden. Daarbij is ieder niet in de wieg gelegd voor dergelijk werk. Het apostelschap past alleen aan bijzondere karakters. Maar ook de andere karakters kunnen uitstekende diensten bewijzen wanneer zij een werkkring ontdekken of een midden vinden om zich te bewegen. En zij die moed, kracht, offerwilligheid, wijsheid en talent bezitten om te strijden, en deze hoedanigheden offeren aan de partij, hebben meer gewicht in de schaal van den maatschappelijken vooruitgang, dan honderd behouders.

Op het land, evenals in de stad, worden de toestanden niet op een dag veranderd. De vooruitgang gaat traag, wint stuk voor stuk veld op de onwetendheid, naarmate het volk hooger klimt en macht verkrijgt om de oude dwaalbegrippen te verwerpen en de nieuwe stelsels te begrijpen en naar waarde te schatten.

Daarom zijn de kiesstrijden zoo leerrijk; men maakt kennis met de plichten der wetgevers, der Staats- en stadsbesturen, men vormt zich een nieuw oordeel over algemeene en bijzondere belangen, over plichten en rechten, over maatschappelijke verhoudingen.

Het volk leert denken, wijzigt zijn levensregel. Al deze feiten eischen eene getrouwere vervulling van de mandaten door de gekozenen, eene stiptere naleving der wetten door de openbare besturen. Aldus ontstaat eene nieuwe maatschappij.

Nu bouwt men betere woningen die, alhoewel nog niet aan alle wenschen voldoende, toch gaarne gehuurd worden en de oude krotten met vreugde doen verlaten.

Zoo verdwijnen stilaan de onmenschelijke woningen der ongelukkigen, en mogen wij hopen dat het nageslacht, beter gehuisvest, in gelukkiger voorwaarden leven zal.

Wat wij voor de woningen bestatigen, gebeurt voor alle andere levensvoorwaarden. De maatschappelijke wagen rolt voort, soms wel met schokken, maar komt toch voorwaarts.

Er zijn echter personen die denken dat het ontvoogdingswerk tot geen goeden uitslag leiden zal, omdat het te langzaam gaat, dat wij nooit ons doel zullen bereiken. Zij dwalen.

Het werk der volksverheffing is nooit vruchteloos. Slechte wetten, onmenschelijke toestanden zijn mogelijk omdat het volk nog niet bewust is van zijne kracht.

Er wordt veel geleden ; talrijk zijn zij die de maatschappelijke instellingen vervloeken en wel hun leven zouden willen wagen om eene verbetering te veroveren. Maar de meerderheid van het volk berust nog bij het onrecht. Allen *wenschen* wel verbetering maar *allen eischen* ze nog niet. Maar eens dat de meerderheid des volks zijn wil uitdrukt, kan men niet regeeren zonder van dien wil rekening te houden.

Onze taak is dus net omschreven.

Eerst moeten al de onverschilligen opgewekt worden. In hun hart moeten wij de kiem van recht en waardigheid plaatsen, wij moeten ze ontwikkelen, voeden en groot maken, en wij zullen nieuwe soldaten voor den strijd gewapend hebben.

De propaganda op den buiten leerde ook, dat de kleine verbeteringen : meer loon, min belastingen, een ander burgemeester of volksvertegenwoordiger, de machtigste middelen niet zijn, om de hervormingen te bespoedigen. Veel krachtiger werken de gevoelens van waardigheid en van rechtvaardigheid die opgewekt worden in de meetings, in de schriften, diep in het hart dringen en zich omzetten in strijd om verbetering van het lot der verongelijkten. Het is als een instinktmatig gevoel dat allen leidt, en allen overtuigt dat iedere overwinning op het onrecht een stap nader brengt tot het algemeen geluk.

Het hervormingstijdperk zou echter spoediger doorgeworsteld zijn, indien Vlaanderen een paar edelmoedige kapitalisten of maatschappijen bezat die zich groote opofferingen voor het volksgeluk willen getroosten.

In den loop der vorige eeuw werd dergelijke witte raaf gevonden in den persoon van Robert Owen, den grooten Engelschen menschenvriend.

Wij kunnen niet weerstaan aan den lust hier zijn pogen breedvoeriger te beschrijven, en te wijzen op de prachtige uitslagen zijner onderneming, die voor doel had het werkende volk gelukkiger te maken.

Robert Owen was de zoon van een arme zadelmaker, die door de omstandigheden bevoordeeligd, en door kunde en vlijt, eerst bestuurder, daarna groot aandeelhouder eener fabriek werd. Op 29 jarigen ouderdom was hij een rijk man, en stelde zich ten doel zijne rijkdommen aan te wenden tot het geluk van allen.

Owen leefde in het begin der negentiende eeuw; zijne fabriek (katoenspinnerij en -drukkerij) stond te *Nieuw-Lanark*. In die fabriek werkten 1300 arbeiders waaronder 500 kinderen van 7 tot 12 jaar.

Robert Owen, als goed nijveraar, won veel geld, doch wilde daarmede voor de menschen en kinderen, die in zijne instelling werkten, zorgen en ze gelukkiger maken.

De kinderen en volwassenen die daar samen leefden, en reeds bij den fabrikant werkten van wien Owen de fabriek overnam, waren vrijwel verwilderd en verdierlijkt. Dronkenschap was eene gewoonte, groot en klein oefende zich in het stelen; de opzichters en opleiders gaven onder alle oogpunten het slechte voorbeeld.

Robert Owen, geleid door een diep gevoel van menschenliefde, ging ten strijd tegen die ondeugden. Hij bevocht minder de personen dan de omstandigheden waarin de menschen leefden en de kinderen groot gebracht werden. Hij had de innerlijke overtuiging, dat het er slechts op aankwam eerst de uiterlijke toestanden te verbeteren, wilde men verder kunnen werken.

Hier was eene dubbele taak te volbrengen. Aan de volwassene werklieden moest eene omgeving van matigheid, reinheid en orde, aan de kinderen opvoeding en onderwijs gegeven worden. Het ging niet gemakkelijk.

Nieuw-Lanark is eene buitenplaats in Schotland, aan de rivier de Clyde gelegen. Behalve den drank en de ontucht had het volk geene uitspanning. Wanneer het werk gedaan en het loon betaald was snelde men naar de kroegen. De kleinen, de jeugd aapten de grooten na. Het verval was algemeen.

Robert Owen deed de kroegen op zijn fabrieksterrein en landgoed sluiten. De aanleiding tot dronkenschap werd op die wijze sterk verminderd.

Vervolgens ging Owen *persoonlijk* rond om ieder, die zich toch aan misbruik van sterken drank had schuldig gemaakt, te verbeteren.

Hetzelfde gebeurde voor de zeden, voor het stelen, enz. Met dit alles ging ook een krachtig streven om reinheid en zindelijkheid in en om de huizen te bevorderen, gepaard. De woningen, zoowel als de levenswijze der schotsche lagere klasse waren morsig en vuil; de huizen hadden te weinig ruimte, ze bestonden uit ééne kamer, terwijl voor de deur op de straat de vuilnis en de mesthoopen lagen.

Owen deed bij elk huisje eene verdieping bouwen; al de mesthoopen werden weggehaald en het werd streng verboden de vuilnis op straat te werpen.

Owen ging nog verder. Hij wilde het leven in huis

HET ZUIVEREN DER TRAANZAKKEN TE DE PANNE

aangenamer maken. Hij riep de werklieden samen en hield toespraken over orde en netheid in huis. De werklieden hoorden hem gaarne spreken, doch bleven hun eigen zin voortdoen. Toen riep hij ze weder bijeen, liet eene commissie benoemen uit enkelen hunner bestaande. Die commissie had voor plicht wekelijks ieder huisgezin te bezoeken en over dit bezoek verslag uit te brengen. De vrouwen waren woedend; zij schreeuwden en tierden tegen dezen maatregel, waardoor hunne vrijheid in gevaar scheen. Doch Owen ging stil zijn gang; altijd bleef hij kalm, nooit kwam een hard woord over zijne lippen, nooit wilde hij redetwisten. Hij volvoerde hardnekkig wat hij eens besloten had. De vrouwen, die wekelijks het bezoek op vriendelijke wijze ontvingen, kregen bloemen en sierplanten uit zijne broeikassen.

Dit had den gewenschten uitslag. De bloemen gaven kleur en geur aan het huisje, het leven werd er gezelliger en aangenamer.

Toen de netheid verkregen was, begon Owen zich bezig te houden met de vrouwen te leeren beter en tevens goedkooper eten te bereiden. Het koopen op krediet bij de winkeliers was hier eene groote hinderpaal. Owen deed al de winkeliers van zijn grond vertrekken en richtte *samenwerkende magazijnen op, waar alle benoodigheden konden gekocht worden*. Besparingen en betere bediening waren het gevolg. Elk huisgezin won aldus minstens 25 o/o.

De zelfde beginselen van orde en netheid werden geëischt in de fabriek. Daar ook moest het leven aangenamer worden. Daartoe was eerst de afschaffing der lange werkdagen onontbeerlijk.

Robert Owen is de eerste nijveraar geweest die den arbeidsdag van 10 uur invoerde. Langere arbeidsdagen waren weldra onbekend. Met strengheid eischte hij zorg en oppassendheid op het werk : neergeworpen katoen, vodden, stukken papier, alles moest worden opgeraapt en verwijderd. Naast ieder werkman werd, zichtbaar voor elkeen, een blokje hout opgehangen, dat aan de vier zijden met vier verschillige kleuren (zwart, blauw, geel en wit) geschilderd was. Het zwart beteekende *slecht*, het blauw *onverschillig*, het geel *goed*, het wit *uitnemend*. Alle dagen ging de opzichter rond en wendde het blokje naar die kleur welke het gedrag van den werkman gedurende den vorigen dag rechtvaardigde. Deze houtblokjes werden « de zwijgende vermaners » genoemd. De arbeiders bestreden eerst het stelsel, later gevoelden zij het nut der nieuwigheid. Owen bereikte met dit middel zijn doel. Er werd niet meer gestolen, er kwam zorg en oplettendheid, de arbeiders kregen een gevoel van waardigheid.

Het spreekt van zelf, dat de groote menschenvriend veel tegenstand moest overwinnen. Het waren pijnlijke beproevingen die hij doorstond toen hij meermalen aangevallen, uitgescholden werd, juist door de werklieden, voor wie hij geld, moeite, talent en zorgen gaf, om ze gelukkiger te maken. De arbeiders, gewoon aan onbillijkheid, dachten hier ook dat enkel een nieuw middel van uitbuiting werd toegepast. Niet het minste gevoel van liefde voor anderen bezittende, dachten zij dat de andere menschen ook slechts met wellustige en dierlijke strevingen bezield waren.

Robert Owen overwon de tegenstand door zijne

rustige, kalme en zachte handeling. Hij twistte niet, hij zegde ronduit wat hij dacht en liet dan het oordeel aan anderen over. Hij wist zijne werklieden te bewegen een zesde deel van hun loon af te zonderen, en dit te bestemmen tot fonds voor de zieken, gebrekkelijken en ouderlingen. In 1806 werd beslag gelegd op het katoen dat uit Amerika moest komen; al de fabrieken, ook die van Robert Owen, lagen stil bij gebrek aan grondstof. Owen echter betaalde zijne werklieden het volle loon en liet ze de mekanieken en getouwen herstellen. Terwijl elders hongersnood heerschte, was er daar niet het minste gebrek. Robert Owen betaalde 175.000 franken aan loon, zonder dat er voor gewerkt werd. De koppigste en wantrouwigste Schotsche arbeiders werden aldus van zijne welwillendheid overtuigd.

Voor de kinderen had Robert Owen eene bijzondere zorg. Hij was overtuigd dat zij den vruchtbaarsten grond waren voor zijne hoogere menschelijke denkbeelden. Het zorgen voor eene goede omgeving, voor eene reine atmosfeer, in stoffelijken zoowel als in zedelijken zin, kon hier met goed gevolg worden betracht.

De grootste misbruiken moesten eerst worden weggeruimd. Zonder voorbehoud werd een einde gemaakt aan het nemen van kinderen uit liefdadigheidsgestichten om in zijne fabriek te werken. De kinderarbeid zelf moest beperkt worden. De schandelijke gewoonte die in gansch Engeland bestond, kinderen van vijf en zes jaren in fabrieken aan de mekanieken te doen werken, moest beteugeld worden. Owen wilde in zijne fabriek geene kinderen beneden de tien jaar : eene herinnering uit zijn eigen leven ; hij zelf was op 10-jarigen leeftijd aan den arbeid gedreven.

Owen kleefde eene vaste stelling aan : de fabriek mocht gebruik blijven maken der jeugdige krachten, mits de fabriek zelf zorgde voor de opvoeding en voor het onderwijs der jonge arbeiders. Hij verbond arbeid met opvoeding en onderwijs der jeugd.

Bij het inrichten der onderwijs- en opvoedingslokalen binnen de fabriek moesten, naar zijn oordeel, voor alles vaste regels in acht genomen worden. Zoo moest met het opvoeden en het onderwijs geven zoo vroeg mogelijk begonnen worden, omdat de goede plooi aan het karakter zou kunnen worden gegeven; het onderwijs moest zoo ingericht worden, dat het een genoegen was voor de kinderen de school te bezoeken.

En hij werkte ijverig voor dit doel. Te Nieuw-Lanark bouwde men een groot gesticht voor onderwijs en opvoeding, met de daartoe behoorende graspleinen, speelplaatsen, badinrichtingen, enz. Alle kinderen moesten zoo jong mogelijk hierheen worden gebracht en geleid; aan de ouders en aan de arbeiders der fabriek, met hunne kleine, enge huizen, moest men die zorg ontnemen. In de inrichting moesten de kinderen trapsgewijze worden onderwezen en opgevoed. Men zou beginnen met eene school voor zeer kleine kinderen.

Kinderen van twee jaar zouden reeds opgenomen worden, en aan die kinderen moest op eigenaardige wijze worden ingeprent, dat zij hun best moeten doen; men gaf hun een indruk van plichtbesef, men leerde hun nooit leed of kwaad aan andere makkers te berokkenen, en *onverpoosd te trachten het genoegen, dus het geluk der anderen te bevorderen.* Oudere kinderen leerden lezen, schrijven, rekenen, terwijl de meisjes daarnaast in handwerk en in keuken- en huishouding onderwezen werden. Vooral besteedde men veel moeite om den ontvangen indruk van wat er gelezen en geleerd werd diep en blijvend te maken. Gedurig werd gewezen op het verband, dat bestaat tusschen het belang en het geluk van *één enkel persoon* en dat van *allen.* Voor de volwassenen waren er avondlessen, die veraangenaamd werden door voordrachten en samenspraken. Men had ook bijzondere leeszalen; muziek, zang, dansen werden minstens tweemaal per week aangeleerd.

De gymnastiek was voor alle leerlingen van min dan dertig jaar oud, eenmaal per week verplichtend.

Beginnende met de spelen der kinderen op het grasveld, moest men daarna de jongelingen en meisjes lustig leeren en flinke ledematen doen krijgen door beweging en krachtsinspanning, vervolgens de ouderen zich doen volmaken; aldus werd op Nieuw-Lanark eene voorbeeldige bevolking gevormd, die de bewondering van gansch de beschaafde wereld opwekte.

De inrichtingen van Robert Owen, met het arbeidende volk dat uit slijk en ellende tot het menschzijn verheven werd, ontvingen het bezoek van geleerden, prinsen, keizers, regeerders, enz. Allen loofden het werk van hem die, van werkman, tot gevierden volksweldoener was opgeklommen. Owen liet zich die taal welgevallen en aanvaardde allen welwillend. Maar altijd kon men vaststellen dat Robert Owen maar natuurlijk en bewonderingswaardig was wanneer hij zich midden zijner medearbeiders, zooals hij de werklieden der fabriek noemde, bevond, en vooral wanneer hij bij de kinderen was.

Hij werd in zijne ondernemingen gesteund door zijn huisgezin, zijne vrouw, zijne twee zonen, zijne liefdevolle dochters. Zij vroegen nooit aan vader waarom hij al dat geld besteedde aan de inrichtingen in plaats zich te verrijken. Zij hielpen hem in zijn werk uit al hunne krachten, met al de liefde van dankbare kinderen voor een goeden vader.

Met fierheid toonde Robert Owen zijn werk aan de wereld. Zijn doel was niet alleen dat handvol arbeiders dat bij hem werkte gelukkig te maken; zijne inrichting, die fabrieken en scholen zouden aan gansch de nijverheidswereld van Engeland en der andere landen een voorbeeld geven, en toonen langs welken weg het karakter en den toestand der arbeiders konden verbeterd worden, en dit dan nog in het voordeel der nijveraars, der ondernemers en der staatsregeling. Hij dacht dat door zijn voorbeeld de regeering beschermend voor de arbeiders zou optreden, ze met weldaden als de zijne zou overladen, om aldus de menschheid en de wereld te verbeteren. De menschheid moest den ikzuchtigen blinddoek laten vallen.

De toestand van vrede en geluk was zoo verre niet verwijderd. Hij kon worden bereikt, mits maar afgebroken werd met de vroegere levensbeschouwingen.

De vroegere beginselen gingen uit van eigen verantwoordelijkheid, van het individu, van één streven naar eigen voordeel. Deze van Owen, die van de toekomst, zooals hij meende, zouden steunen op de stelling dat het karakter *vóór* en niet *dóor* het individu gevormd wordt.

Aldus had de maatschappij het in hare hand eene vaste plooi voor het goede aan de menschheid te geven. Zij hoefde slechts Owen's voorbeeld te volgen op nijverheids- en opvoedend gebied. Broederliefde, rechtvaardigheid en vrede zouden dan niet door omwentelingen, maar door overreding zegepralen. Er was slechts noodig : goed-

HET SOCIALISME ARM-VLAANDEREN BEPLOEGENDE

hartigheid en zachtheid van wege de rijken en de machtigen. Men moest nooit klagen over de handelingen van anderen, maar trachten die handelingen door betere instellingen te veranderen, al wordt het pogen ook niet altijd begrepen door hen ten wiens voordeele het gedaan wordt.

Inderdaad, het geheele streven van Owen had eene hooge beteekenis. Die scholen, die opvoedingsgestichten naast de nijverheidsgebouwen, waren een zichtbaar bewijs voor de arbeiders en voor de nijveraars, dat niet alleen voor de voortbrengst, maar ook voor den voortbrenger gezorgd werd. De werklieden schenen er in hun arbeid door aangevuurd, en de zaken der fabriek gingen verbazend vooruit.

Er werd veel geld gewonnen, en telkens, wanneer de winsten hoog waren, werd door Owen weder een deel afgezonderd ten behoeve der arbeiders. Vooral werd door hem telkens het oog gevestigd op inrichtingen die tot meer gemeenschappelijk leven konden voeren. Zoo werd in 1819 eene gemeenschappelijke keuken en eetzaal geopend. Eene bibliotheek en leeszaal werd in orde gemaakt en in den winter goed verwarmd. Owen zelf hield er voordrachten; hij ontzag het geld niet wanneer het voor de gemeenschappelijke strekking kon aangewend worden.

Voor hem was *Nieuw-Lanark* zeer zeker de rijke fabriekplaats, die aan allen die er werkten welvaart moest bezorgen. Maar terzelfder tijd moest Nieuw-Lanark de modelinrichting wezen, naar dewelke andere instellingen zich konden vormen.

Robert Owen werkte aldus gedurende 25 jaren te Nieuw-Lanark (van 1800 tot 1825). Dan, door zijne denkbeelden gedreven, meer als wereldhervormer te werken, verliet hij de fabriek, nadat hij er om zoo te zeggen eene nieuwe maatschappij en menschheid had gesticht. Armoede en verval was er bij zijne komst; bij zijn vertrek waren allen welvarend en konden allen zich als verlichte menschen bewegen.

Robert Owen wilde meer dan eene fabriekstad gelukkig maken; hij waagde zich aan inrichtingen van grooten aard, met eene communistische strekking, die hij zou verwezenlijken met menschen, waarvan sommigen wel wetenschappelijk onderricht, anderen wel kundigheid bezaten, maar die opgewassen waren de gemeenschappelijke belangen te dragen. Robert Owen verloor hier millioenen. Meermalen was hij het slachtoffer van bedriegers die zijne menschenliefde uitbuitten om zich zelf te bevoordeeligen.

Trots alles bleef hij gelooven in het goede bij den mensch, wanneer deze er voor opgeleid, gelouterd, aanpassend gemaakt wordt, door edele omgevingen.

Robert Owen was 84 jaar oud toen hij stierf. Eenige dagen voor zijne dood had hij nog eene redevoering gehouden over de mogelijkheid eener gelukkiger wereld, wanneer er maar goeden wil bij de menschen is. Zijne overtuiging was, dat de machten, waar zij zich ook vertoonen of in welken vorm zij zich huldigen, steeds het waarlijk goede moeten willen en het moeten aanmoedigen, ontwikkelen, door het voorbeeld te geven.

. . . .

Wat Nieuw Lanark eene eeuw geleden was voor Engeland en Schotland, ja voor gansch de wereld, is thans Vlaanderen voor België Wat Robert Owen daar kon, kan men hier ook, als er welwillendheid en goedheid is.

Nu zijn het de arbeiders alleen die de hervormingen moeten afdwingen, bijna zonder andere middelen dan het streven voor politiek- en maatschappelijk recht.

Werd er een Robert Owen gevonden die in Vlaanderen groote nijverheidsgestichten oprichtte, niet met het doel om het volk uit te buiten, maar om het geluk en de verheffing der arbeiders te bewerken, voorzeker zou de vooruitgang onmiddelijk reuzenschreden doen.

Konden de samenwerkingen, door hunnen bloei, eens die opofferende rol vervullen !

En dat zullen ze kunnen, wanneer allen zullen begrijpen welke voordeelen aan de samenwerkingen verbonden zijn, en het koopen op krediet bepaald zullen verlaten.

Dan zouden de kroegen verdwijnen om plaats te maken voor min talrijke maar mooie drinkhuizen, vergaderingsplaatsen, waar sterke dranken zouden geweerd worden, waar integendeel goedkoope voedingsmiddelen zouden te verkrijgen zijn.

Concerten en tooneelvertooningen zouden kosteloos ingericht worden voor het volk. Zooveel mogelijk zouden bijzondere tooneelstukken opgevoerd worden, om de opvoeding van het volk te volledigen.

Bij gebrek aan versiering, zou de maatschappij tusschenkomen om het inwendige der huizen een vriendelijken, gezelligen aanblik te geven, terwijl de gevels steeds modellen van bouwkunst zouden zijn.

De werkhuizen, bestuurd door de werklieden en door het beheer, zouden ook gezellig ingericht worden In elke zaal zou aan de arbeiders door opschriften herinnerd worden dat het werk niet als een last, maar als een eerepost moet aanzien worden.

Het minimum van loon zou berekend worden op de kosten der voedings- en onderhoudsmiddelen, zoodanig dat de welvaart in alle huisgezinnen verzekerd zij. Voor elk kind zou een verhoogd inkomen toegekend worden.

Op het werk, tijdens de dagtaak die hoogstens eerst *negen*, daarna *acht uren* daags zou bedragen, zou de grootste en volmaaktste voorbrengst geleverd worden. Men zou het als een bewijs van diepe ontaarding en van kwade inzichten jegens de gemeenschap aanzien, tijdens de werkuren lui te zijn, de belangen van het werk te verwaarloozen en niet alle krachten in te spannen om het beste werk voort te brengen.

Wie zoo eerloos zou zijn, te willen genieten zonder zijn deel voort te brengen, zou met naam bekend gemaakt worden; aldus zou men hem vluchten als een persoon die niet voor het gemeenschapsleven opgewassen is, en bijgevolg een gevaar is voor de instelling.

Wanneer die persoon zijne handelwijze zou veranderen, zou de raad van toezicht, gekozen door de werklieden, de bekendmaking intrekken.

Om als raads- of toezichtslid gekozen te kunnen worden, zou men bepaalde hoedanigheden moeten bezitten en onweerlegbare bewijzen van toewijding aan de zaak en goed begrip der gemeenschappelijke belangen moeten geleverd hebben.

Dit alles en nog meer zou de stoffelijke en zedelijke toestanden van het volk wijzigen, verbeteren, en een hooger begrip van menschelijkheid zou het aan de ikzucht onttrekken.

Op korten tijd zou Vlaanderen eene tot nu toe ongekende vlucht en een hooge trap van beschaving bereikt hebben, en aan de duizende menschen die nu in dierlijkheid leven en in ellende vergaan, zou een gelukkiger bestaan verzekerd worden.

Misschien zou zulks een paar millioen franken, en al de offerwilligheid en de toewijding van een tiental menschenvrienden vergen. Maar de uitslagen zouden de moeite en de kosten loonen.

Nu gaat het trager vooruit, en het gedane is onvolmaakter. Maar de geldelijke middelen zijn beperkt en soms ontbreken de mannen.

Wat men vooral noodig heeft zijn geene personen vol *haat en opstand tegen de kapitalisten,* maar menschen die eene *eindelooze liefde hebben voor het recht en voor de menschheid,* menschen, in een woord, die het *maatschappelijk stelsel : het kapitalisme,* dat nu overheerschend is, willen vervangen door gemeen bezit van gronden en van voortbrengstmiddelen.

Het werk der propagandisten in Vlaanderen kan men vergelijken bij dat der arbeiders die bezig zijn een groot gebouw op te trekken. Hier ziet men niets dan diepten, vuile aarde, modder, die weggeruimd en vervangen wordt door steenen; ginds worden steenen gelost, en de ijzeren balken vervoerd, waarop het gebouw rusten zal. Wanneer nu elk werk afzonderlijk beschouwd wordt, en geene rekening wordt gehouden van het algemeen doel, kan men moeilijk gelooven dat die vuile putten eens de grondvesten zullen bevatten van prachtige tempels, dat die balken bibliotheken, vergaderingszalen, volksverheffende inrichtingen zullen samenhouden.

De menschen oordeelen ongelukkiglijk slechts wanneer het werk volbracht is, zonder dan nog rekening te houden van den arbeid, het talent en de wilskracht die noodig waren om het werk tot een goed einde te brengen.

Aldus gaat ook de volksontvoogding in Vlaanderen.

Maar, moeten wij wanhopen als wij den vooruitgang nagaan, die op zulk een betrekkelijk kort tijdperk gemaakt is?

Ziet! Te Oostende werd over enkele dagen een

Volkshotel geopend. Het gebouw verheft zijn hooge, witte gevel op den hoek der Christina- en St-Paulus-straten, op eenige stappen van de statie, op drie honderd meters afstand van den zeedijk.

Het benedenverdiep is ingenomen door een groot koffiehuis, dertien meters diep op vijftien meters lang. De klare, lachende versiering der zaal lokt allen aan : tafereelen aan den muur, twee groepen in brons, het levende borstbeeld van Edmond Van Beveren verheffen den aanblik. Hier hebben wij dus geen gemeene kroeg noch een weelderig hotel, maar eene gezellige, luchtige en aangename verblijfplaats. En als voortdurende vermaning is op den muur geschilderd :

Vlucht dronkenschap en dwaas getier,
Slechts rede en wilskracht passen hier.

Het Volkshotel bevat 38 net ingerichte kamers, waar 62 bedden ter beschikking staan der vreemdelingen. De werklieden, die niet dikwerf het voorrecht genieten kunnen eenige dagen aan den zeeoever te verblijven, zullen hier over eene inrichting beschikken, wier noodwendigheid niet langer moet bewezen worden.

Daar waar achtervolgens twee samenwerkingen vielen, heeft het Socialisme dus eindelijk vasten voet gekregen, en wij mogen hopen dat het voortaan geene hinderpalen op zijnen vooruitgang meer ontmoeten zal. Het Volkshotel bewijst, dat onder den werkenden stand de beschaving klimt; de kroegen worden verlaten, het dierlijk vermaak wordt geweerd en stilaan vergroot bij de zwoegers de behoefte naar edeler verstrooiing.

Te Gent, de forteres van het socialisme, waar de werkersorganisatie wonderen verrichtte, zal binnen kort het geruisch en gedommel der getouwen eener samenwerkende weverij verkondigen, dat de proef gedaan wordt het patroonschap bepaald uit den weg te ruimen en een nijverheidsgesticht in gang te houden dat, voor het volk werkende, door het volk alleen bestuurd wordt.

Men wil het volk bewust maken, dat de mekanieken die in gang gehouden worden, geene schatten scheppen voor enkelen die in ruil het volk verdrukken, maar het gemeenschappelijk geluk verhoogen. Daardoor zal een [tastbaar bewijs geleverd worden dat het kapitalisme kan gemist worden.

De strijd zal weerom aan de opvoeding der werkende bevolking medehelpen; soms zal hij pijnlijk zijn, wanneer de werkers nog te veel der kapitalistische misbruiken behouden hebben en niet beseffen dat zij in de samenwerkende weverij geene eenvoudige arbeiders maar baanbrekers zijn voor de opheffing uit de slavernij, en dat de arbeid daar niet de laatste maar de hoogste plaats inneemt. Die strijd met zijne onvermijdelijke wederwaardigheden, moet en zal gewonnen worden, en weer zal een stap gedaan zijn op de baan van den vooruitgang.

Bij dat alles voegt zich de aanhoudende strijd tot verovering der staatsmacht, dit groot revolutionnair middel. De burgerpartijen beschikken over geweldige middelen, waarmede zij het volk onderdrukken : het leger, de gendarmen, de politie, het gerecht, het gevang, het geld, enz. Zij kunnen die middelen aanwenden, omdat zij meester zijn over de staatsmacht.

HET SOCIALISME ARM-VLAANDEREN BEZAAIENDE

Deze staatsmacht met geweld veroveren, is niet mogelijk voor de werkers. De verdrukte arbeidende klas beschikt over geene legers; door broodnood is zij ook nog afhankelijk; werkstakingen kunnen niet altijd doeltreffend aangewend worden. Verwoesting aanrichten is even weinig aanlokkelijk als praktisch om de macht in handen te krijgen, en ze te behouden tot verovering van het goede en rechtvaardige. De politieke strijd, de organisatie als partij is het beste middel om tot de macht te komen. Ieder afgevaardigde der werklieden in de besturende raden, in de wetgevende kamers, is een verlies voor de macht die ons nu verdrukt.

Het meervoudig stemrecht is natuurlijk een groot beletsel om de staatsmacht te veroveren; wij mogen de hoop voeden dat, wanneer allen met meer menschelijke en waardige gevoelens bezield zullen zijn, ook dit stelsel zal vallen, daar het niet beantwoordt aan de behoeften der bevolking, die meer en meer in de staatsbelangen gemengd is.

Het werk der socialistische partij, of liever het werk der rechtvaardigen die zich aan den ouden slenter willen onttrekken, bestaat niet alleen in het opvoeden van den werkenden stand, maar ook van de burgerklas; aan deze laatste moeten betere en juistere gedachten gegeven worden over den arbeid en zijne waarde, over den werker en zijne onmisbaarheid, over oorzaak en gevolg, over den invloed der omgeving, over de macht van het voorbeeld, enz.

Vóór alles moeten zucht tot eenheid en liefde tot het goede, de drijfveeren worden van ieders pogen.

Het werk der socialistische partij, welke steeds

door de burgerpartijen, door de rijken en machtigen afgeschilderd wordt als een rustverstoorder, is edel en verheven.

Hopen wij dat allen, de machtigen en met overvloedige schatten bedeelden zoowel als de ongelukkige werkers en hunne familiën, eens het ware schoone zullen kennen, dat zij zullen leeren dat niet alleen hetgene met goud kan betaald worden waarde heeft, maar ook hetgene huist in de harten, in den wil der menschen. De schoonheid behoort niet uitsluitend aan de schilderijen en beelden, aan de monumenten en kunststukken; zij wordt ook gevonden in de handelingen der menschen. De hooggeplaatste die afdaalt tot den armen ongelukkige, hem opheft en aanmoedigt, die talent en rijkdommen aanwendt om geluk te geven waar geleden wordt, om recht te doen heerschen waar overmacht den zwakken verplettert, die man is bewonderenswaardig. De armen die moeite, werkloosheid, ellende trotseeren om voor allen meer recht te verkrijgen, zijn helden.

Hoeveel goed zou er niet tot stand komen, indien elk bestreed hetgene hem van het edele afhoudt en zich wijdde aan het geluk der gemeenschap?

De heer Lucien Solvay schrijft : « In den loop
» der eeuwen, en vooral gedurende de laatste eeuw,
» hebben de politieke omwentelingen zeer gevoelig
» den smaak en de noodwendigheden gewijzigd.
» Wij zijn er niet ver meer af te kunnen bestatigen,
» dat in de landen die demokratisch geregeerd
» worden, de menschlievende gevoelens sterk ont-
» wikkeld zijn bij het volk. Wanneer men steeds het
» goede en het schoone rondom zich ziet, eindigt

» men ook met het lief te hebben. Nu heeft men
» weinig eerbied voor het verhevene; hoe zou het
» ook anders mogelijk zijn? Er is te veel ruws,
» onedels, laags, om het volk goed en schoon in zijne
» handelingen te doen worden. »

De heer Emiel Verhaeren zegt : « Alle dingen
» worden schoon, wanneer men zelf in staat is ze
» met schoone gevoelens te beoordeelen; het goede
» bij u zelf wordt oorzaak dat alles verbetert en
» schoon wordt.

» Eene moraal en eene opvoeding, die in alles het
» goede zoekt en er zich door leiden laat, zal het
» zekerste middel zijn om aan allen een hooger
» levensdoel te geven. »

Zoo oordeelen wij ook.

Wanneer wij socialistische propaganda maken, wanneer wij Vlaanderens gouwen doorloopen om aan de verworpelingen onzer maatschappelijke inrichting betere levensvoorwaarden te leeren kennen, die kunnen verkregen worden door rechtvaardiger staatsregeling, dan doen wij niets anders dan een opvoedingswerk. Het volk moet eerst begrijpen, eerst het kapitalistisch kleed afleggen en zich vertrouwd maken met gemeenschappelijke betrachting; dan zal het socialisme komen als eene zegening voor de menschheid, als het onmisbare middel tot het vervormen der wereld in een broederlijk paradijs.

In onze verbeelding zien wij de maatschappij veranderd : de Vlaamsche buiten heeft geene onwetende, aan bijgeloof verslaafde boeren meer, die huizen in krotten, waar zij gedwongen zijn als dieren te leven. Stuk voor stuk is er verbetering gekomen.

De Staat, die de belangen der gemeenschap vertegenwoordigt, heeft overal beambten gezonden, niet gewapend zooals de tegenwoordige politie en gendarmen, maar beambten met veelvuldige hoedanigheden en deugden, met zorgende en broederlijke gevoelens, die waken dat gezondheid, onderwijs, onderstand, edele ontspanning en alles wat tot een waar menschelijk leven onmisbaar blijkt, aan allen geschonken worde. Aldus worden de smart en de ellende verdreven en maken plaats voor welvaart en vrede.

Wanneer wij de apostels zien die voor dat werk ijveren met standvastigheid, wanneer wij de instellingen aanschouwen, zoo uiteenloopend van aard en inrichting, maar allen het zelfde doel beoogend, dan ontblooten wij eerbiedig het hoofd en danken die pionniers uit ganscher hart in naam van hen die lijden maar reeds een weinig troost mogen verhopen, in naam van het nageslacht dat zooveel aan hen zal te danken hebben.

Door arm Vlaanderen liep de weg naar de ideale wereld van broederschap, gelijkheid en liefde, welke gegrondvest is op het SOCIALISME !

K. BEERBLOCK.

Gent, Juli 1903.

INHOUDSTAFEL

Voorwoord der Fransche uitgave	III
Brief van Eduard Anseele.	V
In den Landelijken Raad der Werklieden-Partij	7
Te Gent — Vooruit — Een werkerswijk	12
De touwslagers van Hamme	19
De wevers van Zele	31
Een hartroerende brief	45
Te Lokeren — Eene doodende nijverheid	46
De mierenjagers	54
De werklieden van St. Nikolaas	56
De wevers van Kortrijk	62
Langs de Lei — De vlasnijverheid	69
De katoennijverheid te Gent	83
De katoenspinnerij	88
Het weven	96
Het leven van een spinner	103
Op het dorp	110
De zwavelstokmakers van Geeraardsbergen	119
Een jammerdal	126
De wevers van Ronse	131
Op den buiten	139
Langs de Schelde — Het dorp van een kasteelheer	148
Nog een dorp van een kasteelheer	156
De uitwijkende werklieden	160
De kantnijverheid — Het werk in de kloosters	167
Het loon der kantwerksters	173
De kantwerkers	180
De mandenmakers van Temsche	184
De steenbakkers van Steendorp	191
De « Franschmans »	197
Het verhaal van een « Franschman »	206
De weekbiljetten	210

De heilige Bloedprocessie	215
Te Moescroen	226
Het Veurne-Ambacht	229
De visschers der Kust	237
De Vlaamsche socialistische strijders	248
Vlaanderen's ontwaken	256
Aanhangsel	268
Besluit	337

Milton Keynes UK
Ingram Content Group UK Ltd.
UKHW020619091124
450926UK00017B/488